LE COUP DE POING

DU MÊME AUTEUR

CONTES ET POÈMES

L'Illusionniste, suivi de *Le Guetteur,* Écrits des Forges, Trois-Rivières, 1973.

ROMANS

L'Emmitouflé, Robert Laffont, Paris, 1977 ; Boréal compact, Montréal, 1991 (édition définitive en format de poche).

Le Bonhomme sept-heures, Robert Laffont, Paris, 1978 ; Le Seuil, Paris, 1984 (édition définitive en format de poche).

Les Fils de la liberté. I. *Le Canard de bois,* Boréal, Montréal, Le Seuil, Paris, 1982 ; Points-Romans, Le Seuil, Paris, 1982 ; Boréal compact, Montréal, 1989. II. *La Corne de brume,* Boréal, Montréal, Le Seuil, Paris, 1982 ; Boréal compact, Montréal, 1989.

Les Chemins du Nord. I. *La Tuque et le Béret,* L'Archipel, Paris, Édipresse, Montréal, 1992. II. *Le Bouleau et l'Épinette,* L'Archipel, Paris, Édipresse, Montréal, 1993.

RÉCITS

Racontages, Boréal, Montréal, 1983.

Le Vrai Voyage de Jacques Cartier, Art Global, Montréal, 1984 (édition d'art à tirage limité).

ESSAIS

La Vie d'artiste (le cinquantenaire de l'Union des artistes), Boréal, Montréal, 1987.

LITTÉRATURE POUR ENFANTS

Au fond des mers, Boréal, Montréal, 1987.

EN COLLABORATION

Marco Polo. Le nouveau livre des merveilles, Boréal, Montréal, Solin, Paris, 1985.

Montréal un parfum d'îles, texte et légendes accompagnant des photos de François Poche, Stanké, Montréal, 1994.

Louis Caron

LE COUP DE POING

Les Fils de la liberté — III

Boréal

Les Éditions du Boréal remercient le Conseil des Arts du Canada
et la SODEC pour leur soutien financier.

Pour écrire ce roman, l'auteur a bénéficié d'une aide financière du Conseil des Arts du
Canada qu'il tient à remercier de sa générosité.

Illustration de couverture : Daniel Sylvestre.

Diffusion au Canada : Dimedia

Données de catalogage avant publication (Canada)

Caron, Louis, 1942-

    Les Fils de la liberté : roman

    (Boréal compact ; 11-12, 89)
    Éd. originale : 1981-1982.
    Publ. à l'origine dans la coll. : Roman/Boréal express.
    Sommaire : 1. Le Canard de bois – 2. La Corne de brume – 3. Le Coup de poing.
    ISBN 2-89052-282-2 (v. 1)
    ISBN 2-89052-283-0 (v. 2)
    ISBN 2-89052-877-4 (v. 3)

    I. Titre. II. Titre : Le Canard de bois. III. Titre : La Corne de brume. IV. Titre : Le
Coup de poing.

PS8555.A761F54	1989	C843'.54	C89-096144-1
PS9555.A761F54	1989		
PQ3919.2.C37F54	1989		

À la mémoire de Benoît Nadeau,
mon beau-père.
Il quitta sa Beauce natale
un matin que les loups avaient égorgé ses moutons.
En ville, il se fit loup entre les loups mais,
sous le costume de l'homme d'affaires,
battait toujours un cœur de laine.
Toute sa vie, il lutta pour reconquérir
la fierté dont les loups l'avaient frustré.
Il mourut, le cœur feutré,
au terme d'une vie d'intempéries.

AVANT-PROPOS

En fondant ce roman sur des événements récents de l'histoire du Québec, je n'ai pas dévié de la méthode qui présidait à l'écriture de mes œuvres enracinées dans un passé plus lointain. J'ai d'abord rassemblé un faisceau de faits connus, de façon à dessiner une toile de fond si précise que personne ne puisse douter de son authenticité puis, dans ce décor, j'ai jeté pêle-mêle des personnages imaginaires et l'ombre d'individus ayant réellement existé. Deux cellules terroristes étaient à l'œuvre au Québec en octobre 1970. J'en ai créé une troisième. En agissant ainsi, je persistais dans ma démarche qui consiste à nous placer, auteur, lecteurs et lectrices en situation de nous demander comment nous aurions agi si nous avions été les protagonistes de ces péripéties.

Aussi, personne ne devrait-il chercher dans ce roman des révélations inédites sur la crise politique et sociale qui éclata au Québec en octobre 1970. D'autres s'en chargeront. En ma qualité de romancier, j'ai simplement tenté, une fois de plus, de repousser la frontière entre l'imaginaire et l'imaginé. C'est là, selon moi, que le drame humain se joue dans toute sa vérité.

Souffrir, certes, et c'est vivre!

En effet, le troisième et dernier tome de cette suite romanesque confirme l'intuition du premier: la survie des Québécois, Français d'Amérique, dépend d'hommes et de femmes comme ces Bellerose dont le souffle et le sang fécondent le pays d'un siècle à l'autre.

Il y aura toujours des Bellerose en Amérique. Il n'en tient qu'à nous.

« J'ai un fils révolté, un fils humilié
Un fils qui demain sera un assassin.»

Félix Leclerc

PREMIÈRE PARTIE

Le coup de tête

«Nous sommes le vif d'une plaie
immense nommée Amérique
nous sommes le sang armé
contre le bâton le dollar et le mépris.»

André Major

Une lueur orangée. Bruno Bellerose regardait la flamme se tordre derrière le hublot de son poêle à mazout. C'était le 17 octobre 1970, peu après minuit. L'homme ne dormait pratiquement plus depuis cinq ans. Il vivait sur son lit sans se dévêtir ni s'enfouir sous les couvertures. Il somnolait parfois au milieu de ses livres, de ses cigarettes et de son cendrier. Le jour comme la nuit. Il refaisait toujours surface au moment où sa conscience allait s'éteindre. Il craignait ce qu'il trouverait au-delà.

À cinquante ans, Bruno Bellerose n'attendait plus rien de ses semblables. Ceux-ci l'avaient piétiné. Blessé, il s'était réfugié au cœur d'une île couverte de saules où il ne voyait presque personne. Il s'employait à régler ses comptes avec Dieu. Pourquoi tant de beauté et de misère à la fois, la lâcheté des hommes et le souffle qui s'enfle parfois aux dimensions de l'univers? Par moments, on sent qu'on pourrait enfin commencer à comprendre. Mais Dieu, jaloux de ses prérogatives, n'aura bientôt d'autre ressource que de couper court à la vie qui l'interroge. Bruno sursauta. La radio annonçait que le Front de libération du Québec avait liquidé l'un de ses otages. Le cadavre du ministre Pierre Laporte venait d'être retrouvé dans le coffre d'une voiture, à l'aéroport de Saint-Hubert.

Presque en même temps, des coups se firent entendre à la porte. Bruno était assis sur son lit, une couverture brune sur les genoux. Il tendit la main vers la table de chevet pour baisser le volume de la radio. Il se leva. Un roman policier écorné, posé en travers du lit, tomba par terre. Bruno s'avança vers la porte.

— Qui c'est?

— Jean-Michel.

Un pan de son passé déboula sur Bruno. Il n'avait pas revu ceux de sa famille depuis cinq ans, ce neveu encore moins que les autres. Il ouvrit. C'était une espèce de loup-garou, barbe de prophète, *jeans* évasés en pattes d'éléphant élimés aux genoux et surtout un poncho à franges, vaste comme une tente de cirque, aussi bigarré que les ornements des prêtres. Un tourbillon de laine et de cheveux. Le sac à dos que Jean-Michel tenait par la bretelle le suivait comme un chien docile.

— Entre.

Jean-Michel était déjà au milieu de la pièce. Il jetait des regards inquiets. Bruno lui tourna autour pour regagner son lit, car il n'y avait qu'un siège dans cette pièce exiguë. L'oncle et le neveu se frôlèrent. L'odeur d'un temps oublié. Jean-Michel resta debout. Pour lui, ce n'était pas l'heure de s'asseoir.

— Qu'est-ce que tu fais dehors à cette heure-ci? demanda Bruno.

Tout en parlant, il remonta sur son lit haut, les jambes pendantes, les mains posées à plat sur la couverture brune de chaque côté de ses cuisses. Sa chevelure abondante se couvrait de gris aux tempes. Une moustache orgueilleuse à la Brassens.

— Je cherche une place pour la nuit, dit simplement Jean-Michel.

Voici un neveu que vous connaissez à peine et que vous n'avez pas revu depuis fort longtemps. Il débarque en pleine nuit, il emplit votre chambre avec ses gestes et il vous demande froidement de l'héberger. Bruno observa son neveu. Il croyait avoir deviné ce qui poussait l'autre.

— Pas le ministre?

— Non, mais d'autres choses du même genre.

Ce n'était plus son passé, c'était toute la mémoire de

l'histoire qui dégringolait sur la tête de Bruno. Encore un Bellerose, toujours un Bellerose à rôder sur les routes quand les autres dormaient, un Bellerose comme une bête sauvage en ce pays d'octobre.

— T'as tué quelqu'un? demanda calmement Bruno à son neveu.

— Pas encore.

Cela avait été dit comme un regret. Bruno aurait pu s'indigner, quelqu'un d'autre aurait brandi son arthrite comme le saint sacrement pour chasser le démon, mais lui se contenta de froncer les sourcils.

— Ça devait arriver, dit encore Bruno.

Jean-Michel s'étonna de la résignation de son oncle. Il s'était préparé à frapper du poing, à devoir crier pour se justifier. Il servit à son oncle un morceau du concert qu'il avait répété.

— Je ne te demande pas de comprendre, je ne veux même pas savoir ce que tu penses, j'ai fait ce que j'avais à faire et je ne le regrette pas mais j'ai besoin de toi. Pour me cacher.

Bruno se leva. Ses mains glissèrent sur le bord du lit. Il portait des pantalons de toile qui mettaient en évidence sa silhouette d'éternel adolescent. Une chemise bleue sans col. Il fit un pas et il fut devant son neveu. Les deux hommes se ressemblaient. Quelques rides et un teint plus sombre conféraient à Bruno l'avantage d'une splendide maturité.

— Pourquoi t'es venu ici? demanda-t-il.

Le neveu fusilla son oncle du regard.

— Parce que j'ai pas d'autre place où aller.

Bruno inclina la tête sur son épaule.

— Je ne suis pas sûr de pouvoir t'aider.

Le neveu serra la bretelle de son sac à dos dans son poing.

— Tout ce que je te demande, c'est une place pour dormir.

— Et demain?

— Demain, trancha le neveu, on verra.

Bruno hocha la tête.

— Comprends-moi bien. C'est pas ce que t'as fait qui me dérange. Je ne veux même pas en parler. Mais moi...

Jean-Michel sauta sur ce «moi».

— Oui, toi, toi, toi... t'es-tu déjà demandé une minute pourquoi des gars comme moi sont obligés de se mettre dans la merde jusqu'au cou? C'est à cause de toi! De ce que t'as fait! De ce que t'as pas fait surtout! Ce que je te demande, tu me le dois.

Et il envoya rouler son sac à dos dans l'étroit corridor. Si l'espace le lui avait permis, Jean-Michel aurait fait un pas en avant, mais il se serait heurté à Bruno. Les deux hommes s'observaient. Pour en sortir, Bruno dit n'importe quoi.

— T'as faim?

— Ça peut attendre.

— Tu veux dormir?

— M'allonger mais je ne suis pas sûr de dormir.

Bruno contourna son neveu en évitant le poêle à mazout. Il s'engagea dans l'étroit couloir qui longeait le mur extérieur, à la droite de la porte. Jean-Michel le suivit. Deux couchettes superposées occupaient un renfoncement du corridor. Bruno s'empara du sac de son neveu et le jeta sur la couchette du haut. Il s'accroupit ensuite pour ouvrir les couvertures du lit du bas.

— Je te donne la nuit. Demain, tu t'en vas.

Et Bruno retourna dans sa chambre en traînant les pieds sur le tapis usé. Il était encore plus seul que lorsque Jean-Michel était entré.

Au matin, un vent vicieux jetait une pluie horizontale sur les vitres du chalet. Ce n'était pas à proprement parler un chalet. Quelqu'un, un jour, avait eu l'idée saugrenue d'acheter une cabine de remorqueur désaffecté et de la poser sur des pilotis, au beau milieu de l'île aux Fantômes. Des héritiers trop heureux de se débarrasser de cette ruine l'avaient vendue à Bruno. Celui-ci la laissait s'enfoncer dans la décrépitude. Une autre façon de tromper Dieu sur ses intentions.

La cuisine occupait l'ancien poste de pilotage. Six petites fenêtres en hémicycle et une porte, une table contre le mur, un poêle électrique à deux feux sur l'étroit comptoir, et surtout cette odeur de bois vieux. À eux deux, Bruno et Jean-Michel emplissaient la pièce.

Ils buvaient du café et mangeaient du pain grillé. L'aube les avait surpris éveillés. Jean-Michel s'était levé le premier. Il avait fait quelques pas de chat dans le corridor puis dans la cuisine. Bruno l'avait bientôt rejoint en traînant les pieds. Les murs de la cabine résonnaient encore des paroles prononcées par Bruno la veille. *Demain, tu t'en vas.* Et maintenant, ils se regardaient par en dessous en étalant la confiture de fraises sur leur pain. Jean-Michel cassa la glace.

— T'as pas le droit de me jeter dehors!

Bruno passa la main sur ses joues mangées de barbe. Jean-Michel poursuivit.

— Mon père, il était peut-être plus couillon que toi, mais il m'aurait caché, lui!

Bruno plongea le nez dans sa tasse.

— Quand mon père est mort... dit encore Jean-Michel. Tu le sais, toi, de quoi il est mort, mon père?

— Emphysème pulmonaire.

— Il a crevé d'avoir respiré trop d'acide dans la maudite *shop* à teinture de l'Anglo-American Textile. C'est ça qui l'a tué. J'avais juste seize ans mais je n'en pouvais plus de le voir agoniser. Même pas le cœur de se plaindre.

— Quand on a de la peine à respirer, on ne pense pas à faire des discours.

— Il aurait pu donner des coups de poing sur la table!

Silence. Le vent ébréchait les saules. Un flot de révolte irriguait Jean-Michel. Il cognait sur son oncle avec ses mots.

— Moi, j'ai juré de le venger. Si tu me jettes dehors, c'est ton frère que tu mets à la porte.

Bruno regardait à travers Jean-Michel. L'autre insistait.

— Tu lui dois ça, à ton frère.

Bruno se leva pour débrancher le grille-pain. Le dos tourné, il se parlait à lui-même.

— Il n'est pas mort d'avoir respiré de l'acide, Alfred. Il est mort de chagrin parce qu'il n'a jamais pu devenir chanteur d'opéra.

— Lâche-moi avec tes airs d'opéra! l'interrompit Jean-Michel.

Il redressa la tête pour affronter son oncle.

— T'étais du bord de ceux qui l'ont tué. T'as passé ta vie à te remplir les poches. C'est pas parce que t'as pris une débarque que tu peux dire le contraire.

Bruno se rassit. Il oublia cependant de décrocher ses mains du rebord de la table.

— Je n'ai pas de comptes à te rendre, commença-t-il. J'ai fait ce que j'avais à faire. À présent, j'ai le droit de vivre tranquille.

La pluie giflait les vitres. Jean-Michel frémit.

— Réveille-toi, bonhomme! La révolution est commencée.

Cette fois, Bruno se dressa de toute sa hauteur.

— La révolution! Est-ce que je t'ai demandé, moi, de faire la révolution?

— C'est bien ce que je dis! T'es un lâche!

— Et toi, un ignorant! Tu penses que la révolution, elle vient de commencer parce que t'as jeté une bombe dans une boîte aux lettres? Sais-tu que j'ai fait la révolution bien avant toi?

Jean-Michel affrontait son oncle avec une moue de défi.

— Toi? La révolution?

— Il n'y a pas un endroit sur la terre où tu peux poser le pied en te disant que personne n'a jamais marché là. Nulle part. Mais si tu n'es pas très attentif, tu n'entends pas la souffrance sous l'asphalte et le béton. C'est dommage parce que le monde, c'est avec la peine de ceux qui nous ont précédés qu'il se construit.

Jean-Michel répondit en étirant les jambes sous la table, les fesses sur le rebord de la chaise. Il avait sorti sa blague de tabac Drum de la poche de ses *jeans* et il en déposait des touffes sur une feuille de papier à cigarettes. Si Bruno n'avait pas eu le regard tourné vers ses propres pensées, il aurait constaté que son neveu esquissait un sourire.

— Ta révolution, enchaîna Bruno, elle est condamnée d'avance si tu n'as pas l'humilité de partir de ce qui a été fait avant toi.

— Ceux de ton âge, vous avez passé toute votre vie assis sur vos gros culs!

— Si t'appelles ça s'asseoir sur son cul bûcher du bois tout l'hiver dans les chantiers de la Mauricie, à quinze ans...

— Dis plutôt que c'est là que t'as appris à mettre de l'argent de côté!

— C'est là que j'ai appris à me battre.

— Toi, te battre?

— Si je ne m'étais pas battu, je serais mort aujourd'hui. Comme ton père.

Bruno s'appuya sur les coudes pour approcher son visage de celui de son neveu.

— Quand j'avais ton âge, je portais mon étiquette de Canadien français comme un coup de poing entre les deux yeux.

— Aujourd'hui, c'est nous autres, les Québécois, qui les donnons les coups de poing, au lieu de les recevoir.

— Porteurs d'eau! Nous étions une race de porteurs d'eau! Porteurs de notre eau aux Anglais qui venaient boire à nos puits. Et nous leur disions *Thank you* en les regardant boire. J'en ai vu, des nôtres, qui souriaient parce que les Anglais avaient l'air de trouver que notre eau était bonne. Ton père était de ceux-là. *Encore? Want more?*

— T'étais comme les autres. Essaie pas de me faire croire le contraire.

Bruno s'enfermait dans son évocation.

— Les Anglais, ils en redemandaient. *Come on, boy! I want some fresh water.* Nous ne connaissions pas un mot d'anglais mais nous les comprenions. Nous les comprenions si bien que nous nous sommes mis à parler anglais dans notre propre langue. *Le boss, à la shop, il s'est acheté un beau truck neuf.* Les Anglais souriaient de nous entendre. Naïfs ou idiots, nous leur rendions leurs sourires.

— Ils rient moins, les Anglais, depuis qu'on leur fourre des bombes au cul, fit observer Jean-Michel.

— Il y en avait, parmi nous autres, qui ne pouvaient pas supporter ça. Le sang, dans leurs veines, se souvenait d'avoir été français. On a pris le taureau par les cornes. Moi, je me suis battu pour sortir les Canadiens français de la misère. Je voulais que les Canadiens français deviennent solidaires. On va reconquérir notre pays, pas avec des fusils, mais avec des billets de banque où il y a la face du roi d'Angleterre. Dorénavant, les nappes, le tissu, les chaussettes, on les achètera chez les Canadiens français. S'il n'y en a pas, on les fabriquera. On ne veut rien ôter aux autres, juste prendre notre place, comme ils font, les Anglais.

Jean-Michel repoussa sa tasse de café devant lui.

— Vous n'avez jamais eu le cœur d'aller au bout de vos idées. La preuve, ça n'a jamais rien donné.

— Les gens n'étaient pas prêts, admit Bruno. À Nicolet, la ville s'est divisée en deux. Je me suis retrouvé coincé au milieu.

Jean-Michel frappa sur la table du plat de la main.

— Puis tout ce que tu as trouvé à faire, reprocha-t-il à Bruno, ç'a été de venir te cacher dans ta maudite cabane.

— Tu ne le sais peut-être pas, enchaîna Bruno, mais je continue de me battre, tout seul, ici-dedans.

— Facile à dire! Moi, ce que je veux savoir, c'est pourquoi t'es parti de Nicolet comme un lâche.

Bruno rajusta ses coudes sur la table.

— Parce qu'un homme mort, ça ne peut pas être utile à personne.

— Un homme en prison non plus, objecta Jean-Michel.

À ce moment, on frappa à la porte. Les mots, le cœur, le sang, tout se figea. Les deux hommes cherchaient une issue au fond de leurs regards. Bruno se leva.

— Laisse-moi faire, dit-il à l'intention de Jean-Michel.

Et il se dirigea vers la porte.

— On avait bien besoin de lui! grommela Bruno en apercevant une silhouette à travers la vitre barbouillée de pluie.

— Qui c'est? demanda Jean-Michel à voix basse.

— Mon voisin, Ti-bé. Il vient jouer aux cartes de temps en temps. On va en ville ensemble une fois par semaine.

Et Bruno ouvrit la porte. Un petit homme noir, un rat fouineur débarqua dans la cuisine, encapuchonné sous un ciré. Il secoua les pieds, il dansa sur place pour retirer son imperméable. Une goutte d'eau lui pendait au bout du nez. Les lunettes aveuglées de pluie.

— Ça sentait le café jusque chez nous, commença-t-il. Je me suis dit...

— Prends ma chaise, proposa Bruno.

Mais le petit homme s'appuya solidement des reins au comptoir.

— Dérange-toi pas. Je reste juste une minute. J'ai vu que t'avais de la visite.

— C'est mon neveu, expliqua Bruno.

Ti-bé et Jean-Michel s'examinaient en ayant l'air de regarder ailleurs.

— J'ai vu ça, poursuivit Ti-bé, il y avait de la lumière

dans la chambre du passage la nuit passée. Je me suis dit...

Bruno mit une tasse de café brûlant dans les mains de son voisin. Le petit homme la déposa aussitôt sur le comptoir.

— T'as entendu ça? Le Front de libération du Québec a tué le ministre, enchaîna Ti-bé comme s'il comptait apprendre la nouvelle à son hôte. Moi, ça me dérange pas, mais eux autres, le gouvernement, ils laisseront pas faire ça. Les FLQ, ils font mieux de tenir leurs tuques.

— Qu'est-ce que tu connais là-dedans? protesta Bruno.

— Saint-Sicroche! Je suis pas aussi fou que j'en ai l'air, répliqua le rat, moi je parle pas mais ça me trotte dans la tête.

Jean-Michel observait ce petit homme qui tournait autour de son destin avec ses grosses bottes. Tout en essuyant ses lunettes sur le pan de sa chemise, Ti-bé s'approcha de Jean-Michel pour le flairer sous le nez.

— Comme ça, t'es son neveu? On t'a pas vu souvent par ici. C'est vrai qu'il vient jamais personne ici. À part moi.

Et Ti-bé rit comme s'il s'étouffait. Pendant ce temps, Bruno était retourné s'appuyer à la porte. La chaise vide le narguait. Ti-bé poursuivit son examen.

— Qu'est-ce que tu fais dans la vie? demanda-t-il à Jean-Michel.

C'est Bruno qui répondit.

— Il est étudiant.

Ti-bé ricana de nouveau.

— Ça paraît pas. Habillé de même, on pourrait le prendre pour un hippy. Remarque, moi ça me dérange pas. Tout le monde a le droit de faire comme il veut. Je disais ça parce que du monde poilu comme ça, on n'en voit pas souvent par ici. Ça te pique pas quand tu dors?

Les dents serrées, Jean-Michel balayait du revers de la main les miettes de pain grillé éparses sur la table.

— Moi, j'ai pour mon dire, continua Ti-bé, les FLQ, le premier ministre Trudeau va en venir à bout. Qu'est-ce que t'en penses, le jeune?

Jean-Michel nettoyait de plus en plus consciencieusement la table devant lui.

— À moins que tu prennes pour eux autres, les FLQ? Là, si t'es pour le FLQ, dis-le tout de suite, parce que nous autres, on n'endure pas ça ici. Hein, Bruno?

Ti-bé quêta l'approbation de son voisin. Bruno regardait ailleurs. Il prenait toute la mesure de la porte avec son dos, comme s'il voulait empêcher le monde de pénétrer dans sa cabine de remorqueur. Il poussa un profond soupir et mit la main sur l'épaule de son neveu.

— Bon, faut y aller.

Jean-Michel sursauta. Il interrogea son oncle du regard.

— Ben oui, expliqua Bruno, on n'a pas de temps à perdre si on veut être là pour la passe de cinq heures.

Ti-bé, qui avait repris sa tasse de café, en oubliait de la tenir à l'horizontale. Le liquide effleurait le bord.

— Saint-Sicroche! T'as pas envie d'aller à la chasse par un temps de même!

Bruno désigna Jean-Michel du menton.

— Ça fait longtemps que j'avais promis de l'emmener à la chasse aux canards.

— Ton bateau est à terre! objecta Ti-bé. On a travaillé toute une journée, la semaine passée, pour le sortir de l'eau.

— On va le remettre à l'eau, c'est tout.

Et Bruno accentua sa pression sur l'épaule de Jean-Michel. Ce dernier se leva lentement. Il tourna vers Bruno des yeux incrédules.

— Viens, insista Bruno, on a de l'ouvrage qui nous attend.

Les trois hommes remuèrent en même temps dans l'étroite cuisine. Le premier, Jean-Michel enfila le court corridor. Resté seul avec Bruno, Ti-bé se tourna vers ce dernier.

— T'es sûr que c'est à la chasse que tu veux aller?

Le loup de mer dressait sa silhouette sous les saules, à côté de la cabine. Les trois hommes s'activaient autour. Ils avaient entrepris de retirer la bâche rapiécée qui le recouvrait. Il s'agissait d'ôter cette lourde toile sans recevoir sur la tête les trombes d'eau accumulées dans les plis et les poches.

Bruno et Jean-Michel dénouaient les câbles qui retenaient la bâche. Ti-bé s'affairait autour du bateau sans vraiment se rendre utile. Il en avait l'habitude. Il passait son temps au garage Saint-Aubin, à donner des coups de pied aux pneus des voitures tout en observant le travail des mécaniciens. Un gargouillis de mots coulait de sa bouche. Ti-bé n'avait cessé de parler depuis que Bruno avait annoncé son intention d'emmener son neveu à la chasse.

— Saint-Sicroche! on était bien tranquilles, nous autres! On dérangeait personne! Mais non! A fallu que les FLQ viennent se mêler de nos affaires!

Et Ti-bé cracha à ses pieds sur l'herbe mouillée. Accroupis devant la grosse coque noire, Bruno et Jean-Michel échangeaient des regards furtifs, entre les poutres du ber sur lequel reposait le bateau. Ti-bé persistait.

— Trudeau, il va les fourrer en prison l'un après l'autre, les FLQ! Ça va redevenir comme avant.

Les mains rougies de froid, Jean-Michel s'acharnait à dénouer un câble de chanvre gonflé d'humidité. Gorgée d'eau, la laine de son poncho pesait comme une armure sur son dos. Ses cheveux dégoulinaient sur ses épaules. Il besognait pour ne pas laisser de prise au bavardage de Ti-bé. Celui-ci se soûlait de mots.

— Moi, j'ai pour mon dire, faudrait les envoyer à Cuba, les FLQ. Ils vont voir ce que c'est. Castro va leur faire couper de la canne à sucre. Ça prendra pas de temps, ils vont demander à revenir au Canada.

Bruno sentit l'urgence d'étouffer les petites flammes que Ti-bé allumait derrière lui. Il intervint.

— Arrête donc de faire le jars puis viens me donner un coup de main. Tiens, prends ça puis tire dessus quand je te le dirai.

Bruno rejoignit Jean-Michel de l'autre côté du bateau. La toile pendait mollement au bout de ses câbles. Bruno et Jean-Michel grimpèrent sur des escabeaux pour la retrousser sur le toit de la cabine.

— Tire!

Ti-bé s'exécuta. L'eau accumulée sur la bâche se déversa sur lui.

— Tabarnouche!

Levant les yeux vers Jean-Michel, Bruno savoura silencieusement son maléfice. Les deux hommes rejoignirent bientôt Ti-bé qui s'ébrouait.

— Qu'est-ce que t'as à crier? s'enquit Bruno.

Ti-bé gesticulait.

— J'ai reçu toute l'eau sur la tête! Vous auriez pu faire attention!

— Qu'est-ce que ça change, ironisa Bruno, t'étais déjà mouillé.

L'eau glacée avait enflammé Ti-bé. Il ronchonnait.

— Ton idée d'aller à la chasse, c'est rien que des accroires. M'a te le dire, moi, pourquoi tu veux remettre ton bateau à l'eau.

Ti-bé tourna lentement ses yeux brûlés de pluie vers Jean-Michel.

— Ton neveu, il est pour le FLQ.

Jean-Michel et Bruno en oubliaient de respirer, cependant que Ti-bé s'étonnait lui-même de l'énormité de son affirmation.

— Non, mais c'est vrai! Tu dis que ça fait longtemps que t'avais promis de l'emmener à la chasse. On l'a jamais vu par ici. Comment ça se fait?

— Tu penses peut-être que tu connais tout le monde? raisonna Bruno. C'est pas parce qu'il a les cheveux longs...

— Laisse-le faire, intervint Jean-Michel. Il s'est fait laver le cerveau par Trudeau.

— Fais attention à ce que tu vas dire de Trudeau, menaça Ti-bé.

— Puis toi, ferme ta gueule! renchérit Jean-Michel en tordant un pan du ciré de Ti-bé dans son poing.

Bruno s'interposa. D'un excès à l'autre, ces deux-là menaçaient le précaire équilibre du silence. Jean-Michel relâcha sa poigne. Ti-bé fit un pas en arrière pour retrouver son équilibre.

— Prenez-moi pas pour un cave! ajouta le petit homme.

Mais Bruno détourna son attention de l'altercation. Quelqu'un venait sur la route. Une silhouette solitaire. L'île aux Fantômes abritait une quinzaine de chalets. Personne n'y venait en cette saison. Encore moins à pied.

— Restez ici, murmura Bruno, je vais aller voir qui c'est.

Jean-Michel se replia prudemment derrière le bateau. Cinquante pas et Bruno se retrouva devant une sorte de bohémienne trempée de la tête aux pieds, une grande femme coloriée comme un oiseau. Elle parlait avec ses yeux. Son menton tremblait. Elle avait absorbé toute l'eau de la route.

— Monsieur Bellerose?

Bruno fit lentement signe que oui. L'eau du ciel dégringolait sur la jeune femme qui ne bronchait pas. Bruno la regardait comme s'il souhaitait la voir s'évanouir parmi les saules de l'île.

— Vous êtes bien l'oncle de Jean-Michel Bellerose?

Bruno n'avait cessé d'acquiescer d'un balancement de tête. La jeune femme portait des bottines d'ouvrier de la construction, une longue jupe indienne et une chemise à carreaux rouges et noirs comme celle des bûcherons. Elle sourit.

— Je sais qu'il est ici.

Bruno se tourna vers l'endroit où se tenaient Ti-bé et

Jean-Michel. Déjà, ce dernier s'étais mis en marche vers eux. Il aborda la jeune femme.

— Qu'est-ce que tu fais ici?

— J'ai passé la nuit dehors. Il n'y avait personne chez Ginette. Je n'ai pas eu le cœur d'aller chez Denis.

Jean-Michel hésitait. Il regardait tour à tour Bruno et la jeune femme. Son expression passait de l'incrédulité au reproche. On entendait la pluie mordiller les feuilles jaunes des saules.

— Je t'avais dit de ne pas venir ici, reprit Jean-Michel.

— Qu'est-ce que tu voulais que je fasse? Que j'aille trouver mon père?

Le jeune homme et la jeune femme semblèrent prendre conscience en même temps de la présence de Bruno à leurs côtés. La jeune femme mit la main sur le bras de Bruno.

— Je ne veux pas vous faire de peine, dit-elle, mais vous n'êtes pas très connu dans le coin.

— Ça fait cinq ans que j'essaie de ne pas faire de bruit, expliqua Bruno.

— Tu veux dire, s'énerva Jean-Michel, que t'as laissé tes traces partout derrière toi?

— J'ai fait comme j'ai pu, s'excusa la jeune femme.

— Elle était avec moi, enchaîna Jean-Michel à l'intention de Bruno.

— J'avais déjà deviné, répondit Bruno en se frottant les mains l'une contre l'autre. Si elle a passé la nuit dehors, faudrait peut-être s'occuper d'elle. Venez.

Ils retrouvèrent Ti-bé près du bateau, les bras raides de chaque côté du corps et les yeux aux aguets. Bruno poussa son voisin dans le dos.

— Toi, dit-il, tu rentres chez vous te changer. T'es mouillé d'un travers à l'autre.

— Il pleut! objecta Ti-bé.

— T'as reçu toute l'eau de la toile sur la tête, insista Bruno. Va te faire sécher.

Et Bruno dirigea fermement le petit homme en direction de la berge où il avait amarré sa barque. Cette démarche accomplie, Bruno rejoignit Jean-Michel et la jeune femme. Ces deux-là s'expliquaient à coups de grands gestes.

— Finis d'ôter la toile, ordonna Bruno à Jean-Michel. Moi, je vais lui trouver du linge sec.

Et il entraîna la jeune femme vers son chalet. Quelques minutes plus tard, elle changeait de vêtements dans l'étroit couloir qui bordait la couchette où Jean-Michel avait dormi. De la cuisine où il réchauffait son café, Bruno pouvait la voir retirer ses vêtements et s'essuyer avec la grande serviette déposée à son intention sur la banquette. La jeune femme lui tournait le dos.

— Jean-Michel vous a mis au courant? commença-t-elle.

— Pas besoin de dessin.

— Vous allez nous aider?

— Ce n'est pas un temps à mettre les gens dehors.

La jeune femme se retourna. Bruno reçut ses seins en pleine figure. Il dissimula un sourire sous sa moustache. La jeune femme le regardait gravement. Elle ne cherchait nullement à cacher sa nudité. Elle séchait ses cheveux. Ses seins lourds dansaient dans la lumière.

— Vous savez que c'est dangereux? demanda-t-elle.

— Je sais, répondit Bruno.

La jeune femme enfila les vêtements d'homme que Bruno lui avait remis. Leur rudesse accentuait sa féminité. Elle remonta ses chaussettes grises par-dessus ses pantalons. Elle rit en se regardant.

— Tu ne m'as pas dit comment tu t'appelles, fit remarquer Bruno.

— Lucie Courchesne.

— Quand t'auras fini de t'habiller, Lucie, le café est prêt.

Le loup de mer trônait à découvert sur son ber. Même sur l'île aux Fantômes, on ne voyait plus guère ce genre d'embarcation. Vingt ans plus tôt, les amateurs de nautisme se procuraient encore à bon compte, aux chantiers navals de Sorel, des chaloupes de sauvetage de cargos désarmés. D'habiles bricoleurs les transformaient en petits palais flottants, cabine de bois peinte en blanc, deux hublots de chaque côté comme des yeux naïfs et deux châssis sur la cabine pour former pare-brise. Bruno avait acquis cette merveille en même temps que son chalet. Il ne l'avait pas soignée davantage que tout le reste. Des cloques de peinture noire hérissaient sa coque d'acier. Le bois pourrissait aux entournures des hublots. Un moteur à l'huile diesel, pourvu d'un seul piston, emplissait tout le cockpit. Bruno avait prévenu ses compagnons.

— Va peut-être falloir se battre pour le repartir.

Il pleuvait moins. Le vent agitait les saules. Les pieds lourds de boue, Bruno, Jean-Michel et Lucie s'activaient autour du bateau.

À la même heure, huit mille soldats de l'armée canadienne achevaient de prendre position à Montréal. Des chars manœuvraient devant les édifices publics. Le Québec s'éveillait en état de guerre. Le Canada, dont il faisait pourtant encore partie, l'envahissait pour le protéger contre lui-même. *Un sentiment de honte m'accable au nom de tous les Canadiens*, proclamait Trudeau, le premier ministre fédéral.

Depuis deux jours, des policiers ravagés d'insomnie faisaient irruption partout, fracassant les portes pour emmener sans ménagement ceux dont les noms figuraient sur leurs listes. Cinq cents citoyens qui pensaient à voix haute avaient été incarcérés. Des journalistes, des syndicalistes, des enseignants, des écrivains et des militants du Parti québécois. Tous soupçonnés, sans qu'il fût besoin d'en faire la preuve, de sympathie à l'endroit du FLQ. Malgré ce déploiement, des éléments porteurs de haine circulaient toujours dans le corps social. Les auteurs des deux enlèvements et de la tentative qui les avait précédés couraient toujours. Pour faire passer aux Québécois le goût de voir dans le Front de libération du Québec le Robin des Bois moderne qu'il était, un rapport du Strategic Operation Center avait réclamé un choc psychologique. Les honnêtes citoyens lorgnaient maintenant les chars. Leur seule vue les dissuadait de s'offusquer de l'omniprésence de la police et de l'armée dans les rues de Montréal.

Restait à jouer la carte de l'horreur. Le ministre de la Justice du Québec rendit public le résultat de l'autopsie pratiquée sur le corps de son collègue Pierre Laporte. L'examen du cadavre révélait des marques de strangulation des jugulaires. Les vaisseaux sanguins des oreilles, du nez et de la bouche avaient éclaté. Selon le médecin légiste, le ministre avait été étranglé par derrière avec la chaînette qu'il portait au cou. Au bureau du protocole, on révisait le rituel des funérailles nationales.

C'est dans ce contexte qu'une femme et deux hommes besognaient pour remettre à flot un bateau qui n'aurait pas dû l'être. Il n'est pas plus facile de descendre un bateau à l'eau que de l'en tirer. La pluie avait eu le temps de souder le ber au sol. Jean-Michel le dégagea avec une pelle. On s'éreinta ensuite à soulever l'ensemble à l'aide de perches dont on se servait comme de leviers. Le bateau et son ber bougeaient imperceptiblement.

Bruno avait mis sa voiture en marche, une Pontiac 1955 aux ailes mangées de rouille. Il avait manœuvré pour appuyer le pare-chocs sur un madrier posé en travers de la proue du bateau. Les pneus de la Pontiac patinaient sur l'herbe mouillée. Bruno décida alors de recourir à son palan. Un câble de chanvre s'enroulait sur de grosses poulies de bois. En attachant ce palan à la poupe du bateau et en l'enroulant autour d'un saule de la berge avant de le nouer au pare-chocs, Bruno comptait démultiplier suffisamment la puissance pour mouvoir la masse.

L'âcreté du café au fond de l'estomac et le vertige des efforts du matin soulevaient le cœur de Jean-Michel. Il se redressa devant sa compagne. Lucie avait une cigarette entre les lèvres comme un homme.

— Je me demande pourquoi on fait tout ça, protesta Jean-Michel.

— As-tu une meilleure idée? répliqua Lucie.

Ils s'écartèrent brusquement. *Le loup de mer* venait de faire un saut de crapaud en direction de la berge. Dix minutes plus tard, le bateau flottait. Restait à le gréer de tout l'équipement que Bruno avait soigneusement rangé sous son chalet. Ce fut l'affaire d'une petite heure. Pendant tout ce temps, Bruno n'avait cessé de relever la tête en direction de la rive opposée. Ti-bé finit par pointer le museau. Il déposa un réservoir à pétrole au fond de sa chaloupe avant d'en diriger la proue vers *Le loup de mer*.

— Qu'est-ce qu'on fait avec lui? demanda Jean-Michel à Bruno.

— On lui parle poliment, répondit Bruno.

— Il est capable d'appeler la police, insista Jean-Michel.

— Il n'a pas le téléphone.

— Il peut aller téléphoner quelque part.

— Il n'osera pas, expliqua Bruno. Il n'a pas envie que la police mette le nez dans ses affaires.

— Il a quelque chose de croche?

— Un gars qui vit seul, dans un chalet, avec sa petite pension des vieux, il a toujours quelque chose à cacher.

On se dresse en défenseur des grands principes, le sort de la société repose apparemment entre vos mains mais, au moment de s'exposer en pleine lumière, on se souvient d'un rouleau de câble électrique dissimulé dans le hangar, dérobé sur un chantier de construction et destiné au revendeur de vieux cuivre. Bruno imaginait ainsi la société, maintenue en équilibre par ses mensonges. Il ajouta:

— D'ailleurs, on va avoir besoin de lui.

C'est Ti-bé qui parvint à remettre le moteur en marche.

Le loup de mer reprenait haleine entre chaque vague. La proue s'ébrouait en surgissant de l'eau, une lame soulevait le bateau de l'arrière et l'embarcation prenait de la vitesse en s'enfonçant de nouveau. Le nordet faisait courir des moutons d'écume à la crête du courant. Onze heures. Les derniers chasseurs de canards avaient filé à cette heure en direction des chalets du sud.

Trois silhouettes se dressaient dans le cockpit, les parkas de Bruno et de Lucie, de même que le poncho de Jean-Michel dont les franges voltigeaient. Des verres d'alcool reposaient sur le tableau du pare-brise. Les coudes se levaient en cadence. La fumée des cigarettes s'ébouriffait dans le vent.

Bruno avait affronté maintes fois le gros temps sur le fleuve. Il avait même commis à l'occasion des excès dont il était revenu avec fierté. À son âge on savait jusqu'où aller trop loin. Mais les deux autres n'avaient aucune idée de ce que la traversée leur réservait. Jean-Michel pliait les genoux à chaque mouvement du bateau. Sa main ne quittait pas la rambarde. Pour sa part, Lucie affrontait les éléments avec son menton fragile. On l'aurait mieux vue penchée sur un brûleur d'encens dans un salon bourré de coussins.

Ils allaient tous trois perdus dans leurs regards. Le bateau s'obstinait. Tant que *Le loup de mer* avait navigué dans les étroits chenaux qui enserraient les îles du sud, le vent n'avait su qu'écimer les saules tordus des berges. Au large du fleuve maintenant, la bourrasque pétrifiait.

— Avec un vent de travers de même, avait annoncé Bruno, on va se faire brasser.

Une petite demi-heure plus tard, *Le loup de mer* labourait son champ d'écume en travers du grand chenal du fleuve. Au nord frémissait la poignée d'îles que les glaces préhistoriques y avaient pondues.

Jean-Michel se demandait vers quoi son oncle l'entraînait. Lucie se fiait à Jean-Michel. Et Bruno ne disait rien. Il avait simplement annoncé qu'ils partaient à la chasse. En cet octobre qui ne ressemblait à rien, bon nombre de Québécois se sentaient eux-mêmes un cœur de canard et filaient dans toutes les directions, souhaitant n'être pas reconnus.

— On est à la veille d'arriver? demanda Jean-Michel.

— Aurait fallu partir avant, répliqua Bruno.

Et il continua de déplacer son poids d'une hanche sur l'autre pour contrebalancer l'effet de la houle.

— Si on n'arrive pas bien vite, fit encore Jean-Michel, le cœur va me sortir.

— Regarde loin, lui conseilla Bruno, ne regarde pas l'eau qui passe de chaque côté.

Lucie enserra de sa main l'épaule de son compagnon. Ils échangèrent un sourire. Les pans du poncho volèrent. Une longue crinière noire se dessinait à l'encolure du parka de la jeune femme. Tous deux inclinèrent la tête et ouvrirent grand les ailes pour protéger la flamme d'un briquet auquel ils allumèrent des cigarettes. Bruno tendit la main et Lucie lui fit passer la cigarette qu'elle venait d'allumer. L'heure filait au vent.

Vers midi, *Le loup de mer* pénétra dans l'étroit chenal de la Sauvagesse. Aux eaux vives succédait l'échancrure d'un canal étroit. Bruno avait réduit la vitesse du moteur. Le bateau défilait entre des murs de joncs que Jean-Michel et Lucie pouvaient toucher en tendant le bras. Ni terre ni eau. La matière primitive. Nul endroit où poser le pied. On sentait pourtant la présence du fond sous le peu de profondeur.

— Je voudrais bien voir celui qui viendra nous chercher ici, fit Bruno.

Les jeunes gens regardèrent autour d'eux. *Le loup de mer* avait atteint l'extrémité du chenal qui finit en cul-de-sac entre la Grande Île et l'île Mitoyenne. Dieu aurait pu naître en ce lieu sans que l'humanité s'en aperçoive.

Au fond de l'impasse végétale du chenal de la Sauvagesse, Bruno et Lucie s'employaient à camoufler *Le loup de mer* sous une épaisse couverture de joncs. L'homme et la jeune femme besognaient avec diligence. On ne procédait habituellement pas ainsi pour la chasse aux canards.

D'ordinaire, les chasseurs disposaient d'une *cache,* sorte de ponton bâché sur lequel on tressait des branches de conifères et qu'on amarrait à l'endroit jugé le plus favorable pour surprendre les canards. À la fin du jour, les chasseurs glissaient leur embarcation sous la cache. Ils y passaient la nuit à boire du gin. Confondus par la profusion de branches, les volatiles s'en approchaient au petit matin. Les chasseurs les canardaient.

Personne n'avait encore songé à dissimuler un bateau de cette façon. Bruno en avait eu l'idée en pensant que Dieu lui-même jouait le rôle du chasseur à leur endroit. Ils avaient poussé le bateau sur la berge du chenal pour recueillir de pleines brassées de joncs. Ces herbes marines atteignaient près de deux fois la hauteur d'un homme. Lucie les nouait en bottes que Bruno disposait le moins symétriquement possible sur le toit et le long de la coque. Tous les bouts de câbles, cordages, ficelles et fils de fer du bord avaient été mis à contribution. Bientôt *Le loup de mer* ressembla à la tignasse embroussaillée d'un dormeur au réveil.

Jean-Michel se redressa. Pendant que Lucie et Bruno s'activaient, il était resté renfrogné sur une des banquettes du cockpit. Il avait recommencé de pleuvoir. Les gouttes pétassaient sur la paille sèche. Bruno et Lucie achevaient leur besogne, le nez rouge et les doigts gourds. Lucie luttait contre la fatigue de la nuit précédente. Elle s'approcha de Jean-Michel. Écartant ses cheveux, elle l'embrassa sur la bouche. Jean-Michel frémit comme un cheval fougueux.

— Tu m'embrasseras une autre fois, veux-tu!

Lucie mit la main sur son avant-bras, comme elle avait l'habitude de le faire pour retenir l'attention d'un interlocuteur.

— Voyons! Qu'est-ce qui te prend?

Jean-Michel jeta ses bras autour de lui.

— Tu ne vois pas? Ouvre-toi les yeux! On est en train de se faire empailler dans une espèce de ruche d'abeilles. Imagines-tu la police qui arrive ici? Qu'est-ce qu'on ferait? On se jette à l'eau ou on tire dessus? L'un ou l'autre.

Bruno suspendit son geste, une dernière botte de joncs à bout de bras.

— Je peux aller te reconduire à Sorel si tu veux, dit-il.

— Tu sais très bien que ce n'est pas possible.

— Alors tais-toi. Tu as passé la nuit dans un lit. Pas elle.

Et Bruno déposa sa botte de joncs sur l'armature de branches qu'il avait construite sur le cockpit. Jean-Michel rongeait son frein. Vingt-cinq ans, le cœur du monde battait dans sa poitrine, il avait toutes les étoiles de la nuit dans sa chevelure, deux mains pour port d'attache et des jambes longues pour aller jusqu'au bout de ses pas. Réduit au cockpit d'un bateau. Quel gâchis!

Jean-Michel songeait à Montréal où fermentaient jadis toutes les passions. Le béton grondait, le bitume sifflait. En cet octobre, les arbres des rues avaient fini de souffrir, leurs cadavres roides balisant l'hiver à venir. La vie se confinait aux cuisines où macérait le passé. Même dans les cafés la fumée se faisait rare. Comment vivre? L'armée avait poussé sur les trottoirs comme une floraison d'octobre.

Jean-Michel aurait voulu attraper chaque Québécois par le cou et lui mettre le nez dans son caca d'indifférence. «Réveillez-vous, bande de caves!» Mais Jean-Michel ne recevait d'autre écho que le bruit des derniers efforts de Bruno et de Lucie pour dissimuler le cockpit. Il porta sur Bruno un regard qui tue, mais son oncle ne broncha pas. Jean-Michel regarda ailleurs. Lucie en profita pour s'installer près de lui, sur la banquette. Elle retira ses bottines de travailleur. Sous leurs chaussettes grises, ses longs orteils touchaient la cuisse de Jean-Michel. Bruno disparut dans la cabine, dos courbé sous le barrot. Il en ressortit avec l'une des boîtes de provisions qu'ils avaient embarquées avant le départ. Il la posa sur la banquette arrière du cockpit. Bruno en tira des conserves, du maïs, des haricots, du jambon en boîte.

— On ne va pas se laisser mourir de faim, annonça-t-il en tournant la tête vers Jean-Michel.

Jean-Michel répondit par un grognement.

— Je n'ai pas faim.

Il avait sur le cœur l'amertume d'un automne qui virait à l'aigre.

Jean-Michel habitait l'entresol d'un immeuble de la rue Henri-Julien, en compagnie du gros Pierre, de Jacquot et de Fernand. Le corps ne ressemble pas toujours aux idéaux qu'il abrite. À preuve Fernand, frisé, roussi de barbe, une tête d'Irlandais sur un corps trapu de Québécois. Celui-ci n'était qu'un cœur. Chacune de ses émotions lui montait en rouge au visage. Un soir, il avait frappé du poing sur la table. Il se battait depuis.

Et cet autre, le petit Jacquot, si mal nommé car le qualificatif de *petit* ne convenait nullement à ce long squelette de fil de fer, noir de poil et d'idées, qui supportait le monde en ironisant. Un autre qui n'aimait pas son miroir. Pour se venger de ce qu'il y voyait, il retournait contre lui-même les plaisanteries que son cerveau acide sécrétait.

Le gros Pierre enfin, un bulldozer, deux poings constamment fermés. Il avait appris à lire et à écrire en tapant sur ses camarades d'école. L'arithmétique, il la devait à son père, un policier de la ville de Montréal qui additionnait les coups sur lui. Gros Pierre n'avait jamais douté de l'urgence de renverser l'ordre établi par ce père.

Bernard Lanthier et Louise Desruisseaux occupaient officiellement l'appartement et leur tenaient lieu de caution. Lanthier et Desruisseaux étudiaient la sociologie à l'Université de Montréal, sous la férule de Jean Gauthier, le célèbre marxiste en Mercedes. À son contact, ils avaient appris à compartimenter la société et à réduire les êtres qui la composaient au rôle succinct de grains de sable dans un désert de statistiques. Petit couple pas marié, beaucoup de vin, quelques grammes de marijuana, de grandes idées mais pas d'argent. Comme tous les sociologues, ils ne croyaient pas à ce qui n'était pas encore arrivé.

D'autres camarades se terraient dans un chalet des Laurentides et dans des appartements de la rive sud de Montréal. Il ne fallait pourtant pas voir dans le FLQ, et Jean-Michel le savait mieux que personne, un organisme structuré où des chefs tout-puissants auraient régi l'activité de militants soumis comme des rouages. Le caractère même de ceux qui en faisaient partie leur interdisait ce type de hiérarchie. «*On ne va pas remplacer des chefs par d'autres chefs.*» Les décisions se prenaient au hasard des réunions, à la majorité des membres présents.

Trois cellules du Front de libération du Québec étaient à l'œuvre. La première, Libération, élaborait la doctrine du mouvement. La seconde, Chénier, pourvoyait à son financement en organisant des hold-up. Marc Bouvier, un rédacteur de nouvelles à la Société Radio-Canada, dirigeait la troisième. Elle était connue sous le nom de Papineau. Jean-Michel Bellerose, le gros Pierre, Jacquot et Fernand en faisaient partie.

Les conjurés du FLQ n'admettaient qu'une règle stricte: les membres désignés pour mener une action terroriste devaient se couper des autres pendant le temps de son exécution. Cette ligne de conduite fut ignorée en février quand un membre de la cellule Libération fut arrêté. Les policiers soumirent sa camionnette à une vérification de routine. Le jeune homme ne put leur dissimuler un dossier intitulé «Opération Téléphone» qui contenait tous les détails relatifs au projet d'enlèvement du consul d'Israël à Montréal. Une carabine à canon tronçonné et une malle en osier, suffisamment grande pour contenir le corps d'un homme, conféraient toute sa vraisemblance à ce dessein. Il fut accusé de possession d'arme et de complot d'enlèvement. Remis en liberté à la suite de son enquête préliminaire, il rejoignit ses camarades, accentuant la menace qui pesait déjà sur le groupe.

La cellule Chénier poursuivait entre-temps ses efforts pour affermir les finances du groupe. On organisa un hold-up à la Caisse populaire de l'Université de Montréal. Peu après, certains felquistes furent arrêtés dans un chalet des Laurentides. La plus grande partie du butin fut récupérée par la police, ainsi que 350 livres de dynamite et un projet de communiqué annonçant l'enlèvement du consul américain à Montréal. On sut bientôt qu'un délateur avait conduit les policiers au chalet. Le nouveau FLQ se voyait paralysé avant d'avoir agi.

C'est dans ce contexte qu'eut lieu la réunion de septembre. Une quinzaine de personnes y assistaient. Le clan de Marc Bouvier en était l'hôte. L'assemblée, fort houleuse, fut tenue dans une grange, sur une ferme isolée de la plaine du sud de Montréal.

Les moyens matériels et financiers faisaient cruellement défaut. Les membres de la cellule Chénier plaidèrent en faveur d'un temps d'arrêt. Il fallait réorganiser les troupes en priorité. Ceux de la cellule Libération favorisaient cependant une intensification de l'action. Pour leur part, les membres de la cellule Papineau n'étaient pas moins impatients que les autres. Ils se rallièrent à la position de la cellule Libération. On procéderait le plus rapidement possible à des enlèvements. La cellule Chénier était d'avis contraire. Il fallait attendre un temps plus opportun. On se sépara en se promettant de ne plus se revoir. Rendez-vous était pris avec l'histoire. On se retrouverait aux côtés du gouvernement révolutionnaire, en exil ou en prison.

Jean-Michel Bellerose manœuvra pour rentrer à Montréal en compagnie de Marc Bouvier. Celui-ci était un intellectuel frêle qu'on imaginait le nez toujours dans un bouquin. Les membres de la cellule Papineau trouvaient facilement à rire des maladresses physiques de cet intellectuel nourri de papier. Jean-Michel avait déjà eu l'occasion de sonder le cœur de cet homme. Il y avait frôlé des abîmes d'illusions.

Bouvier conduisait une Volvo beige d'un modèle récent mais dont la forme rappelait celle des voitures d'avant 1950. Des piles de journaux, des livres et des dossiers écornés encombraient les banquettes. Un lecteur de cassettes à huit pistes diffusait les *Gymnopédies* d'Erik Satie. La Volvo naviguait entre des champs de maïs démesurés. La fumée de la cigarette de Jean-Michel agaçait Bouvier.

— Quand est-ce qu'on passe à l'action? commença Jean-Michel.

— Le plus tôt possible, répondit Bouvier, le temps de choisir notre cible.

— Ton idée est faite là-dessus? poursuivit Jean-Michel.

— Oui, continua Bouvier. C'est Denis Leclerc, le conseiller spécial du premier ministre.

Jean-Michel se renfrogna contre la portière. Les *Gymnopédies* conféraient un aspect irréel aux champs de maïs. La Volvo traversa l'agglomération de L'Acadie. Les vendeurs de revêtements d'aluminium achevaient de dénaturer les derniers villages de la vallée du Saint-Laurent. Jean-Michel alluma une autre cigarette.

— J'aurais une suggestion à te faire, dit-il.

Marc Bouvier l'observait du coin de l'œil.

— Denis Leclerc, poursuivit Jean-Michel, c'est un hostie de sale. Sûr.

— Il mène Bourassa par le bout du nez, renchérit Marc Bouvier.

— Facile, admit Jean-Michel. Bourassa, il a un nez de Pinocchio. Ça lui donne de la prise, à Leclerc.

— C'est Bourassa que tu veux?

— Non, oui, je veux dire, mais on ne sera pas capables de mettre la main dessus. Avec tous les chiens qui tournent autour.

— Alors? insista Bouvier.

— Tu vois, ce qu'il nous faut, c'est quelqu'un que le peuple hait. Denis Leclerc, personne ne le connaît, à part les journalistes.

— Bourassa, lui, le connaît. Il ne peut même pas aller pisser sans lui. Quand il saura qu'on le tient, il va bouger.

Jean-Michel s'agitait sur sa banquette. La chaleur emmagasinée dans le cuir lui mouillait le dos.

— Moi, enchaîna-t-il, je sais ce qu'il nous faut. Un symbole de l'oppression. Un Anglais. Un Américain. Quelqu'un qui a assez fait chier le monde pour qu'on soit contents de le voir souffrir.

— Les consuls, fit observer Bouvier, il ne faut plus y penser.

— Un boss, lâcha Jean-Michel. Et puis pas n'importe quel boss. Quelqu'un qui a traîné les travailleurs québécois dans la merde depuis des centaines d'années.

— T'en connais un? demanda Bouvier.

— Oui, déclara Jean-Michel.

Il se tut pour laisser Bouvier flairer l'appât. Ce dernier mordit à l'hameçon.

— Qui?

— Le président de l'Anglo-American Textile.

— Comment il s'appelle?

— Je ne sais pas.

— Sais-tu au moins où il habite?

— Non.

— Pourquoi celui-là en particulier?

— Parce qu'il a fait mourir mon père.

Bouvier siffla entre ses dents, ce qui trahissait, chez cet intellectuel réservé, une excitation inhabituelle. Jean-Michel enfonça le clou.

— Tout le monde, au Québec, a un père, un oncle ou une tante qui a travaillé à l'Anglo-American. Il y a des *shops* de la Textile dans une dizaine de villes. Tout le monde sait que l'Anglo-American paie des salaires de misère. Tu ne peux pas trouver plus bel exemple d'exploitation des travailleurs. C'est une chance que ça existe. On serait trop bêtes de passer à côté.

— Pas mal, admit Bouvier, mais tu ne trouves pas qu'il est un peu tard pour monter un dossier sur lui?

— Tout ce que je te demande, répliqua Jean-Michel, c'est de ne pas me mettre de bâtons dans les roues.

— Ton idée n'est pas mauvaise, concéda Bouvier, mais je ne veux pas tout compromettre pour une bonne idée.

— Donne-moi une semaine.

— Je t'en donne deux, répliqua Bouvier. Si dans deux semaines tu m'apportes un dossier conséquent, tu l'auras ton président de l'Anglo-American. Mais attention. Regarde où tu mets les pieds.

La Volvo dévorait les derniers kilomètres de l'autoroute des Cantons de l'Est. Bientôt, elle gravit la rampe du pont Champlain. Montréal surgissait de la démesure du fleuve. Le couchant embrasait les gratte-ciel du centre-ville.

— Il y a encore une chose, dit Jean-Michel. Je connais une fille. Elle pourrait m'aider.

— Comment elle s'appelle?

— Lucie Courchesne.

— Je l'ai déjà rencontrée?

— Non.

— Tu la connais depuis longtemps?

— Deux semaines.

— Qu'est-ce qui te fait croire que tu peux lui faire confiance?

— C'est la fille d'un gros avocat d'Outremont. Elle a vécu dans une commune en Gaspésie. Elle vient de revenir à Montréal.

— Elle est prête à embarquer?

— Elle n'a que ça dans la tête.

— Commence par lui confier des petites surveillances, conclut Marc Bouvier. Au moindre signe de défaillance, laisse-la tomber.

Au-delà de l'oratoire Saint-Joseph, sur Queen Mary Road, s'ouvrait à gauche une petite rue d'apparence anodine, bordée d'immeubles de briques noircies par le temps, à trois ou quatre étages. Rien que de très familier pour ce quartier. Il suffisait de tourner encore à gauche et de monter en lacet derrière l'Oratoire pour atteindre, sur le flanc ouest du mont Royal, les contreforts de Westmount, le bastion anglais de Montréal. Derrière le Summit Park, des rues en demi-lune frôlaient la pente verte. Des résidences d'un million de dollars dans des jardins opulents. L'une d'elles, sur Belvedere Road, était flanquée de deux tours de pierres. Deux étages en façade, trois à l'arrière en raison de la dénivellation, et des cheminées comme sur un collège anglais. William S. Taylor, le président de l'Anglo-American Textile, y vivait en compagnie de sa femme, de sa bonne et son chauffeur. Les enfants étudiaient aux États-Unis comme il se devait.

Il ne fut pas facile à Jean-Michel et à Lucie d'approcher de la maison. Impossible de se fondre dans la foule anonyme. Personne ne circulait à pied dans ce quartier. Pas question non plus de patrouiller en voiture. Jean-Michel ne disposait pas d'une automobile susceptible de passer inaperçue dans ces rues d'une tranquillité exceptionnelle où ne défilaient que des Jaguar et des Cadillac. Qui plus est, la police municipale de Westmount quadrillait le territoire avec une régularité déconcertante. Comme des putois descendus des hauteurs verdoyantes de la montagne, Jean-Michel et Lucie n'eurent accès à l'enclave des privilégiés qu'à la nuit tombée. Encore fallait-il laisser la Chevrolet sur le stationnement de l'Oratoire et gagner Belvedere Road en sautillant d'une flaque d'ombre à l'autre.

William S. Taylor semblait mener une existence bien terne dans son opulente demeure. Sa Cadillac noire s'engouffrait dans le garage vers six heures du soir. Aucun mouvement ne s'effectuait autour de la maison jusqu'au lendemain matin. Il fallut près d'une semaine à Jean-Michel et à Lucie pour constater que monsieur et madame Taylor mangeaient frugalement, regardaient la télévision et montaient à leur chambre après le bulletin de nouvelles télévisées de dix heures. Comportement décevant pour des capitalistes. Cependant que la lumière s'éteignait fort tard dans les pièces réservées à la bonne et au chauffeur, sous les appartements principaux.

Jean-Michel et Lucie s'amusaient comme des enfants. Le cœur leur bondissait de joie quand ils s'accrochaient aux arbustes de la pente pour observer la demeure du côté où l'on ne tirait pas les rideaux. Les grandes fenêtres de l'arrière débouchaient en effet sur le versant d'une jungle au-delà de laquelle s'ouvrait une vue presque aérienne des rues de Saint-Henri et de Verdun, les quartiers populaires du sud-ouest de Montréal. Microcosme de résignation sous les réverbères.

Lucie Courchesne provenait elle aussi de la bourgeoisie, francophone celle-là, père avocat à Outremont et mère au conseil d'administration de la Fondation de l'hôpital Sainte-Justine. Éduquée à Villa-Maria puis au collège Brébeuf, où son père la déposait quotidiennement dans sa Buick, elle dépensait en une semaine, pour ses menus plaisirs, ce qu'un ouvrier de Saint-Henri gagnait dans le même temps. Les plages américaines d'Ogunquit en été. Le ski au mont Saint-Sauveur en hiver. Jusqu'à l'âge de dix-sept ans. Jusqu'à la grande déchirure.

Un polytechnicien de l'Université de Montréal lui fit un enfant. Elle avorta, consciente de n'avoir jamais été aimée. L'homme lui proposa de l'argent. Lucie en déduisit que l'argent s'opposait à l'amour. Elle quitta tout autant l'amant que ses père et mère. Ne remit jamais les pieds au collège Brébeuf. Erra pendant deux ans d'appartements de copains en piaules de copines. Fit pousser et fuma des bottes entières de marijuana. Avala quelques comprimés d'acide. S'enfouit dans l'humus pour oublier la déception que le monde lui inspirait. Se réfugia dans une commune en Gaspésie où elle reporta son affection sur les chèvres et les moutons. Comme elle était de retour à Montréal depuis peu, un copain l'avait présentée à Jean-Michel Bellerose.

— Il est aussi *pogné* que toi, il va t'aider.

Jean-Michel Bellerose tenait toujours les poings dans ses poches pour ne pas frapper ceux qu'il rencontrait. Une rage sourde le propulsait. Il épelait les lettres sacrées du mot socialisme pour se venger de ne rien posséder. On le disait engagé dans le mouvement terroriste. Lucie et lui firent amitié au minable restaurant *Le Louvre* de la rue Sainte-Catherine. Ils scellèrent leur complicité dans le lit douteux d'une chambre prêtée par un aussi démuni qu'eux, rue Ontario. En deux semaines, ils avaient compris qu'ils voyaient les mêmes étoiles. Et maintenant, ils surveillaient les faits et gestes de William S. Taylor comme des enfants épient les grandes personnes.

Un matin qu'ils redescendaient vers l'Oratoire, une voiture de la police de Westmount s'immobilisa à côté d'eux. Ils ne l'avaient pas entendue venir dans la courbe de Sunnyside Crescent.

Rien ne justifiait leur présence à cet endroit. Leurs vêtements trahissaient tout à la fois leur appartenance sociale et leur position idéologique. Lucie enfonça ses ongles dans l'avant-bras de Jean-Michel avant de se diriger seule vers le policier qui, descendu de voiture, venait vers eux.

— Dites-moi, monsieur, commença-t-elle, il y a un parc par ici, au sommet de la montagne. On le cherche depuis une demi-heure.

— You have no business being here.

Lucie mordit ses lèvres fines avant de poursuivre en anglais.

— Paraît qu'il y a des hirondelles bicolores. Mon ami et moi, on est des amateurs d'oiseaux.

— Vous êtes venus ici comment?

— À pied. On a pris l'autobus jusqu'à Queen Mary Road puis on a monté dans les petites rues.

Le policier désigna Jean-Michel d'un geste de la tête.

— Il a l'air d'un drôle d'oiseau, ton gars.

Jean-Michel faisait de grands signes à Lucie avec ses yeux. Il finit par s'approcher d'un pas.

— Viens-t'en, dit-il, on s'en va.

Mais Lucie résistait.

— Ah! non, tu ne m'as pas fait lever à cinq heures du matin pour rien! On est venus ici pour voir les oiseaux, moi je ne redescends pas avant de les avoir vus.

Imperturbable, le policier prit Lucie par le bras pour l'entraîner vers la voiture. Il ouvrit la portière.

— Montez, dit-il, on va vous emmener au belvédère.

Lucie s'installa sur la banquette arrière. Jean-Michel, qui n'avait pas entendu ce qui venait de se dire, s'apprêtait à déguerpir. Lucie le retint au moment fatidique en se penchant à la portière.

— Viens, ordonna-t-elle à Jean-Michel, ils vont nous conduire au parc.

Jean-Michel hésita encore avant de la rejoindre. La portière refermée, ils se retrouvèrent prisonniers car les poignées des portières avaient été enlevées. Un grillage les séparait de la banquette avant. Le policier qui les avait invités à monter s'adressa à son confrère resté derrière le volant.

— Ils veulent voir les oiseaux dans le Summit Park. On les laisse en passant.

Et la voiture fit demi-tour. Deux minutes plus tard, sur le belvédère désert qui dominait le parc, Lucie et les policiers échangeaient des civilités. L'auto-patrouille s'éloigna silencieusement. Les jeunes gens se précipitèrent dans les sentiers de la montagne. Lucie jubilait. C'est elle qui entreprit ce jour-là de faire l'amour à Jean-Michel, sous le couvert d'un buisson de vinaigriers, presque sous les yeux des grands Anglais roux qui pratiquaient leur jogging.

Inutile de penser à revenir rôder dans le quartier. Jean-Michel et Lucie ne disposaient que d'une certitude: William S. Taylor quittait sa résidence de Belvedere Road à sept heures du matin. Ils décidèrent de reporter leur traque sur son lieu de travail.

Les bureaux de l'Anglo-American Textile occupaient le vingt-septième étage d'une tour étroite qui en comptait une quarantaine, à l'angle du boulevard Dorchester et de la rue Peel. Jean-Michel y pénétra un matin, à huit heures, une grande enveloppe brune sous le bras, avec l'assurance des messagers qui fréquentent les lieux à longueur de journée. Les bureaux étant encore officiellement fermés, un gardien lui demanda d'apposer sa signature dans un registre. Jean-Michel gribouilla un paraphe illisible avant que le gardien ne l'autorise à monter au vingt-septième.

Les ascenseurs débouchaient sur un hall de bois sombre. La réceptionniste buvait du café dans un gobelet de polystyrène. Le téléphone sonnait déjà. Jean-Michel déposa son enveloppe en engageant la conversation avec la jeune fille.

— Je sais bien que les bureaux ne sont pas encore ouverts, commença-t-il, mais ils m'ont dit d'apporter ça avant huit heures. Je suis déjà en retard.

La réceptionniste jeta sur Jean-Michel un regard mal éveillé.

— Il y a quelque chose à signer?

— Oui, répondit Jean-Michel.

Elle signa le connaissement. Il hésitait à partir. La réceptionniste ne s'occupait pas de lui. Jean-Michel rangeait ses documents dans sa sacoche.

— C'est pas drôle de commencer à huit heures, poursuivit-il. Évidemment, le *boss*, lui, il arrive à midi.

La réceptionniste tourna la tête en direction de la lourde porte de chêne qui séparait l'accueil des bureaux.

— Penses-tu? Il est déjà arrivé.

Dix minutes plus tard, Jean-Michel retrouvait Lucie dans un snack-bar de la rue Sainte-Catherine.

— On le tient, annonça-t-il. Ne reste plus qu'à aller trouver Bouvier.

Il mit sa main sur celle de Lucie et se pencha en avant pour la rejoindre dans son souffle.

— Qu'est-ce que tu as l'intention de faire? Tu continues avec nous?

— Qu'est-ce que tu penses? rétorqua Lucie en retroussant le menton. Moi, quand je commence un jeu, je le finis.

Ils achevaient de boire leur deuxième caisse de bière. Des bouchons partout et des mégots dans tous les cendriers. L'âcre odeur de sueur et d'excitation. Des aurores boréales dérivaient dans leurs têtes.

C'était dans l'appartement de Marc Bouvier, rue Édouard-Montpetit, devant le Centre social de l'Université de Montréal, un quatre-pièces tapissé de livres jusqu'au fond des toilettes. L'immeuble datait du début du siècle et avait été conçu pour abriter la classe bien nantie, hall de marbre, plafonds hauts et arabesques à la frise des murs. Le parquet geignait, des panneaux de bois noir assombrissaient le salon. Les intellectuels recherchaient ce quartier planté de grands érables et parfumé des effluves universitaires. En sa qualité de rédacteur de nouvelles à la Société Radio-Canada, Marc Bouvier n'aurait décemment pu habiter ailleurs. En ce 3 octobre, il se faisait attendre.

Huit heures du soir. Cinq individus occupaient le salon, assis sur la table basse, perchés sur une armoire ou vautrés sur le tapis. Bouvier n'admettait pas que l'on touche à ses livres. Pour le reste, il laissait faire. L'air sentait la marijuana. La musique des Pink Floyd éclaboussait les murs.

Ils mangeaient des pizzas qu'ils s'étaient fait livrer de *Chez Vito*. Jambes pendantes, une assiette sur les genoux, ils dévoraient les pointes de pâte garnie avec les mains, du jus de tomates jusque sur les poignets, une bouteille de bière à portée de bras, quand Marc Bouvier entra. Il fit deux pas, coupa court à la musique et attendit que tous les regards fussent tournés vers lui.

— Écoutez-moi bien, dit-il.

Fernand sauta au même instant en bas de son armoire pour prendre une des dernières bouteilles de bière de la caisse. Il la tendit à Bouvier après l'avoir décapsulée.

— Veux-tu une bière? demanda-t-il en la lui mettant dans la main.

Bouvier prit la bouteille en ayant l'air de se demander ce que c'était, mais il but cependant une solide gorgée à même le goulot. La bouteille semblait incongrue entre ses mains fines. Il portait un complet sombre et froissé, une chemise blanche sans cravate, et il redressait la tête d'un mouvement brusque toutes les minutes pour renvoyer en arrière la mèche de cheveux qui lui barrait le front.

— Écoutez-moi bien, répéta-t-il.

— Tes exploits sexuels, on ne veut pas les connaître, ironisa le petit Jacquot. Ça ne nous intéresse pas nous autres, les petits garçons.

— Écoutez-moi, redit Bouvier d'un ton égal.

Il se fit le silence que Bouvier espérait.

— C'est pour demain, dit-il aussi simplement que s'il avait annoncé l'horaire du prochain train.

Un murmure envahit le salon. Les cinq entourèrent Bouvier dans un grand tumulte.

— Il commençait à être temps, fit observer Jean-Michel.

Pour toute réponse, Bouvier s'en fut dans sa chambre, d'où il revint avec un sac de sport marqué aux initiales C.C.M., dont il tira deux revolvers de calibre .38, une dizaine de balles, un bâton de dynamite et six cagoules de couleurs bariolées comme en portent les skieurs par grand froid, panoplie criante de vérité parmi les reliefs du repas.

— T'as des nouvelles des autres? demanda le gros Pierre. Ils vont frapper en même temps que nous autres?

— Si je le savais, je ne vous le dirais pas.

Ils attendaient cet instant depuis plus d'un an et, au moment où son évidence s'imposait, ils se sentaient battre d'un seul cœur, entourant fiévreusement Bouvier.

— Les jouets, précisa Bouvier, c'est pour le gros Pierre et Jean-Michel. La dynamite, je la garde pour moi. Vous prenez chacun une cagoule.

Ils endossèrent ces passe-montagne qui ne laissaient paraître que leurs yeux et qui leur donnaient des allures de carnaval. Ainsi affublés, leurs gestes se désarticulaient en pantomimes grotesques. Ils trouvèrent à en rire pour libérer la tension qui les raidissait. Bouvier mit un terme à cette mascarade en les contraignant à retirer les cagoules.

— Vous serez bien contents de les ôter demain, quand tout sera fini.

Plus tard en soirée, Bouvier allongea les jambes sur la table du salon, tenant de la main gauche son petit manuel bleu *Qu'est-ce que le FLQ?* dont il leur relut les extraits les plus percutants pour les galvaniser devant l'échéance du lendemain.

Toute guerre comporte son lot de souffrances physiques

et morales. Une guerre de libération ne peut échapper à cette loi. Notre libération, la libération des travailleurs du Québec, nous coûtera très cher et coûtera très cher à chaque citoyen. Mais cette souffrance ne sera pas vaine, car c'est elle qui rendra possible la tâche ardue de reconstruction sociale, économique, politique et culturelle du Québec.

Bouvier leva les yeux pour observer les visages que l'éclat des lampes revêtait de gravité. Jean-Michel frappait de son poing droit dans la paume de sa main gauche.

Une guérilla est une troupe de partisans, d'ouvriers, de jeunes qui ne sont pas des soldats de carrière mais des hommes qui ont décidé de prendre les armes par nécessité, afin de renverser un ordre injuste. La situation d'exploités où nous nous trouvons, accentuée par la situation coloniale du Québec, ne nous laisse pas la liberté d'opter pour ou contre la guerre de guérilla. Cette guerre, évidemment, ne se gagne pas en un jour. Elle commence par l'action d'un petit groupe, d'une poignée de «fous» qui, peu à peu, réussissent à rallier autour d'eux un nombre toujours croissant de travailleurs décidés à prendre les armes pour renverser l'ordre capitaliste. Le Québec aux travailleurs! Tout le pouvoir aux travailleurs!

Bouvier referma son missel et s'en fut dans sa chambre. Ils campèrent dans tous les coins du salon. Le gros Pierre et le petit Jacquot reposaient côte à côte, tout habillés, sur le canapé-lit. On entendait le petit Jacquot se plaindre des prétendues agressions sexuelles dont il était l'objet de la part du gros Pierre. Ce dernier protestait de son dégoût pour exciter l'hilarité de ses compagnons.

Fernand feignait de dormir dans un fauteuil Ikea. Jean-Michel avait poussé la table pour s'allonger sur le tapis, les mains jointes derrière la tête. Lucie nichait dans un fauteuil-sac qu'elle avait battu pour lui donner une forme la plus confortable possible.

Les radiateurs surchauffaient la pièce. On entendait des pas dans les appartements voisins. L'eau coulait dans les tuyaux enchâssés dans les murs. La nuit leur refusait ses consolations.

Plus tard, Jean-Michel se leva et vint s'asseoir par terre à côté de Lucie. Celle-ci lui prit la main qu'elle enferma dans la sienne sur son genou. Ils respirèrent un long moment puis Jean-Michel emmêla ses cheveux à ceux de Lucie, sur le cuir beige du fauteuil.

— À quoi tu penses? demanda-t-il.

Lucie le regarda longuement avant de répondre. On aurait dit qu'elle cherchait ses mots dans la pénombre. Le reflet d'un réverbère striait le salon à travers le store. Une sourde respiration annonçait le sommeil du gros Pierre.

— J'ai un peu peur, admit Lucie.

— J'aurais préféré que tu me le dises pas, répliqua Jean-Michel.

L'instant d'après, ils s'embrassaient.

Ils s'éveillèrent sans avoir dormi. Déjà, Marc Bouvier faisait du café et cassait des œufs à la cuisine. Ils se regroupèrent dans cette pièce aux proportions réduites, en ayant l'air de ne pas se reconnaître.

Six heures. Encore la nuit noire. Le matin ne s'identifiait qu'au bruit des premières voitures dans les rues. Une heure plus tard, ils se pressaient dans le vestibule de l'appartement. Une main sur la poignée de la porte, Marc Bouvier semblait compter ses troupes. Fernand tenait le sac de sport. Six individus dans l'étroit passage de l'appartement attendaient qu'une porte s'ouvre sur leur destin.

— On n'a plus rien à faire ici, annonça Bouvier.

Ils crurent nécessaire de se bousculer un peu pour se donner une contenance, en ce moment où ils se savaient irrémédiablement projetés en avant. En franchissant le seuil, Lucie mit la main sur l'avant-bras de Bouvier.

— Si ça tourne mal, demanda-t-elle, qu'est-ce qu'on fait?

— Ça tournera pas mal, protesta Jean-Michel.

Et il sortit, laissant Bouvier répondre laconiquement à la question de Lucie.

— On se retrouve comme convenu à l'appartement de la rue Henri-Julien. Quoi qu'il arrive, je ne veux plus en voir un remettre les pieds ici. Compris?

Dehors, un matin blanc, ni ciel ni terre, un néant d'entre les saisons. On ne pouvait encore savoir s'il pleuvrait ou si le soleil claironnerait haut. Ils se dirigèrent vers deux voitures garées en bordure de la rue. La première, une Chevrolet grise, avait été volée la veille par le gros Pierre. Des plaques de rouille lui marquaient les flancs. Un tel véhicule n'attirerait pas l'attention sur ses occupants. La seconde appartenait à Fernand qui l'avait acquise depuis peu sous le nom d'emprunt de Louis Lemire. Bouvier et Fernand s'engouffrèrent dans cette Ford 1967 dont le capot portait les marques évidentes d'un accident antérieur, suivi d'une tentative mal réussie de lui redonner sa forme. Les quatre autres prirent place dans la Chevrolet. Jean-Michel et Lucie se renfrognaient sur la banquette arrière. Leurs jambes et leurs épaules se touchaient mais ils regardaient droit devant eux comme deux étrangers. Le cortège s'ébranla. La voiture conduite par Fernand ouvrait la voie.

Une faible distance séparait la rue Édouard-Montpetit des limites de Westmount. Tout de suite, Jean-Michel sut qu'ils ne se dirigeaient pas vers la résidence de William S. Taylor. Il aurait fallu tourner à gauche sur la Côte-des-Neiges. La Ford s'engouffra à droite. Jean-Michel se redressa et mit la main sur le genou de Lucie.

Ils traversèrent rapidement le quartier planté de beaux arbres et, dès l'avenue du Parc, ils filèrent dans la ville de brique et de béton. Au nord de Jean-Talon, la rue Berri s'étira entre ses rangées d'immeubles bas, héritage de l'essor

faussement moderne des années cinquante — six appartements, deux escaliers extérieurs — jusqu'au pont Viau qu'ils
franchirent sans difficulté car, à cette heure, ils roulaient en
sens inverse du flot des voitures. Jean-Michel et Lucie se
regardaient en serrant les dents.

Parvenus sur l'île de Laval, ils pénétrèrent dans un monde
étranger. C'était le dortoir de Montréal. Des pelouses, des
arbustes et des bungalows. Ils filèrent jusqu'à Rosemère.

La Chevrolet s'immobilisa en bordure de la rue Birch,
derrière la Ford qui les précédait. Marc Bouvier et Fernand
en étaient déjà descendus. Ceux de la Chevrolet les rejoignirent. Jean-Michel se planta devant Bouvier.

— Qu'est-ce qui se passe? demanda-t-il.

— C'est pas le moment de poser des questions, répondit
Bouvier.

Mais Jean-Michel insista.

— Minute, là. On devait aller chez Taylor à Westmount.

— J'ai changé d'idée.

— Pourquoi?

— On n'est pas là pour discuter, trancha Bouvier.

Tournant le dos à Jean-Michel, Bouvier se pencha sur le
sac de sport que lui tendait Fernand. Il en extirpa les armes
qu'il distribua au gros Pierre et à Jean-Michel, après quoi il
fixa le bâton de dynamite à sa taille, à l'aide d'un bout de
ruban gommé, avant de refermer sa veste sur son secret.
Chacun fourra une cagoule dans sa poche. Jean-Michel glissa
deux balles dans son revolver qu'il inséra sous sa ceinture. Il
rejoignit Bouvier qui grimpait déjà sur le perron d'un gros
bungalow fleuri d'hortensias et baigné d'une pelouse où régnait un bouleau pleureur. Jean-Michel s'avança jusqu'aux
côtés de Bouvier.

— Pourquoi? insista-t-il.

— Parce que celui-là, il est beaucoup plus rentable
politiquement.

Huit heures, le 4 octobre 1970. Bouvier rajusta sa mèche

et sonna, tandis que chacun enfonçait sa cagoule sur sa tête. Trop tard pour tergiverser.

— On est chez Denis Leclerc, annonça Marc Bouvier.

Tous ceux qui réprouvaient la politique du Parti libéral honnissaient cet homme invisible qui menait le premier ministre et le Québec à sa guise, à titre de conseiller spécial de Robert Bourassa. Les rares photos de lui qui avaient paru dans les journaux montraient un homme dans la mi-cinquantaine, cheveux blancs légèrement ondulés et complet rayé qu'on aurait imaginé sans peine sur le dos d'un Anglais, dans les bureaux feutrés de Toronto.

— J'ai hâte de lui mettre mon poing dans la face, annonça le gros Pierre quand la porte s'entrouvrit.

Une petite femme sèche et ridée pointa le museau en refermant l'encolure de son peignoir de sa main gauche. Elle fut immédiatement refoulée au fond du salon, malgré son concert de cris et de protestations.

— Où est-il? répétait inlassablement Marc Bouvier.

Le tumulte avait attiré les deux filles de Denis Leclerc, une grande avec un appareil de fil de fer pour lui redresser les dents et une adolescente, presque encore une enfant, toutes deux accrochées au chambranle de la porte de la cuisine.

— Puisque je vous dis qu'il n'est pas là!

Ignorant la menace des deux revolvers pointés sur elle, madame Leclerc cherchait à réduire ces intrus masqués par la seule puissance de son regard. Pendant ce temps, Marc Bouvier donnait l'impulsion à son ballet. Agrippant Fernand par la manche, il le poussa à la cuisine. Il dépêcha le gros Pierre et Jacquot dans les chambres tandis que lui-même s'engouffrait dans l'escalier du sous-sol.

— Vous deux, cria-t-il à l'intention de Lucie et de Jean-Michel, faites-les tenir tranquilles.

La maison s'emplit d'un bruit de courses, de portes qui claquent et d'un fracas de meubles renversés, comme dans les mauvais films de fin de soirée à la télévision. Jean-Michel et Lucie ne quittaient pas des yeux les trois femmes qui se pressaient maintenant en petit troupeau frileux, devant la porte de la cuisine. Jean-Michel s'approcha de madame Leclerc et la gifla sèchement.

— Parle ou je te rentre dans le mur!

C'est Lucie qui répondit.

— Laisse-la tranquille.

Madame Leclerc avait reconnu une voix de femme sous la cagoule de Lucie, laquelle coiffait un grand corps qui aurait tout aussi bien pu appartenir à un garçon, sous sa chemise de bûcheron et ses lourdes bottes de travailleur.

— Je vous le jure, mademoiselle, le premier ministre l'a appelé au téléphone. Il est parti le rejoindre en pleine nuit.

Après avoir échangé un bref signe de tête avec Lucie, Jean-Michel se précipita vers l'escalier du sous-sol où il trouva Marc Bouvier qui remontait bredouille.

— Il n'est pas là, annonça Jean-Michel.

— Il n'est pas en bas en tout cas, répliqua Bouvier.

— Je te dis qu'il n'est pas là! insista Jean-Michel. T'aurais pu vérifier avant!

— Je ne t'ai pas demandé ton avis! trancha Bouvier.

Les autres revenaient des chambres et de la cuisine. Ils ouvraient les bras pour signifier leur déception. Chacun de leurs mouvements se développait avec la rigidité des robots. La main de Jean-Michel commençait à trembler sur son revolver. Les trois femmes se taisaient.

— Qu'est-ce qu'on attend? insista Jean-Michel.

— Le téléphone! ordonna Bouvier.

Le gros Pierre et Jacquot partirent arracher les fils de tous les appareils qu'ils purent découvrir, pendant que Bouvier, Fernand, Lucie et Jean-Michel reculaient à pas lents vers le vestibule.

— Pas un mot, ordonna Bouvier, pas un geste pendant quinze minutes après que nous serons partis. Il ne vous arrivera rien.

Ils sortaient déjà quand le gros Pierre et Jacquot les rejoignirent. Dehors, la rue Birch ressemblait à un décor de cinéma. Malgré le temps doux, un froid de janvier leur paralysait les membres. Ils s'approchèrent des voitures. Jean-Michel intercepta Bouvier.

— Toi, dit-il, va falloir que tu nous expliques...

— Plus tard, trancha Bouvier.

Et il s'engouffra dans la voiture que Fernand fit démarrer dans un crissement de pneus.

Le réduit sentait l'urine et la poussière. À quatre, ils y trouvaient à peine assez de place pour allonger les jambes. Une table basse, une lampe à piles, une petite radio, un seau dans le coin. Ils ne disposaient que de l'essentiel. Ceux de l'appartement leur passaient à manger en dévissant le panneau qui constituait l'unique accès de la cachette.

Après la débandade de Rosemère, la Chevrolet conduite par le gros Pierre, et dans laquelle prenaient place Jacquot, Lucie et Jean-Michel, arriva la première à l'appartement de la rue Henri-Julien. Ils contournèrent l'immeuble par la ruelle pour frapper à la porte arrière du trois-pièces en sous-sol.

— Bernard, ouvre!

L'état dans lequel se trouvaient les quatre comparses en disait long sur l'aventure qu'ils venaient de vivre. Pierre et Jean-Michel jetèrent leurs revolvers sur la table pour achever de convaincre leurs hôtes de la gravité de la situation. Lucie se précipita vers la salle de toilette, cependant que Jacquot réclamait une bière. Louise Desruisseaux et Bernard Lanthier durent se rendre à l'évidence. Leurs quatre compagnons devaient quitter provisoirement les rangs de la société.

L'appartement se composait de trois petites pièces sombres. La cuisine donnait accès, par trois marches qu'il fallait gravir, à une cour désorganisée que dominait un vieux marronnier. Les herbes sèches achevaient d'y dévorer un matelas éventré et les ruines d'une Austin des années cinquante.

Le salon débouchait sur la rue lui aussi par des marches qu'il fallait descendre en courbant la tête pour ne pas heurter le plafond. Salle d'étude, salle de séjour, salle de jeu, salle à tout faire, cette pièce n'était séparée de la chambre que par une tenture mal fixée au plafond. Au fond de la chambre, un placard dont la porte ne fermait pas.

C'est à l'intérieur de ce placard que Bernard et Jean-Michel avaient ménagé une cachette. Ils avaient subdivisé l'espace à l'aide d'un panneau de plâtre récupéré chez un marchand de matériaux d'occasion. Une pièce de contre-plaqué faisait office de porte que les occupants de la maison revissaient après le passage de leurs hôtes-prisonniers. Des cartons, des chaussures, des valises, des piles de vêtements achevaient de dissimuler l'invraisemblable. Il aurait fallu comparer les dimensions extérieures de la maison à celles de l'intérieur pour commencer à soupçonner l'existence de cette cache. En la construisant, Jean-Michel et Bernard échafaudaient la théorie du monde qu'ils voulaient édifier.

Et maintenant Lucie, Jean-Michel et Jacquot y croupissaient depuis douze heures. Il avait d'abord fallu se rendre à une première évidence: ni Fernand ni Marc Bouvier ne semblaient devoir les rejoindre.

— Ils sont allés se planquer dans un hôtel de luxe! ironisa Jacquot.

— Il a peur de venir nous rendre des comptes, renchérit Jean-Michel.

Deuxième constatation désastreuse: leur tentative d'enlèvement passait inaperçue aux yeux des médias. La femme de Denis Leclerc avait sûrement prévenu la police mais les autorités retenaient l'information. À quoi sert-il de risquer sa vie pour enlever un complice du pouvoir si le peuple n'est pas informé de votre geste?

Les reclus avaient réclamé de quoi écrire, en tapant sur la cloison. Bernard leur avait fait passer du papier à en-tête de l'Université de Montréal. Lucie transcrivit les phrases que Jean-Michel lui dicta. Le dépit lui suggérait des formules percutantes. *Ce matin, à 8 h 30, le peuple du Québec a franchi une autre étape de sa libération. Un commando du FLQ a investi la maison de Denis Leclerc, l'ignoble conseiller du non moins ignoble Bourassa. Le traître ne doit sa liberté qu'à son absence. Mais les Trudeau, Bourassa, Drapeau et consorts de l'impérialisme anglo-américain n'ont qu'à bien se tenir. Leur tour viendra plus tôt qu'ils ne le croient. La révolution est en marche. Vive le FLQ !*

Plus tard, Louise devait retranscrire ce premier communiqué de la cellule Papineau sur sa machine à écrire portative, avant que n'ait lieu une discussion sur le destinataire de la missive et la façon de l'expédier. Le gros Pierre parvint à convaincre ses compagnons qu'il lui revenait de livrer le communiqué à la station de radio CKAC. Il profiterait de sa sortie pour chercher refuge dans un endroit secret. Il refusa d'en dire plus. En agissant ainsi, il faisait de la place dans la cachette. L'espace leur deviendrait de plus en plus vital si leur réclusion se prolongeait. Par la même occasion, le gros Pierre ferait disparaître la Chevrolet. Il quitta l'appartement de la rue Henri-Julien vers midi et n'y revint plus.

Restaient Jacquot, Lucie et Jean-Michel qui s'installèrent. Un matelas de camping et des coussins constituaient leur aménagement. Une seule personne pouvait s'allonger, les deux autres étant contraintes de se recroqueviller, les genoux au menton, pour laisser la place au privilégié.

La journée se traînait. Les trois fugitifs perdirent bientôt toute notion du temps. Ils sortaient de leur léthargie tous les quarts d'heure, croyant qu'une heure au moins s'était écoulée. Ils avaient faim tout de suite après avoir mangé. Ils s'asseyaient à tour de rôle sur le seau, toutes les vingt minutes.

La privation de cigarettes les brimait plus que tout. Pas

question en effet d'emplir de fumée un réduit où l'air manquait. Ils allumaient et éteignaient la lampe à piles pour se donner une activité. Ils s'effleuraient dans le noir et ne parvenaient qu'à s'effrayer.

La radio continuait de se faire l'écho d'un monde qu'ils réprouvaient. Les publicités de voitures, de bière et de savon rythmaient leur dépit. *J'ai le goût du Québec!* proclamait Pepsi-Cola. *On est six millions, faut se parler!* répétaient inlassablement les brasseurs de la bière Labatt. Jacquot ironisait comme d'habitude.

— C'est vrai qu'il est en train de changer, le peuple du Québec. La preuve? Les publicitaires sont obligés de le flatter dans le sens de son poil indépendantiste pour vendre leur soupe. Vous ne trouvez pas ça formidable, vous autres?

Comment s'en réjouir au fond d'un trou? La trahison de Marc Bouvier tenaillait Jean-Michel par-dessus tout. Devant sa disparition, Jean-Michel jugea opportun de prendre le commandement des opérations.

Ignorant la consigne, il envoya Louise déposer un message dans la boîte aux lettres de l'appartement de Bouvier. Le libellé laconique de Jean-Michel «*Qu'est-ce qu'on fait?*» disait tout son état d'esprit. Louise revint deux heures plus tard, annonçant qu'il ne se trouvait personne à l'appartement de Bouvier.

En soirée, Bernard et Louise quittèrent l'appartement pour se rendre à l'université. Tant que les prisonniers volontaires avaient pu compter sur la présence de leurs gardiens, ils avaient supporté tant bien que mal leur confinement, mais dès que le silence fit écho à leur écoute, une oppression sourde les envahit. Des pensées folles éclataient en feu d'artifice dans leurs têtes. Si un incendie se déclarait? Si Bernard et Louise tombaient aux mains de la police? Si... si... si... Jean-Michel ne tenait plus en place. Lucie le contraignit à s'allonger à ses côtés, sur le matelas de camping.

Malgré la chaleur intense, Jean-Michel et Lucie se

pressaient l'un contre l'autre, reléguant le petit Jacquot au fond du réduit où il faisait machinalement défiler le curseur de la radio. Espérait-il encore qu'on diffuserait leur communiqué? Une tonitruante déclaration du ministre fédéral Jean Marchand les tira de leur torpeur. *Les plus pessimistes disent qu'il y a à peu près 3000 membres du FLQ. Ils sont infiltrés dans tous les endroits stratégiques vitaux de la province de Québec, dans tous les postes où il se prend des décisions importantes. C'est une organisation qui a des milliers de fusils, de carabines, de «machine-guns», de bombes et à peu près 2000 livres de dynamite, ce qui est suffisant pour faire sauter le cœur de la ville de Montréal. Quiconque connaît bien l'organisation du FLQ dans la province de Québec ne peut s'empêcher de constater que l'État même du Québec et l'État fédéral sont réellement en danger au Canada.* Jean Marchand, ministre à la crinière de lion, défenseur séculaire des petits et des opprimés, passé à Ottawa pour y achever l'œuvre entreprise à la tête de la plus puissante organisation syndicale du Québec! Comment un homme de cette envergure pouvait-il se faire le complice d'une telle manœuvre de désinformation?

— Si seulement ça pouvait être vrai! gronda Jean-Michel.

Les trois naufragés de la cellule Papineau n'ignoraient pas le caractère exagéré de cette déclaration. La police et les politiciens ne pouvaient normalement être parvenus à cette conclusion. On y décelait la volonté d'effrayer la population pour s'assurer son appui en cas de coup dur. Et Jean Marchand devait fumer sa pipe derrière sa moustache à la Staline. Le petit Jacquot suggéra qu'on s'était trompé de cible, le matin même, en cherchant à s'emparer de Denis Leclerc, plutôt que de ce gros pacha fourré.

La nuit s'enroula sur elle-même. À eux trois, le commando cumulait soixante-quinze ans. À peine une vie. Comment auraient-ils pu trouver en eux la ressource suffisante pour contenir l'impatience qui les assaillait? Ils somnolèrent tour à tour sur le matelas de camping mais, régulièrement, des coups sourds les tiraient de leur apaisement. C'était leur cœur qui battait.

Au matin, c'est l'écho d'un autre coup d'éclat qui leur parvint. La radio annonçait que le Front de libération du Québec revendiquait l'enlèvement de James Richard Cross, l'attaché commercial britannique à Montréal. Après l'échec de sa tentative, Bouvier avait-il suggéré à la cellule Libération d'entrer immédiatement en action, pour montrer l'ampleur et la cohésion de l'organisation? Jean-Michel se mit à hurler comme quand les Canadiens marquent un but au Forum de Montréal. Il se rembrunit en pensant que sa propre équipe avait été éliminée en quart-de-finale.

Jean-Michel, Lucie et le petit Jacquot retenaient leur souffle. Malgré l'échec de leur propre intervention, ils vivaient par procuration les étapes de l'affrontement engagé entre le FLQ et le gouvernement. Le jour même de l'enlèvement du diplomate britannique, le ministre de la Justice du Québec tint une conférence de presse au cours de laquelle il exposa six des sept demandes formulées par les ravisseurs. La cellule Libération avait exigé leur publication. La première revendication du FLQ concernait la suspension immédiate de toute activité policière à leur endroit. Elle ne fut jamais publiée. Encore moins appliquée. Le FLQ réclamait en outre la diffusion de son manifeste idéologique, la libération de vingt-trois prisonniers politiques, la mise à sa disposition d'un avion pour transporter ses membres et les prisonniers politiques à Cuba ou en Algérie, le versement d'une somme de 500 000 $ devant être déposée dans l'avion, la divulgation du nom du délateur qui avait conduit les policiers au chalet des Laurentides, de même que le réengagement de 450 camionneurs injustement congédiés par le ministère fédéral des Postes.

Les médias retransmirent certains passages d'un communiqué de la cellule Libération. *Le FLQ veut attirer l'attention mondiale sur le sort fait aux Québécois francophones, majorité bafouée et écrasée sur son propre territoire par un système politique (le fédéralisme Canadian) et économique régi par les intérêts de la haute finance américaine. Des milliers de Québécois ont compris, comme nos ancêtres de 1837-1838, que l'unique moyen d'assurer notre survivance, tant nationale qu'économique, c'est l'indépendance totale.* Le soir même, en conférence de presse à son tour, un avocat sympathisant du FLQ, maître Robert Lemieux, proposait au gouvernement de représenter les intérêts des terroristes dans les délicates négociations qui allaient s'amorcer. L'avocat aux cheveux longs n'ignorait pas que la Combined Antiterrorist Squad venait d'entrer en action. Il ne pouvait cependant savoir que des agents des services secrets étrangers, dont le MI.6 britannique et la CIA américaine, donnaient le ton aux discussions qui se poursuivaient à Montréal.

À l'aube du 7 octobre, la police appréhenda vingt-sept suspects. Les forces policières écumaient les milieux qu'avaient réintégrés les membres des premières vagues terroristes, sans parvenir à toucher le noyau dur des cellules Papineau, Libération et Chénier.

Jean-Michel, Lucie et le petit Jacquot flottaient dans le noir. Pour eux, le jour et la nuit avaient cessé de ponctuer le temps. Les bulletins de la radio balisaient leur attente. Le 7 octobre, la station CKAC diffusa le manifeste du FLQ. La télévision nationale le reprit le lendemain. Première concession des autorités. Le FLQ imposait sa voix. Les reclus de la rue Henri-Julien jubilaient en entendant, dans la bouche des lecteurs de nouvelles, les propos mêmes que leurs camarades de la cellule Libération leur tenaient quelques semaines auparavant.

Le Front de libération du Québec n'est pas le messie, ni un Robin des Bois des temps modernes. C'est un regroupement de travailleurs québécois qui sont décidés à tout mettre en œuvre pour que le peuple du Québec prenne définitivement en main son destin...

Le Front de libération du Québec veut l'indépendance totale des Québécois réunis dans une société libre et purgée à jamais de sa clique de requins voraces, les «big boss» patronneux et leurs valets qui ont fait du Québec leur chasse gardée du «cheap labor» et de l'exploitation sans scrupules...

Nous avons cru un moment qu'il valait la peine de canaliser nos énergies, nos impatiences comme le dit si bien René Lévesque, dans le Parti québécois, mais la victoire libérale montre bien que ce qu'on appelle démocratie au Québec n'est en fait et depuis toujours que la «democracy» des riches...

Nous sommes des travailleurs québécois et nous irons jusqu'au bout. Nous voulons remplacer avec toute la population cette société d'esclaves par une société libre, fonctionnant d'elle-même et pour elle-même, une société ouverte sur le monde...

Notre lutte ne peut être que victorieuse. On ne tient pas longtemps dans la misère et le mépris un peuple en réveil.

Vive les camarades prisonniers politiques!

Vive le Front de libération du Québec!

Vive la révolution québécoise!

Vive le Québec libre!

Les hurlements de joie de Bernard et de Louise répondirent, au-delà de la cloison de leur cachette, aux exclamations conjuguées de Lucie, de Jean-Michel et de Jacquot. Peu après, René Lévesque intervint à son tour à la radio. Le petit homme qui présidait, hors de l'Assemblée nationale, aux destinées du Parti québécois n'ignorait pas que ses adversaires chercheraient à confondre, dans l'opinion, les visées indépendantistes de son mouvement et celles du FLQ. Il réagit avec finesse.

Je déplore l'enlèvement dont le diplomate James Cross

a été la victime, en espérant qu'aussi bien les responsables du pouvoir que les auteurs de ce geste inqualifiable cher-cheront avant tout à éviter un dénouement tragique.

René Lévesque ne pouvait en rester là. Il attribua le geste désespéré du FLQ à la froide intransigeance des dirigeants politiques fédéraux.

Leur inertie béate devant trop d'injustices sociales et économiques et la facilité avec laquelle ils s'empressent à la moindre alerte de la recouvrir du manteau de l'ordre établi, n'hésitant pas à recourir à la calomnie et au mensonge chaque fois que cela fait leur affaire, voilà peut-être, plus que tout autre facteur, ce qui engendre et entretient le FLQ chez nous.

Le 9 octobre, la cellule Libération annonça qu'elle sus-pendait temporairement sa menace d'exécuter son otage, à la suite de la diffusion du manifeste. Jean-Michel en déduisit que leurs camarades cherchaient une porte de sortie. Il ne se trompait pas. Dans ses communiqués ultérieurs, la cellule Libération réduirait ses exigences à la seule remise en liberté des prisonniers politiques.

Le 10 octobre, en fin d'après-midi, le ministre de la Justice du Québec, Jérôme Choquette, répondit par la néga-tive à la dernière exigence des ravisseurs du Britannique. En échange de leur prisonnier, il leur proposait toutefois l'octroi de sauf-conduits vers un pays étranger. La cellule Libération allait s'y résigner quand, moins d'une heure plus tard, vers 18 h 18, le ministre du Travail du Québec, Pierre Laporte, fut kidnappé devant sa demeure à Saint-Lambert, en banlieue sud de Montréal.

Ni les membres de la cellule Libération, ni les vestiges de la cellule Papineau regroupés autour de Jean-Michel Bellerose, ne comprirent d'abord d'où venait le coup. Ceux de la cellule Chénier avaient quitté le Canada à destination des États-Unis pour y poursuivre leurs opérations de *financement*. On ne connaissait aucune autre cellule du FLQ susceptible d'entreprendre une action de cette envergure. La diffusion, à la radio, du premier communiqué de la cellule Chénier, fit sourire Jean-Michel.

Face à l'entêtement des autorités en place à ne pas obtempérer aux exigences du FLQ, et conformément au plan 3 préalablement établi en prévision d'un tel refus, la cellule de financement Chénier vient d'enlever le ministre du Chômage et de l'Assimilation des Québécois, Pierre Laporte. Le ministre sera exécuté dimanche soir à 22 heures si d'ici là les autorités en place n'ont pas répondu favorablement aux sept demandes émises à la suite de l'enlèvement de M. James Cross.

Les membres de la cellule Chénier étaient sans doute rentrés précipitamment des États-Unis pour épauler les initiatives de leurs camarades. À présent, le mouvement paraissait obéir à des stratégies d'envergure. L'otage Pierre Laporte lui-même semblait confirmer la force du FLQ dans une lettre adressée au premier ministre provincial, Robert Bourassa, et reprise par les médias.

S'il ne s'agissait que de ma vie, et que le sacrifice devait avoir de bons résultats, on pourrait y penser. Mais nous sommes en présence d'une escalade bien organisée, qui ne se terminera qu'avec la libération des prisonniers politiques. Après moi, ce sera un troisième, puis un quatrième et un vingtième. Autant agir tout de suite et éviter un bain de sang et une panique bien inutiles.

Bourassa avait établi ses quartiers à l'hôtel Reine-Élisabeth de Montréal. Il lut une déclaration pathétique à la télévision.

C'est parce que nous tenons véritablement à la vie de monsieur Laporte et à la vie de monsieur Cross que nous voulons, avant de discuter l'application des demandes qui sont faites, établir des mécanismes qui garantiraient que la libération des prisonniers politiques ait comme résultat certain la vie sauve des deux otages. Et c'est à ce titre que nous demandons aux ravisseurs d'entrer en communication avec nous.

Le FLQ répondit par un communiqué.

Maître Lemieux devrait servir d'intermédiaire entre les deux cellules du FLQ qui détiennent des otages et les autorités en place.

Le Québec chargea maître Robert Demers de négocier avec le procureur du FLQ. Les trois Robert, Bourassa, Lemieux et Demers, s'étaient distribué les rôles. L'acte final pouvait commencer. C'était compter sans l'entêtement du metteur en scène, le tout-puissant Trudeau, qui changeait radicalement le scénario en imposant à son homologue québécois le recours à l'armée. Un an plus tôt, en 1969, Trudeau avait révélé le fond de sa pensée à l'occasion d'un mouvement d'humeur.

Ç'a assez duré les folies depuis quelques années. Nous, on veut un pays uni et prospère. Finies les folies!

Farouche pourfendeur du nationalisme québécois, le premier ministre canadien avait toujours soutenu que l'indépendance du Québec mènerait au chaos. Il répétait à qui voulait l'entendre que le climat de violence et de terreur engendré au Québec résultait d'une dizaine d'années d'agitation séparatiste. L'action du Front de libération du Québec contraignait chacun à montrer son vrai visage, ce qui ne se produit pas souvent dans l'histoire d'une société.

À l'initiative de René Lévesque, en qui les éléments progressistes voyaient le père d'un Québec encore à naître, une quinzaine de personnalités politiques, syndicales et au moins un représentant des milieux d'affaires avaient publié une déclaration-choc dans laquelle elles pressaient le gouvernement du Québec de ne pas laisser le gouvernement fédéral et les ténors du Canada anglais profiter du climat d'incertitude pour régler avec le Québec des comptes dont l'enjeu n'était pas en cause dans la présente crise.

L'affaire Cross-Laporte est avant tout un drame québécois. Les deux otages sont, l'un un citoyen du Québec, l'autre un diplomate dont la fonction en faisait temporairement un citoyen avec le même droit au respect de sa vie et de sa dignité d'homme que chacun d'entre nous.

Les gens du FLQ, d'autre part, sont une fraction marginale de ce même Québec, mais font quand même partie de notre réalité, car l'extrémisme fait partie de l'organisme social en même temps qu'il en dénote le mauvais état et peut le mettre en péril mortel...

C'est premièrement au Québec que réside et doit résider la responsabilité de trouver la solution et de la faire appliquer...

...nous redoutons, dans certains milieux non québécois en particulier, la terrible tentation d'une politique du pire, c'est-à-dire l'illusion qu'un Québec chaotique et bien ravagé serait enfin facile à contrôler par n'importe quel moyen. C'est pourquoi, oubliant la variété des attitudes que nous pouvons avoir sur une foule de sujets, conscients uniquement pour l'heure d'être Québécois et à ce titre vitalement impliqués, nous tenons à donner notre appui le plus pressant à la négociation d'un échange des deux otages contre les prisonniers politiques et ce, envers et contre toute obstruction de l'extérieur du Québec, ce qui implique nécessairement le concours positif du gouvernement fédéral. Et nous invitons instamment tous les citoyens et groupements qui partagent notre point de vue à le faire savoir publiquement dans les plus brefs délais.

Parmi les signataires, René Lévesque bien entendu, mais aussi Claude Ryan, l'austère directeur du quotidien *Le Devoir,* et Alfred Rouleau, le président du mouvement coopératif Desjardins.

— Ça sent le René Lévesque à plein nez, fit observer le petit Jacquot, on dirait que c'est écrit avec une cigarette dans la bouche.

— Ouais, enchaîna Jean-Michel, c'est plein de nuances, comme d'habitude, il essaie de ne pas aller trop loin et de tout dire en même temps.

— N'empêche, objecta Lucie, il est le premier à avoir le courage de parler, notre Ti-poil national.

Les journalistes jubilaient. Aucun des quinze signataires ne représentait l'élément contestataire de la société mais, en même temps, chacun incarnait, avec plus ou moins de fermeté, l'aspiration à la dignité d'un Québec trop souvent bafoué par ses propres bergers. En clair, cela revenait à dire: laissez le Québec régler la crise à sa façon. Et c'était, on ne pouvait le nier, le point de vue de la majorité des scribouillards des rédactions.

— Trudeau va attraper la jaunisse, ricana Jacquot. Il ressemble déjà à un Chinois.

— Moi, fit observer Jean-Michel, s'ils veulent passer par l'indépendance avant de faire la révolution socialiste, je suis bien prêt à les attendre.

Un soir que Jacquot énervait les deux autres avec ses imitations de Dary Cowl, la radio rapporta en détail la tenue d'un événement fort significatif.

— Ta gueule, protestait Jean-Michel pour faire taire Jacquot.

Mais Jacquot semblait se désintéresser de ce qui se passait au dehors. L'heure marquait pourtant un tournant. À l'occasion d'une assemblée houleuse au centre Paul-Sauvé, trois mille jeunes gens et jeunes filles chauffés à blanc — les journalistes insistaient sur leurs ponchos qui marquaient leur appartenance à la contre-culture, de même que sur leurs cheveux retenus par des bandeaux criards — avaient levé le poing en scandant *FLQ! FLQ! FLQ!* Le comédien Michel Garneau venait de lire, de sa voix de paysan russe, le texte honni du manifeste. Ce défi ouvert ne devait pas rester sans réponse.

À quatre heures du matin, le vendredi 16 octobre 1970, la Loi des mesures de guerre entrait en vigueur au Canada. En matinée, la radio commença à diffuser la liste des personnes qui avaient été incarcérées. Aucune d'elles ne pouvait être soupçonnée d'appartenance au FLQ. De toute évidence, l'adhésion à l'idée de l'indépendance du Québec semblait avoir été le premier critère retenu dans la confection des listes.

Jean-Michel et Lucie s'étreignaient dans le noir. Ils se pleuraient dans les cheveux. Ils étouffaient dans leurs poitrines des hurlements de rage. Bientôt, les caresses succédèrent aux sanglots. Relégué au fond de la cachette, Jacquot sifflotait une chanson de Georges Brassens pour ne pas les entendre.

Au marché de Briv'-la-Gaillarde,
À propos de bottes d'oignons,
Quelques douzaines de gaillardes
Se crêpaient un jour le chignon.
À pied, à cheval, en voiture,
Les gendarmes, mal inspirés,
Vinrent pour tenter l'aventure
D'interrompre l'échauffourée.

La vie dans le noir, sans temps ni fin, mais la vie tout de même.

Le même jour, au milieu de l'après-midi, des coups sourds ébranlèrent la porte de l'appartement. Un fracas et la porte s'ouvrit, battant contre le mur. Des pas, aussi fermes que ceux d'une armée. Un aboiement.

— Personne ne bouge!

Puis un cri de femme. Louise Desruisseaux libérait sa peur.

— Ta gueule, la petite!

Les trois reclus ravalèrent leur souffle. Les murs de la cachette rétrécissaient. L'écho d'une lutte leur parvenait. Bernard Lanthier avait dû chercher à s'enfuir par la porte de derrière.

— Où tu vas, toi?

Un choc mat, comme le bruit d'un crâne qu'on frappe contre un mur.

— Qu'est-ce que vous voulez?

— C'est moi qui pose les questions ici! Où sont-ils?

— Qui?

— Fais pas l'innocent, tu sais de qui je veux parler.

Encore une fois, la sourde résonance du crâne sur le mur. Une plainte.

— T'as pas entendu? Je t'ai posé une question.

— Je ne sais pas.

Le rire d'un autre homme.

— Ils commencent toujours par dire ça.

Puis un vacarme de meubles basculés, la désolation du verre cassé, le choc de la bibliothèque qui se renverse.

— Je vais t'aider un peu, reprit la voix du premier homme. Jean-Michel Bellerose, Lucie Courchesne, Fernand Genest, Pierre Boyer, Jacques Thibodeau, ça ne te dit rien? Tu ne les reconnais pas, tes petits amis du FLQ?

Dans l'obscurité, Jean-Michel, Lucie et Jacquot sentaient le sang ralentir dans leurs veines. Un moment de silence. Un autre coup de crâne sur le mur.

— Oui, je les connais, puis après?

C'était la voix de Bernard. Un autre rire.

— Bon, là tu parles. Tu vois? Maintenant, tu vas me dire où ils sont.

Louise vociféra.

— Si on le savait, on ne vous le dirait pas.

Les deux hommes échangèrent des réflexions.

— Coriace, la petite mère.

— Attends, je sais comment les prendre, moi.

L'éclat d'une gifle. Louise s'insurgea.

— Arrête, tu me fais mal.

— Oh! pardon!

Une autre gifle, un autre cri de douleur. Bernard se précipita.

— Lâchez-la!

— Toi, tu parles quand c'est pas le temps.

Louise insista.

— Je ne sais pas où ils sont, je ne le sais pas.

Jean-Michel, Lucie et Jacquot se pressaient les uns contre les autres, comme pour ne former qu'une masse indistincte dans le noir. La bousculade se poursuivait au fond du salon.

— Qu'est-ce que vous faites?

— Tu le vois bien, on vous emmène faire un petit tour.

— Où ça?

— À un endroit où la mémoire va vous revenir.

On les entraîna de force vers la porte. Bernard cria.

— Vous n'avez pas le droit. Avez-vous un mandat?

Les deux hommes rigolèrent.

— Qu'est-ce qu'il a dit? Un mandat? As-tu un mandat, toi?

— Non.

— Moi non plus.

Louise s'époumonait. Elle était accrochée à la porte.

— Avance!

Une autre gifle. Louise geignait maintenant.

— Vous êtes des beaux sauvages!

L'homme prit un ton désolé.

— Si t'avais voulu parler aussi!

Ils sortirent. On n'entendit pas la porte se refermer. Dans le couloir, Louise continuait de se lamenter. Bernard hurlait.

— On dira rien, bande d'écœurants, on dira rien!

Dans leur cachette, les trois s'aperçurent qu'ils avaient oublié de respirer depuis plusieurs minutes. Le silence leur battait aux tempes. Blottis les uns contre les autres, ils restèrent ainsi longtemps. Jacquot craqua le premier.

Il se mit à marteler le panneau de contre-plaqué qui servait d'orifice à la cachette. Les vis cédèrent. Jacquot écarta le panneau en repoussant les caisses de vêtements qui le dissimulaient. Il s'engagea dans l'ouverture.

Jean-Michel et Lucie s'efforçaient d'apaiser la panique de Jacquot, tout en l'inondant des paroles les plus réconfortantes qu'ils pouvaient trouver. Jean-Michel s'agrippa au long corps osseux de son compagnon. Jacquot ruait comme une bête prise au piège. D'un coup de botte, il atteignit Jean-Michel à la mâchoire. Ce dernier se renversa. Lucie se pencha sur lui. Jacquot était sorti.

Le temps, pour Jean-Michel et Lucie, de reprendre leurs esprits et de surgir du placard, Jacquot avait déjà la main sur la poignée de la porte arrière. Jean-Michel et Lucie se précipitèrent sur lui.

Une courte lutte s'ensuivit. La détermination décuplait les forces de Jacquot. Il parvint à repousser Jean-Michel. Lucie s'accrochait au fugitif. Jean-Michel revint en vitesse. Dans sa précipitation, il enfonça le bras de Jacquot à travers l'un des carreaux de la porte. Ce dernier eut le temps de leur montrer sa main ensanglantée, avant de prendre la fuite par la cour.

Restés seuls, Jean-Michel et Lucie se regardèrent un long moment en silence. Le manuel du FLQ ne leur avait pas appris à faire face à un tel désarroi.

À la même heure, ce même jour du 16 octobre, en fin d'après-midi, dans la maison de Saint-Hubert où la cellule Chénier le retenait prisonnier, le ministre Pierre Laporte tentait lui aussi de s'échapper en fracassant une vitre de la chambre où ses ravisseurs le retenaient enchaîné à un lit par une laisse de chien. Malgré ses menottes, il était parvenu à détacher la laisse. Se protégeant la tête et la poitrine avec un oreiller, il fracassa la vitre. Ses gardiens le rattrapèrent alors qu'il allait basculer. Ils le remmenèrent à l'intérieur. Du sang partout. Le ministre avait une longue entaille à la poitrine, un pouce écorché et surtout une profonde coupure au poignet gauche. Il geignait comme un enfant. On le traîna à la salle de toilette où on lava ses plaies, avant de lui appliquer des garrots sommaires.

Cinq heures. Le jour s'effondrait. Jean-Michel et Lucie n'eurent pas long à discuter avant de se rendre à l'évidence.

Ils devaient quitter au plus vite cet appartement condamné. Pour aller où?

— Je vais aller trouver mon oncle, dans les îles de Sorel, annonça Jean-Michel.

— Je viens avec toi, enchaîna Lucie.

— J'aimerais mieux pas, répondit Jean-Michel. À partir de maintenant, c'est chacun pour soi.

Cinq heures du soir, le 18 octobre 1970. Les trois passagers du *Loup de mer* émergeaient d'une longue après-midi au cours de laquelle Jean-Michel avait fait le récit à son oncle Bruno des événements qui les avaient conduits, Lucie et lui, à fuir Montréal. Octobre métamorphose parfois ses couchants en nostalgies langoureuses. Après la matinée pluvieuse et l'après-midi venteuse, le soleil avait paru à l'horizon sous une frange de nuages. Le marécage priait. On baissait instinctivement la tête. Le soleil éclatait en paillettes par tous les interstices de la paille qui recouvrait le cockpit. Adossée à la cabine, les jambes allongées sur la banquette, Lucie fermait les yeux. Mais Jean-Michel ne s'abandonnait pas. Il regardait Bruno bien en face. Ce dernier avait sorti sa pipe. Il la gardait toujours dans le bateau. Il ne la fumait qu'à bord. C'était une vieille pipe d'écume de mer qu'il avait héritée de son père. Le carbone avait réduit le diamètre du fourneau. Le tuyau d'ambre portait des marques de dents. Bruno fumait du Sail vert qui lui piquait la langue.

— Et maintenant, demanda Jean-Michel, qu'est-ce qu'on fait?

La question parut surprendre Bruno. Il suspendit son geste, la pipe en l'air, le regard soudain inquiet.

— C'est à toi qu'il faut le demander, répondit-il.

Jean-Michel ne broncha pas. Il poursuivit comme si Bruno ne l'avait pas interpellé.

— Si l'autre, ton fou, n'était pas venu se mêler de ce qui ne le regarde pas, on serait tranquilles dans ton chalet.

— Qu'est-ce que ça changerait?

Jean-Michel haussa les épaules.

— Après tout ce que tu viens de me raconter, fit observer Bruno, je trouve qu'on est aussi bien ici qu'au chalet. Là-bas, c'est inévitable, un jour ou l'autre quelqu'un vous aurait retrouvés. Tandis qu'ici...

— On a de la nourriture pour combien de temps? s'enquit Jean-Michel.

— Une semaine, peut-être un peu plus, répondit Bruno qui inventoriait les provisions du regard. En faisant attention.

Il y avait des miettes de pain sur les coussins des banquettes du cockpit. Bruno avait fait du thé sur le réchaud à alcool. Le tanin laissait des cernes huileux sur le pourtour des tasses. Longtemps après leur collation, Bruno avait écarté le rideau de joncs pour puiser un plein seau d'eau du chenal. À l'aide d'une pelle à long manche, il avait ramené un peu de sable du fond. Ce sable, il s'en était servi comme d'un abrasif pour décrasser ses plats et ses assiettes qu'il rinçait dans le seau. Jean-Michel s'était étonné de ce manège.

— C'est pas très propre cette eau, avait-il fait observer, t'as pas peur des microbes?

Pour toute réponse, Bruno avait esquissé un sourire qui soulevait sa moustache. Le silence de Bruno, la sérénité du marécage commençaient à énerver Jean-Michel. Les cheveux lui virevoltaient. Bruno rangeait ses caisses de provisions dans la cabine. Jean-Michel se pencha dans l'ouverture de la porte.

— Comment on va faire pour se chauffer? demanda-t-il.

Bruno tapota la tôle du petit poêle à alcool.

— C'est mieux que rien, précisa-t-il en clignant de l'œil.

— Un de ces matins, renchérit Jean-Michel, on va se réveiller, il y aura de la glace autour de la coque.

— C'est inévitable, énonça Bruno comme si cette éventualité ne l'effrayait pas.

— Moi, claironna Jean-Michel, j'ai pas fait tout ça pour finir sur une banquise!

Jean-Michel se tourna brusquement vers Lucie pour reporter sa colère sur elle.

— On sait bien, toi, ton père est avocat à Outremont. S'ils t'attrapent, ils te mettront en prison une couple de mois, pour te donner une leçon, puis ils te laisseront sortir. Mais moi, moi! J'en ai pour la vie!

Lucie regarda Jean-Michel comme si elle le voyait pour la première fois. Elle lui prit les deux mains et l'attira à elle, puis le contraignit à s'asseoir à ses côtés. Lucie lui sourit. Jean-Michel durcit le regard. Lucie écarta les cheveux qui cachaient le visage de Jean-Michel.

— C'est pas de ta faute si ça n'a pas marché, dit-elle posément.

Bruno s'attardait au fond de la cabine où il avait fini de ranger son fourbi. Il espérait éviter l'affrontement qu'il savait inéluctable, mais il ne se déroberait pas. Toute sa vie, il avait pris le diable par les cornes. Il éleva la voix.

— Si tu ne voulais pas aller jusqu'au bout, dit-il, il ne fallait pas commencer.

L'effet d'une détonation dans la nuit. Du cockpit où il avait choisi de demeurer, Jean-Michel tira une rafale d'arguments.

— De quoi tu te mêles? T'as passé ta vie à profiter du système. T'es bien mal placé pour me donner des leçons.

Bruno ne broncha pas. Il poursuivit d'une voix égale.

— Il y a deux façons de changer le monde, dit-il, en criant et en se taisant. Pas plus efficace l'une que l'autre d'ailleurs. Moi, je me bats avec mon silence.

Et tout de suite, Bruno enchaîna parce qu'il ne croyait pas entièrement à ce qu'il venait d'énoncer.

— Pour dire la vérité, ils sont trop bien nourris, les Québécois. C'est pas avec des gens qui mangent à leur faim qu'on fait les révolutions.

Jean-Michel fulminait. Lui aussi attendait ce moment qui aurait dû se produire, selon ses prévisions, dès son arrivée chez son oncle. Tout compte fait, cette altercation le libérait. Il joua de sa colère comme un chef d'orchestre.

— Penses-tu qu'il n'a pas changé le monde, Fidel Castro, quand il a fermé la gueule au gros porc de Batista?

Jean-Michel faisait le moulin à vent dans le cockpit. Pour peu il aurait tiré des bouffées d'un gros cigare, une casquette kaki à large visière sur la tête.

— Les Cubains, intervint Bruno, ils crèvent toujours de faim, à ce que je sache.

Jean-Michel n'écoutait plus son oncle. Il n'entendait plus que le timbre de sa voix, et cette voix le niait.

— Le Che, qu'est-ce que tu fais du Che?

— Il est mort, fit observer Bruno.

— Mais la révolution, elle est toujours vivante! C'est vieux comme le monde, la révolution! Même les Américains ont commencé par ça. Les Français, ils lui ont coupé le cou, à leur roi. La révolution russe, la longue marche de Mao, l'Algérie! Mai 68, t'as entendu parler de Mai 68? Le droit des peuples à disposer d'eux-mêmes, tu sais ce que ça signifie? À moins que tu penses que nous autres, les Québécois, on est trop petits pour la liberté?

Bruno s'avança dans la porte de la cabine.

— Je croirai au Québec, dit-il, quand on ne sera plus obligés de tuer des gens pour prouver qu'il existe.

Jean-Michel en avait le souffle coupé.

— Dis-le donc, une fois pour toutes, que t'es contre nous autres!

Bruno ne broncha pas. Jean-Michel poursuivit.

— À Montréal, on était fourrés dans un trou, pas d'air, pas de lumière. Ici, c'est un autre trou, en plein air celui-là, mais c'est encore un trou.

Bruno déplaçait sa vaisselle dans le coffre qui la contenait, sous l'une des banquettes. Lucie avait écarté délicatement le rideau de joncs et elle regardait le soleil se coucher sur le marécage. La grandeur du lieu et du moment apaisait son tumulte intérieur.

On est toujours dans un trou, songeait Bruno. On sort d'un trou à la naissance et on tombe dans un autre en mourant. L'important, c'est de vivre sur la pointe des pieds pour voir ce qu'il y a dehors.

Jean-Michel se leva. Sa tête heurta le rideau de branches. Exaspéré, il en arracha deux ou trois bottes qu'il jeta à l'eau. Sa tête dépassait la couverture végétale du *Loup de mer*. Il ressemblait à une statue primitive avec son poncho qui emplissait l'espace du cockpit.

— J'en ai assez de vivre à quatre pattes! tonna-t-il.

On est condamnés à croupir au fond de notre trou, songeait toujours Bruno, mais en même temps, on a la tête dans les nuages pour oublier.

Jean-Michel interpella Bruno.

— En tout cas, s'il arrive quelque chose, t'es dans le même bateau que nous autres. Ça fait que penses-y.

Pour toute réponse, Bruno les invita à entrer dans la cabine. Il fallut imiter les gestes de la vie, se creuser un nid dans la nuit, s'engourdir dans sa chaleur et, surtout, faire taire la tête. Bruno connaissait le secret. Il ne dormait pas. Il se laissait griser par la sensation d'orbiter autour de lui-même. Lucie ne savait pas encore comment elle ferait. Quant à Jean-Michel, sa colère l'avait soûlé. Il lui suffirait de l'entretenir pour sombrer dans l'inconscience des enfants qui s'endorment d'avoir trop pleuré. Encore fallait-il déterminer où l'on coucherait. Il n'y avait que deux banquettes dans la cabine et chacune ne pouvait accommoder qu'une personne.

— Ça ne fait rien, expliqua Bruno, je vais coucher par terre dans le passage. Comme ça, je pourrai me lever pendant la nuit pour faire mes besoins.

Sitôt enfoui sous les couvertures et les sacs de couchage, on mesura sur la peau du visage combien il faisait froid dans la cabine. Chacun songeait à ce qu'il adviendrait s'il fallait rester ici plusieurs jours, quelques semaines, jusqu'en novembre peut-être. Pour chasser cette pensée, Jean-Michel fit défiler les stations de la radio. À volume réduit, il effleurait les chansonnettes, en quête d'une nouvelle le concernant. Pendant ce temps, Lucie s'était tournée vers Bruno. La joue sur le coussin qui lui servait d'oreiller, auréolée de ses cheveux, elle souffla une première parole. Allongé sur le dos, Bruno sentit l'haleine de la jeune femme le toucher.

— Moi, je vous trouve bien courageux. Je n'en connais pas beaucoup, des hommes qui auraient fait ce que vous avez fait.

Bruno ne répondit pas. L'haleine de Lucie l'avivait comme une braise. La peau se fane, les rides se creusent mais, en dedans, bat toujours un cœur d'adolescent.

La nuit ne guérit pas mais elle permet de se camoufler. Accroché à sa radio, Jean-Michel luttait à sa façon. Ce qu'il entendait achevait de le décontenancer. Trudeau s'appropriait la mort du ministre. *Pierre Laporte est un martyr. Sa mort ne doit pas être une tragédie inutile. Nous devons faire en sorte qu'elle marque un jalon dans la lutte pour l'unité du Canada.*

Quelques heures après s'être recueilli devant la dépouille de son ministre du Travail, le premier ministre provincial, Robert Bourassa, venait d'annoncer que le gouvernement du Québec réitérait son offre de sauf-conduits aux ravisseurs du diplomate britannique. *Le consulat de Cuba à Montréal a établi un «bureau» au pavillon du Canada, sur l'emplacement de l'Exposition universelle de 1967. Ce pavillon a été désigné comme étant une extension du consulat de Cuba à Montréal. Pour des raisons humanitaires, le gouvernement cubain a bien voulu autoriser ses représentants à participer aux modalités d'application de l'offre gouvernementale.* Ainsi, songeait Jean-Michel, ses camarades de la cellule Libération seraient-ils récompensés d'avoir réussi leur coup, tandis que lui agoniserait dans ce bateau sous les assauts de l'hiver.

Il se tourna pour voir où en étaient Bruno et Lucie de leurs commérages. Ce qu'il vit le figea de stupeur. Bruno était allongé aux côtés de Lucie sur l'étroite couchette de bâbord.

Six heures, le lendemain matin. Bruno s'éveilla le premier, étonné d'avoir dormi toute une nuit. Une femme flottait dans ses cheveux à ses côtés. Il voulut se redresser. Une langueur le retint. Il se recroquevilla dans ses souvenirs de la veille.

Avec de petits gestes tout simples, Lucie lui avait touché le cœur. Elle s'était allongée sur le flanc, le dos contre la courbure de la coque. Il y avait de la place à ses côtés. Pourquoi dormir par terre? Bruno s'en était d'abord défendu. Il avait jeté un regard du côté de la banquette où Jean-Michel semblait dormir, la radio entre les bras. Puis Bruno avait rejoint Lucie. D'abord avec ses yeux. Sa main avait touché les cheveux de la jeune femme.

Ils avaient dû inventer des gestes pour accorder leurs deux corps avec cette banquette étroite, le bras de Bruno tendu pour tenir lieu d'oreiller à Lucie. Elle avait posé sa tête sur lui comme un oiseau. Leurs jambes nouées. Le sac de couchage grand ouvert pour les couvrir tous deux. Ils s'étaient embrassés pour se retenir de tomber. Rien de plus. Tout cela. Et maintenant, en ouvrant les yeux, Bruno constatait que Jean-Michel avait disparu de sa couchette. Pour profiter encore du moment, Bruno se dit que Jean-Michel était sans doute sorti dans le cockpit.

Bruno plongea son regard dans le hublot. Il pleuvinait. Il neigeottait. Un temps d'avant le temps. Un temps blanc. Bruno dénoua l'étreinte que la nuit avait tressée entre Lucie et lui. Il se leva sans bruit. *Le loup de mer* roula mollement. L'eau flacota sur la coque. Jean-Michel n'était pas dans le cockpit.

Lucie rejoignit bientôt Bruno. Elle aussi avait compris. Jean-Michel avait disparu. Pour aller où et surtout comment, dans ce marécage? Espérait-il atteindre la terre ferme? D'une main nerveuse, Lucie écarta l'écran de joncs qui recouvrait le cockpit. Debout sur la banquette, elle observa le marécage. Des touffes de joncs dans du coton. Elle cria. Sa voix palpitait.

— Jean-Michel!

Bruno lui mit la main sur l'épaule.

— Ne crie pas, lui enjoignit-il, par un temps pareil, la voix porte jusqu'à Sorel.

Avec ses yeux, Lucie lui demanda ce qu'il fallait faire. Bruno enfonça la tête dans les épaules.

— C'est notre faute, dit-il.

— Ce n'est pas la première fois qu'il me voit dans cette situation, plaida Lucie.

— Peut-être, répondit Bruno, mais c'est la première fois qu'il est seul à ce point.

Ils auraient pu se faire du café. Ils n'avaient pas le cœur aux gestes quotidiens. Quelque part dans le marécage, un homme les attendait.

— Il faut aller le chercher, décréta Bruno.

D'une envolée de cheveux, Lucie désigna la toison qui recouvrait *Le loup de mer*. Pour toute réponse, Bruno commença à arracher les bottes de joncs qu'ils avaient si soigneusement disposées la veille. Lucie l'imita. Bientôt, le bateau retrouva sa forme. Autour, les vestiges du camouflage dévastaient le paysage.

L'humidité suintait. Le moteur résista. Bruno s'acharna. le démarreur geignait. Avant que la batterie ne s'épuise, Bruno mit la main sur le volant, cette grosse roue qui entraînait le piston et, bandant sa force, lui imprima un mouvement de révolution. Le moteur toussa. Bruno s'essoufflait. Il se redressa. Le moteur se moquait de lui. Lucie serrait les dents. Elle aurait voulu prendre le relais. Elle savait bien que c'était inutile. Elle posa la main sur l'avant-bras de Bruno.

— Prends ton temps.

Pour la première fois, elle avait tutoyé Bruno. Ni l'un ni l'autre n'étaient dupes de ce que cela signifiait. En d'autres circonstances, ce témoignage de complicité les aurait embrasés. Pour l'heure, ils en éprouvaient une gêne. Comment s'abandonner au bonheur quand un homme vous appelle, de son cri muet, pour vous reprocher précisément ce bonheur? Bruno se pencha de nouveau sur le volant. Cette fois, des pets retentirent et le moteur, secoué de soubresauts, joua au crapaud au fond du cockpit.

Bruno courut sur la plage avant pour tirer le câble de l'ancre. L'eau glacée lui mordit les mains. Il emmena avec l'ancre des poulpes de racines sous-marines, longs corps visqueux qui s'enroulèrent à ses jambes et lui crachèrent au visage. Le souffle court, il regagna le cockpit et, après avoir embrayé la marche arrière, il entreprit de sortir *Le loup de mer* à reculons du boyau liquide dans lequel il s'était enfoncé la veille. Debout sur le toit de la cabine, Lucie regardait le brouillard fumer sur le marécage. Elle doutait qu'on retrouve jamais Jean-Michel dans ce néant.

Sept heures. Le jour s'étouffait. *Le loup de mer* avait regagné les eaux libres. Déjà, ils se savaient trop loin. Jean-Michel n'avait pu venir jusque-là. Mais comment suivre sa trace? Sa folie l'avait sans doute conduit au cœur du marécage, là où le bateau n'avait pas accès. Lucie et Bruno s'accrochaient à leur silence. L'angoisse leur tenait lieu de pensée.

— Il faut prendre le chenal du nord, décréta Bruno, comme ça on contournera l'endroit où on était. Il nous reste un seul espoir, qu'il soit parti par en haut.

Huit heures. Des saules rabougris jouaient maintenant aux spectres sous leurs yeux. Ils apparaissaient et disparaissaient au gré des bancs de brume. *Le loup de mer* avait rejoint le chenal de l'île Dupas. C'était un cours d'eau important qui se donnait des allures de rivière. Quelques arbres et des buttes où se devinait la terre.

— S'il est venu jusqu'ici, commenta Bruno, il a peut-être une chance de s'en tirer. Il ne pourra jamais traverser le chenal à la nage, mais il peut se tenir au sec sur les buttes.

À moins qu'il ne se soit noyé depuis longtemps, songea Lucie. Elle se remit à crier.

— Jean-Michel!

Cette fois, Bruno ne l'empêcha pas de crier. Il dirigea la proue du *Loup de mer* vers la berge. Lucie sauta à terre. Ses bottines s'enlisèrent dans la vase. Bruno lui tendit un câble. Il la rejoignit.

Côte à côte, sans se toucher, ils ne se le seraient plus permis, ils laissèrent le silence les pétrifier. Personne. Dix pas, et l'eau surgit de la terre. À gauche, une mer de joncs. Il fallut revenir sur la butte où ils avaient abordé. Un saule arthritique s'y dressait. En même temps, Bruno et Lucie eurent l'idée d'y grimper. La forme de l'arbre s'y prêtait. Ils en atteignirent tous deux la frondaison. Cette fois, ils furent contraints de se toucher. Agrippés aux branches noueuses, ils durent se tendre la main pour assurer leur position. Mais ils ne voyaient rien d'autre, au loin, que le moutonnement blanc du marécage embrumé.

Ils se résignèrent à regagner le chenal de la Sauvagesse. Lucie se dressait toujours sur le toit de la cabine. Les mains rivées à la roue, Bruno pensait à l'entreprise à laquelle il avait participé, il y avait bon nombre d'années, au Port-Saint-François, pour repêcher le corps d'un garçon qui venait de se noyer sous les yeux de ses parents. Ce n'était pas à l'enfant qu'il avait songé. Toute sa sympathie, il l'avait réservée à cet homme et à cette femme, au bout du quai, qui ne pouvaient se résigner à quitter l'endroit où leur fils avait sombré. Toute une matinée. Vers onze heures, les policiers avaient arraché les malheureux à leur veille inutile. Ils étaient repartis, plus vides que le jour.

Le matin déroulait sa froide indifférence. Bruno et Lucie ne pourraient plus jamais se regarder dans les yeux. Jean-

Michel Bellerose était mort en eux. Leur vie serait son tombeau. Et soudain, au moment où *Le loup de mer* s'engageait dans le chenal de la Sauvagesse, Lucie se mit à crier.

— Arrête! Regarde, là! Il y a quelque chose.

C'était au fond d'une anse qu'ils avaient longée plus tôt en sortant du chenal. Une tache brune. En approchant, on distingua le flanc d'une chaloupe. Une vieille barque enchâssée dans les joncs. Avant que *Le loup de mer* ne l'ait abordée, ils virent Jean-Michel, allongé sur le fond. Bleu de glaise, de haut en bas, les cheveux, la barbe, le poncho, les bottines. Des herbes marines s'enroulaient autour de sa poitrine. Ses yeux ne savaient plus que briller. Il respirait.

Lucie sauta dans la barque à ses côtés. Elle le souleva. Elle coucha sa tête sur ses genoux. Elle aurait voulu lui dire tant de choses à la fois. Elle ne savait que délirer.

— Pourquoi t'as fait ça, Jean-Michel, pourquoi t'as fait ça?

Bruno la rejoignit. Il se pencha à son tour sur Jean-Michel. Celui-ci ne semblait pas les entendre. D'un regard, Bruno et Lucie se dirent qu'il importait avant tout de transporter Jean-Michel au chaud, dans *Le loup de mer,* ce qu'ils firent non sans peine. Jean-Michel pesait du poids d'un cadavre. Ils le déshabillèrent et l'enroulèrent dans une couverture. Quand Bruno constata que Lucie saurait accomplir la suite mieux que lui, il ressortit dans le cockpit.

Le matin languissait toujours. Aucune lumière ne viendrait de ce jour. Bruno regarda la chaloupe abandonnée. Il se dit que Jean-Michel devait sans doute la vie au fait de l'avoir trouvée. Comment était-elle venue là? Il arrive, parfois, que les vents de l'automne arrachent des embarcations à leurs amarres et les poussent dans les endroits les plus reculés. Celle-ci attendait sans doute qu'un jeune homme fou de désespoir, debout dans le marécage, l'aborde. Bruno l'amarra au *Loup de mer.* Il avait décidé de la remorquer.

Debout à la roue de son bateau, Bruno se gratta la tête.

Il passa la main sur la repousse drue de sa barbe. Il était aussi abattu qu'au soir d'une rude journée. Où aller maintenant? Plus que jamais, au fond du chenal de la Sauvagesse. Reprendre pied. Reprendre souffle. Reprendre vie.

Dans la cabine, Lucie lavait le visage de Jean-Michel. La glaise se dissolvait en larmes bleues. Lucie chantonnait l'air le plus triste qu'elle avait pu trouver. Jean-Michel vivait, ses yeux bougeaient, sa bouche s'entrouvrait, mais sa tête devait être morte car il n'exprimait aucune émotion. On aurait dit qu'il ne savait pas qu'il vivait.

Dans le cockpit, Bruno revivait les heures qu'avait dû connaître Jean-Michel au cours de la nuit. Froid de rage, le jeune homme sort de la cabine. Sous son paravent de joncs, *Le loup de mer* frissonne. La nuit, et personne. Jean-Michel voudrait crier. Pour qui? Il écarte les joncs sans savoir pourquoi. Il s'assied sur le franc-bord. Le bateau s'incline. Une once de désespoir fait le reste.

Jean-Michel est maintenant debout dans l'eau jusqu'à la poitrine. La vase du fond l'aspire. Il risque un pas. L'eau gronde. Un autre pas. Déjà, la nuit a repris *Le loup de mer*. Jean-Michel fait encore dix pas et il atteint ce qu'il croyait être la berge du chenal. Les joncs l'illusionnent. Ils surgissent de l'eau, droits et têtus. Jean-Michel écarte le rideau végétal. Les joncs le giflent. Il continue d'avancer. À partir de là, il n'a plus été question que de survivre.

Dans la cabine, Lucie avait posé ses lèvres sur celles de Jean-Michel. C'était le seul remède qu'elle connaissait. Il agit. Jean-Michel formula ses premiers mots.

— Pourquoi t'as fait ça?

En guise de réponse, Lucie mit son index sur la bouche de Jean-Michel. Elle s'allongea à côté de lui, sur la banquette, et le réchauffa de toute sa chaleur. Un autre remède qui donnait de bons résultats. Jean-Michel s'apaisa.

Pendant ce temps, Bruno engageait *Le loup de mer* dans le chenal de la Sauvagesse. L'homme était si emporté par son évocation qu'il ne voyait plus le jour stagner devant lui. Il se retrouvait en pleine nuit, comme s'il suivait Jean-Michel dans sa folle équipée.

Le jeune homme sait qu'il s'est aventuré trop loin. La peur lui noue le ventre. Il halète.

Il a marché, ou plutôt il s'est projeté en avant, de l'eau jusqu'à la ceinture, ses mains écartant les joncs coupants, ses pieds lourds de toute la glaise qui les aspire, jusqu'à ce que sa poitrine heurte le franc-bord d'une chaloupe. Il a puisé au fond de lui ses dernières énergies pour y monter. Il s'effondre. Dans la main de Dieu, pourrait-on dire...

Après avoir jeté l'ancre au fond du chenal de la Sauvagesse, *Le loup de mer* à son mouillage comme s'il ne s'était rien passé, Bruno s'attarda quelques minutes dans le cockpit, avant de s'aventurer dans la cabine. Jean-Michel et Lucie reposaient comme deux gisants, sur la banquette. L'image même que Jean-Michel avait dû apercevoir, la nuit précédente, avant d'entreprendre sa promenade insensée. Bruno s'agenouilla dans le passage. Il posa sa main sur l'avant-bras de Jean-Michel. La main de Bruno brûlait. Jean-Michel cria.

— Ne me touche pas!

Bruno suspendit son geste. Lui qui croyait, à cinquante ans, connaître tous les détours de la solitude...

Le temps, plus fort que le jour, plus immuable que le sang. Le temps d'avant la vie. Le temps d'après, quand on ne saura plus. Le temps, respiration de Dieu. Les trois naufragés du *Loup de mer* affrontaient le temps. Ils s'enfermaient, chacun au plus profond de soi, pour lutter contre leurs propres fantômes. On connaît sa rumeur intérieure. On s'en effraie. On n'en laisse rien paraître. On croit surtout que les autres n'en ont rien su. On ignore qu'il en est ainsi pour tous.

Mercredi le 21 octobre 1970, quatrième jour de l'exil dans les *terræ incognitæ* de Sorel. Soleil comme s'il n'avait jamais fait mauvais. *Le loup de mer* avait retrouvé sa crinière de joncs. Défraîchis d'avoir trempé dans l'eau, ils avaient mûri et s'étaient déformés, ce qui conférait au camouflage une apparence encore plus naturelle.

Sous la ruche du cockpit, Jean-Michel examinait le reflet de son visage au fond de sa tasse de thé. À ses côtés, Bruno mordillait le tuyau de sa pipe. Sur le toit de la cabine, dans l'embroussaillement des joncs, Lucie mettait du linge à sécher en chantonnant comme une ménagère. Tous trois avaient trop à dire pour se parler.

La veille, Jean-Michel avait passé la plus grande partie de la journée allongé sur la banquette, muet. On ne savait pas s'il dormait. Les yeux fermés, il aspirait de minces filets d'air. Un frisson, comme une pensée, le traversait par moments. Ses doigts bougeaient à la façon des vieilles qui égrènent leur chapelet. S'il ouvrait les yeux, c'était pour ne regarder personne.

Il s'était redressé vers le soir. À la nuit, il avait bu du bouillon. Plus tard, il était sorti dans le cockpit pisser pardessus bord. Pas un mot, pas un regard.

Bruno observait son neveu. Il savait qu'il devait attendre. Il se souvenait. À Nicolet, en 1955, son chien, un bâtard noir et blanc à queue courte, avait été frappé par une automobile. La bête souffrait, l'arrière-train apparemment écrasé. Bruno avait pris la décision de l'abattre. La nuit venait. Il remit l'opération au lendemain. Or, le lendemain, un formidable glissement de terrain entraîna le cœur de la ville à la rivière. La maison de Bruno ne risquait rien, mais ce dernier passa la plus grande partie de la journée et des jours qui suivirent à sonder le sol, avec ses concitoyens, et à supputer les possibilités que le reste de la ville suive le même chemin que le quartier englouti. Ce qui ne se produisit d'ailleurs pas. Pendant ce temps, le chien se rétablissait. Il vécut encore cinq ou six ans. Aux yeux de Bruno, Jean-Michel connaissait un sort identique à celui de ce chien. L'oncle avait décidé de laisser le neveu se rétablir de lui-même. Pas un mot d'explication n'avait donc été échangé entre eux. Pour sa part, Lucie n'avait pas l'habitude de régler ses affaires avec des mots. Aussi n'était-ce pas elle qui avait accablé Jean-Michel de paroles. Mais maintenant qu'un autre jour s'était fait, Jean-Michel cherchait encore son visage au fond de sa tasse de thé.

Lucie réintégrait le cockpit après avoir mis sa lessive à sécher. Un bruit sourd envahit le ciel, un formidable brassement d'air qui vous serrait le cœur. Le bruit s'amplifia jusqu'à écraser le marécage. C'était un hélicoptère. La bulle volante survola *Le loup de mer* à basse altitude. Les joncs qui le recouvraient en frémirent. L'appareil disparut. Ses occupants avaient-ils aperçu autre chose que l'embarcation d'un chasseur? Tout de suite, Jean-Michel reprocha à Lucie d'avoir étalé son linge sur le toit.

— Où c'est que tu penses qu'on est? Dans une colonie de vacances? T'as déjà vu ça, toi, des chasseurs qui lavent leur linge sale entre deux coups de fusil? Tu vas me faire le plaisir de ramasser tes guenilles, et vite!

Lucie remonta sur le toit. Bruno sourit. Jean-Michel reprenait vie. Le temps, pour Lucie, de redescendre, et l'hélicoptère revint. Il rasa le marécage d'encore plus près, si c'était possible, que lors de son premier passage. Pour peu, le pilote aurait suspendu sa course au-dessus du *Loup de mer*. Cette fois, Bruno, Jean-Michel et Lucie retinrent leur souffle comme si leur haleine pouvait se rendre perceptible en s'échappant de la capote de joncs. Mais l'instant, qui sembla durer de longues minutes, s'acheva. Le fracas du rotor s'estompa et l'insecte perfora l'horizon. Le silence cognait. Jean-Michel se leva. Son poing, au bout de son bras, creva la frêle barrière de joncs. Il se tourna vers Lucie.

— Tu crois qu'ils se sont pas aperçus que ton linge a disparu?

Cette fois, Bruno constata que Jean-Michel avait bien repris pied parmi les vivants. Sa contradiction le criait. Bruno s'accorda le droit d'intervenir.

— Faudrait savoir ce que tu veux. On l'ôte le linge, ou on le laisse là?

Comme Bruno l'espérait, Lucie renchérit.

— J'ai fait ce que tu m'as dit.

Jean-Michel se tassa. Son poids augmentait. Sa poitrine s'emplit. Il vivait. Il cria.

— Écoutez-moi bien, tous les deux. À partir de maintenant, c'est moi qui commande.

Pour toute réponse, Bruno se tourna lentement vers Jean-Michel. Il examina longuement sa précieuse pipe d'écume, le tuyau d'ambre rongé sur lequel son père mettait ses lèvres. Avec le bout de son index, il pressa la cendre froide dans le fourneau. Il se fourra le brûlot entre les dents. Il craqua une allumette de bois avec son ongle. Il bouta le feu à sa bouffarde, lentement, en prenant bien son temps. Tout ce qu'il fallait pour désarçonner l'autre. Il souffla quelques longues bouffées plus légères que l'air. Il se pencha en avant, les coudes aux genoux.

— On n'a besoin de personne pour nous commander. Chacun de nous est capable de se taire pour laisser les deux autres parler. Pas besoin de chef. D'ailleurs, les chefs, d'habitude, ils sont toujours un peu en arrière, au cas où ça tournerait mal. Comprends-tu?

La pipe entre les dents, Bruno regardait ses mains. Il enchaîna.

— Si tu veux changer le monde, il faut que tu t'enlèves de la tête l'idée de commander.

Jean-Michel quêta le regard de Lucie. La jeune femme lui sourit. Impossible de déterminer si elle l'encourageait dans sa tentative de prendre le commandement, ou si ce sourire ne cherchait pas plutôt à amener Jean-Michel à la position de Bruno. Jean-Michel gesticula sous son poncho pour atteindre la poche de ses *jeans* délavés. Il en sortit une blague de tabac Drum et un carnet de papier à cigarettes. Il se mit à la besogne. Il gagnait du temps, lui aussi. Bruno poursuivit.

— Je ne sais pas ce que tu as dans la tête, mais moi je dis qu'on ne peut pas être plus en sécurité qu'ici.

Jean-Michel leva les yeux vers le ciel où l'hélicoptère avait disparu. Lucie s'insinua dans la conversation.

— Je le sais, dit-elle, on n'a pas été très prudents. On peut faire plus attention.

Faisait-elle allusion à l'incident du linge sur le toit ou évoquait-elle ce qui s'était passé entre Bruno et elle? Jean-Michel désigna le moteur d'un geste autoritaire.

— Tu vas me mener à terre tout de suite.

Bruno ne broncha pas. Lucie s'était agenouillée sur la banquette. Sa tête effleurait la frondaison du *Loup de mer*.

— Attends, dit-elle à l'intention de Jean-Michel.

Mais ce dernier n'entendait plus que la voix de sa résolution. Il s'accroupit devant le moteur dont il examina le squelette d'acier, soucieux, avant de se tourner vers les boutons du tableau de bord. La clé joua dans la serrure qui faisait office de démarreur, mais le moteur n'émit que des grognements brefs, car Jean-Michel ignorait qu'il devait d'abord actionner une manette pour réchauffer la bougie de l'unique piston. Et Bruno avait posé la main sur la sienne, le regard bleu.

— Non.

On ne dit pas *non* à un homme qui est prêt à tuer pour des idées. D'un geste brusque, Jean-Michel fit voler le pan de son poncho, écartant Bruno. Ce dernier resservit son regard bleu à son neveu. Courbés tous les deux, Jean-Michel davantage que Bruno, ils se prirent aux épaules. Ils se poussèrent, leur force se cherchant. Ils allaient se battre. Lucie s'interposa. Jean-Michel la repoussa violemment. La jeune femme perdit l'équilibre. Sa tête donna contre le franc-bord. Lucie se prit la tête à deux mains. Elle geignit. Il y avait du sang sur ses mains. Sa vue suspendit leur querelle. Bruno disparut dans la cabine, pendant que Jean-Michel relevait Lucie et l'aidait à s'asseoir sur la banquette.

Bruno revint de la cabine avec la trousse de premiers soins et, après avoir écarté Jean-Michel qui se renfrogna sur la banquette opposée, il chercha dans la chevelure de Lucie la source de sa douleur. Ce n'était, somme toute, qu'une coupure bénigne. Bruno l'étancha sans peine. Pour donner le change à son neveu, il ne jugea pas moins utile de déployer tout un inventaire de bandages sur la tête de la jeune femme. Complice, Lucie sourit tristement. Son ouvrage terminé, Bruno alluma une cigarette et la tendit à Lucie. Jean-Michel n'avait pas bronché. L'incident avait crevé le soleil. Du sang coulait maintenant au ras des joncs. Sur la tête de Lucie, le bandage portait les stigmates du soleil.

— Tu vas me mener à terre tout de suite, répéta Jean-Michel, avant qu'il fasse trop noir.

— Qu'est-ce que t'as l'intention de faire? demanda Bruno.

— J'ai quelqu'un à voir.

— Et moi? demanda Lucie.

— J'ai plus de chances de réussir mon coup si je suis seul, répondit Jean-Michel. Je viendrai te chercher quand ce sera le temps.

DEUXIÈME PARTIE

Le coup de cochon

«Chiens de ferme écrasés
ratons laveurs trucidés (...)
fragiles dans leurs nuits fébriles
rien ne pouvait les arrêter.»

Gérald Godin

Le pont Jacques-Cartier se hausse, dans sa partie centrale, comme pour permettre au voyageur de repérer les principaux quartiers de Montréal avant de s'engouffrer dans le dédale des rues. La nuit, une impression de force et de féerie jaillit de la ville. Un grand paquebot ancré dans le fleuve.

Jean-Michel tressautait sur une des banquettes arrière de l'autobus Voyageur. Le grondement du moteur, les secousses imprimées au véhicule par les joints de dilatation du tablier du pont, les ténèbres dans lesquelles baignait la cabine, le reflet fugitif des lampadaires, tout concourait à engourdir la conscience des passagers. Seul Jean-Michel résistait à la somnolence. Depuis son départ du chenal de la Sauvagesse, il ne s'était pas accordé le privilège d'une seule respiration profonde.

Bruno et Lucie l'avaient déposé sur les berges boueuses de l'île Madame où ils devaient venir le reprendre quatre jours plus tard. Jean-Michel avait refusé de leur parler de la mission qu'il entendait accomplir. En mettant pied à terre, le jeune homme s'était simplement tourné vers eux.

— C'est notre dernière chance, avait-il dit.

Il avait gravi la côte en bondissant. En marchant à travers champs, il avait rejoint un sentier qui semblait ne mener nulle part. Une heure plus tard, il avait progressé sur une route asphaltée le long de laquelle se voyaient tout à la fois des fermes et des chalets. La route débouchait sur un tronçon principal. Encore un quart d'heure et il avait atteint les bâtiments de la traverse de Saint-Ignace. Jean-Michel avait ralenti le pas. Le sac à dos ballottait sur son épaule. Jean-

Michel avait payé son passage et s'était mêlé à la dizaine de personnes qui attendaient l'arrivée du bateau.

Trois quarts d'heure plus tard, il était débarqué à Sorel. L'absence des soldats, dont la radio avait annoncé la présence massive, l'avait rassuré quelque peu. Il avait marché d'un pas tranquille jusqu'au terminus des autobus, en bordure du port. Il était monté à bord d'un véhicule en compagnie d'une quinzaine de voyageurs qui n'avaient nullement fait attention à lui. Une heure plus tard, le mastodonte avait gravi la rampe du pont Jacques-Cartier.

Après quelques détours, l'autobus s'engagea dans la rue Ontario. L'encombrement des voitures, les passants sur les trottoirs, la démesure des enseignes lumineuses, cafés, bars, danseuses, restaurants et commerces lui fouettèrent le sang. Et soudain, aux abords du terminus de la rue Berri, trois soldats sur le trottoir, arme au pied et casque de combat sur la tête. Jean-Michel Bellerose venait de replonger au cœur de la réalité.

La foule du terminus trottinait en s'accrochant à ses sacs et à ses valises. Jean-Michel suivit le courant vers la sortie. Deux policiers, de chaque côté de la porte, observaient le flux des voyageurs. Jean-Michel songea un instant à revenir en arrière. Ses suivants le pressaient. Il baissa les yeux en passant entre les policiers. L'un d'eux l'interpella.

— Ton sac.

Jean-Michel esquissa une moue de contrariété dans les justes proportions qu'il fallait pour bien montrer qu'il n'avait rien à cacher. Le policier souleva les quelques vêtements que contenait le sac avant de le lui rendre sans prononcer un seul mot. Jean-Michel sortit dans la nuit. Neuf heures. Il marcha jusqu'à l'avenue des Pins. Deux chars légers gardaient l'entrée d'une caserne militaire. Jean-Michel monta dans l'autobus urbain qui le conduirait dans le quartier Côte-des-Neiges.

Il descendit à l'angle de la Côte-Sainte-Catherine et de la Côte-des-Neiges. S'engagea dans cette dernière. Des voitures de police patrouillaient l'artère. Jean-Michel bifurqua sur la rue Édouard-Montpetit. Aux abords de l'Université de Montréal, des centaines d'étudiants débouchaient de l'escalier mécanique menant au pavillon central. Les cours du soir prenaient fin. Une voiture de police, gyrophare allumé et sirène à fond, remonta la rue à grande vitesse. Dès qu'il le put, Jean-Michel dirigea ses pas vers une rue parallèle bordée de grands érables. Il revint rue Édouard-Montpetit à l'angle de l'immeuble où Marc Bouvier avait son appartement. Il sonna trois fois. Pas de réponse. La foule des étudiants s'était dispersée. Il aurait paru suspect d'arpenter le trottoir. Jean-Michel remonta Édouard-Montpetit en direction de la Côte-des-Neiges. Il entra *Chez Vito*. L'atmosphère qui régnait dans le restaurant le réconforta. Engoncé dans un angle, il engouffra une pizza et deux Brio. À plusieurs reprises, il se leva pour tenter de rejoindre Bouvier au téléphone. Toujours pas de réponse. À onze heures trente, il se résigna à téléphoner à Gilles Martin. Ce dernier lui offrit l'hospitalité pour la nuit.

— Essaie de laisser tes chiens dehors, ajouta-t-il avec le cynisme qui le caractérisait.

Dix ans plus tôt, Jean-Michel avait débarqué une première fois chez Gilles Martin. Il avait alors seize ans. Son père venait de mourir. L'adolescent en avait profité pour fuir Drummondville, la petite ville provinciale où il étouffait. Jean-Michel avait vingt dollars en poche. Il loua une chambre. Il lui restait cinq dollars pour manger. Il dormait toute la journée. La nuit, il marchait dans les rues sans savoir où il allait. Au petit matin, il aboutissait toujours au *Louvre*. Il y mangeait pour la journée, des œufs et du bacon. Il reprenait du café en se demandant d'où venaient et où allaient tous ces gens. Au bout d'une semaine, il était à bout de ressources. Il alla frapper à la porte de Gilles Martin, le frère d'un de ses anciens professeurs de collège.

Gilles Martin rédigeait les bulletins sportifs à la société Radio-Canada. Un homme comme Jean-Michel n'en avait jamais rencontré. Tendu comme une corde de violon. Les lèvres minces. Des cheveux de chef d'orchestre. Il ressemblait à Voltaire que Jean-Michel n'avait pas lu mais dont il avait vu le portrait dans ses manuels. Le même esprit cynique. Martin devait fumer trois paquets de cigarettes par jour. Il regarda Jean-Michel avec un sourire narquois.

— Comme ça, tu viens te débaucher dans la grande ville? Installe-toi mais fais attention à ma femme. Elle se méfie des jeunes masturbateurs.

Martin vivait dans le nord de la ville, au deuxième, dans une maison en apparence comme toutes les autres, mais où l'ordre du monde régnait à l'envers. Martin travaillait en soirée. Il rentrait après la diffusion des nouvelles sportives de onze heures. Jean-Michel l'attendait. Il s'était installé au salon. Allongé sur le divan, il lisait. La femme de Martin, une petite boulotte contrariante, s'enfermait dans sa chambre pour ne pas le voir. Dès son retour, Martin préparait une grande cafetière, posait son paquet de cigarettes sur la table de la cuisine et parlait jusqu'au matin.

La bêtise, pas besoin de fouiller bien creux pour la débusquer. Martin ne pouvait mettre un pied dehors, il ne pouvait lire une ligne dans le journal sans que tout ce qui pue lui saute au visage. Il fulminait.

— Regarde ça, Bellerose! Tu vois la connerie! Le beau tas de merde! Sacrement, réagis!

Nuit après nuit, Martin enfonçait le nez de Jean-Michel dans le caca de la société canadienne-française. On n'avait pas encore commencé à dire *québécoise* à cette époque. Pour donner le change, Jean-Michel s'échauffait.

— On devrait les pendre par les couilles.

Martin notait les phrases de son protégé sur des bouts de papier, sur le carton de ses paquets de cigarettes.

— C'est ça, défoule-toi. Je suis capable d'en prendre. Tu vas t'exorciser!

Martin avait transformé une des chambres de son appartement en capharnaüm, des piles de livres jusqu'au plafond, des dossiers par terre, des coupures de journaux au mur. Il avait déjà publié à compte d'auteur un essai virulent, *La pénitence des confesseurs,* dans lequel il dénonçait le complexe de supériorité des Canadiens français. Au premier abord, cela pouvait paraître étrange. On n'avait pas l'habitude de déceler un complexe de supériorité dans le comportement des Canadiens français. On parlait toujours de moutons, on disait qu'on se faisait manger la laine sur le dos, qu'on était nés pour un petit pain. Martin, lui, partait du principe que les premiers Français débarqués en terre d'Amérique pétaient déjà plus haut que le trou. Il démontrait que ces Français n'avaient pas le sens pratique nécessaire pour mettre sur pied une colonie prospère. Selon lui, les pionniers du Canada français s'étaient rabattus sur l'idée d'apporter les lumières de la civilisation à un continent dont tous les habitants, les Indigènes comme les Anglais, manquaient d'idéal. Avec le temps, on avait vu ce que cela avait donné. La colonie française avait échoué. L'Angleterre s'en était emparée. Mais les Français, du moins ceux qui étaient restés et principalement les autorités ecclésiastiques, avaient continué de se prétendre investis de la mission divine de préserver la civilisation en Amérique.

— Tu vois le tableau? ponctuait Martin. Une bande de minables, même pas capables de faire fonctionner une économie normale, qui crachent sur l'argent parce qu'ils n'arrivent pas à en gagner. On est nés pour un petit pain, peut-être, mais on a une ligne directe avec le bon Dieu. Les Anglais du Canada et les Américains des États-Unis sont prospères? C'est parce qu'ils sont trop épais pour avoir des idées.

En écoutant Martin, Jean-Michel comprenait pourquoi les anciens Canadiens s'acharnaient à défricher des terres de roches, pourquoi ils n'étaient pas capables de monter des entreprises, pourquoi ils acceptaient de travailler à vingt-cinq cents l'heure dans les *shops* des Anglais. Pourquoi surtout son propre père avait subi toutes les humiliations aux mains de ses patrons sans jamais regimber. Jusqu'à en mourir. Martin lui révélait que derrière l'apparente simplicité des gens comme son père, il y avait du mépris pour tout ce qui réussit.

— Des minables qui se prennent pour le trou de cul du monde! Tu vois bien que c'est une attitude de colonisés, ça!

Jusqu'aux premières lueurs de l'aube, Martin ouvrait les yeux de Jean-Michel. Il préparait un autre livre. Il en avait déjà trouvé le titre, *The end of the end*. Il ne l'avait jamais publié. Ce devait être insupportable. Une dénonciation de tous les travers de la société. Un catalogue de la bêtise.

— Je l'écris en anglais, ils vont peut-être finir par comprendre, les abrutis!

Jean-Michel avait habité deux mois chez Gilles Martin. Au terme d'intenses recherches, il s'était fait engager comme aide-jardinier au Jardin botanique.

— C'est idéal, avait annoncé Martin. Pendant que tu transportes du fumier, ça te donne le temps de penser, mais en même temps l'odeur t'empêche de te prendre trop au sérieux.

Jean-Michel arrachait des mauvaises herbes. Il ramassait des feuilles mortes. Transportait effectivement du fumier à l'occasion. En enfouissant ses mains dans la terre, il avait l'impression de fouiller la conscience des Québécois. Il s'était fait une amie. La fille de son contremaître. Une grande échalote pas de seins. Elle se nommait Françoise. Jean-Michel l'aimait. Comment faire autrement quand on a seize ans et qu'une fille se laisse embrasser? Jean-Michel revoyait Martin à l'occasion. Ce dernier ricanait.

— Sacrement, Bellerose, tu ne vas pas gaspiller ta jeunesse à peloter ta blonde! Qu'est-ce que t'attends pour foutre le bordel?

Et Gilles Martin avait entraîné le jeune Bellerose dans ses campagnes d'évangélisation anarchiste. Jean-Michel se souvenait d'un matin d'automne, dans la cour du Collège de Saint-Jean. Martin avait rendez-vous, à la récréation, avec un jeune professeur, tout juste un peu plus âgé que Jean-Michel, Guy Chamberland, dont on retrouverait plus tard la signature au bas d'articles des plus séditieux. Tous trois, Martin, Bellerose et Chamberland, déambulaient comme des philosophes dans l'allée de peupliers. Jean-Michel poussait la superbe jusqu'à mettre les mains dans son dos, en voûtant les épaules comme sous le poids de lourdes pensées. Et Martin s'indignait.

— Sacrement, les gars, vous n'allez pas rater l'occasion! Poussez, tirez, crachez, jurez! Les don Quichottes, c'est ce qui manque le plus dans ce pays qui se prend beaucoup trop au sérieux.

Jean-Michel et Chamberland se regardaient par en dessous. Un même bouillonnement. Une crispation. Par où commencer? Le monde changeait. Mao amorçait son grand bond en avant annonçant la révolution culturelle. Les Américains — le beau Kennedy — avaient trouvé le moyen d'aller se planter à la baie des Cochons avant d'affronter les Russes dans l'affaire des missiles de Cuba. Kennedy, encore lui, donnait l'impulsion à la guerre du Viêt-nam. Les Français faisaient exploser leur première bombe atomique. Les premières charges de plastic de l'OAS pétaient à Paris. Les Russes envoyaient le premier homme dans l'espace et les jeunes déambulaient dans des *jeans* déchirés aux genoux. Les seins libres des filles ballottaient sous leurs blouses indiennes. Chacun avait des airs de Woodstock dans la tête et montrait ses deux doigts en «V» en proclamant *Peace and Love*. Martin jugea le moment venu de présenter Jean-Michel à Marc Bouvier, rédacteur comme lui à la salle des nouvelles de Radio-Canada.

— Il a le feu au cul, expliqua-t-il en enfonçant son index dans la poitrine de Jean-Michel, et il ne sait pas où donner de la corne. T'as peut-être quelque chose à lui suggérer?

Trois jours plus tard, Jean-Michel retrouva Bouvier au *Mouton noir,* un café-cabaret de l'avenue des Pins. Marc Bouvier y prêchait à une demi-douzaine de jeunes gens de l'âge de Jean-Michel. Des barbes tendres et des yeux clairs. Des gestes d'hommes, cependant, pour saisir le verre de bière. Un trio sud-américain, Los Tres Compadres, rythmait leur espérance. Une seule phrase, un clou enfoncé mille fois dans le crâne de ses jeunes auditeurs, résumait la pensée de Bouvier.

— L'indépendance du Québec n'est possible que par la révolution sociale.

Encore fallait-il définir le sens du mot *révolution.* Bouvier commandait une nouvelle tournée de bière. La mousse généreuse barbouillait les verres comme les esprits. Les disciples de Bouvier buvaient à grandes gorgées. Los Tres Compadres devaient en faire autant dans la coulisse. Le *Mouton noir* connaissait une accalmie. Bouvier en profitait pour livrer des éléments complémentaires de sa doctrine.

— Partout dans le monde, les peuples s'affranchissent du joug colonial. En Afrique. En Amérique latine. Le Canada français ne peut pas nager éternellement à contre-courant de l'histoire.

L'un ou l'autre des néophytes s'enflammait.

— La solution, c'est l'indépendance du Québec.

Bouvier souriait, de ce sourire dont on ne savait jamais s'il était complaisant ou méprisant.

— Il faut d'abord passer par la libération prolétarienne du peuple canadien-français, insistait-il.

Los Tres Compadres remontaient sur la tribune en agitant leurs sombreros. Les guitares racontaient encore la misère des peuples et la volonté qu'on a de s'en sortir. Marc Bouvier haussait la voix pour tirer les conclusions de ce qu'il venait d'avancer.

— Nous sommes un petit peuple paisible, pacifique et civilisé, c'est bien connu, et tant mieux, mais le temps est venu de piquer quelques colères. Il faut porter des coups très spectaculaires contre le colonialisme. Il ne nous reste pas d'autre option que la violence pour nous faire entendre.

Il criait maintenant. Les trois guitares des Compadres annonçaient les temps nouveaux. Bouvier commandait encore de la bière. Quand Jean-Michel se leva, ce soir-là, pour quitter *Le Mouton noir,* Marc Bouvier glissa un document froissé dans la poche de son paletot. Sitôt jeté sur son lit, le jeune homme feuilleta, en tremblant, son premier exemplaire de *La Cognée,* l'organe officiel du Front de libération du Québec.

C'était un fascicule de six pages, dactylographié sur du papier de grand format plié en deux. L'en-tête, des lettres tracées à la main plutôt maladroitement, ne manquait pas d'arrogance. Jean-Michel lut avidement. La révolution en toutes lettres. Quand ce n'était pas assez clair, les rédacteurs proposaient de petits dessins pour représenter la mort. Comment placer une charge de dynamite pour faire sauter un rail. Comment fabriquer une grenade avec une boîte de conserve et un boulon. Le tout accompagné de formules mathématiques un peu compliquées. Un seul mot d'ordre: orchestrer la propagande pour s'attirer la sympathie de la population, du moins celle de la classe la plus défavorisée.

Jean-Michel savait qu'il ne connaissait pas bien la classe défavorisée. Son contremaître du Jardin botanique? Un couillon déguisé en patron. Ses compagnons de travail, les pelleteurs, ratisseurs et brouetteurs? Ils n'avaient qu'une ambition: gagner assez d'argent pour acheter une vieille Valiant, jeter une caisse de vingt-quatre bières sur le siège arrière, monter dans les Laurentides et essayer d'accrocher des filles. Jean-Michel ne leur faisait pas confiance pour déclencher la révolution. En fin de compte, il fut forcé d'admettre qu'il ne connaissait personne de la fameuse classe défavorisée. Même pas son père. La classe défavorisée, il ne l'avait jamais rencontrée ailleurs que dans l'encre d'imprimerie.

Pour se frotter à cette couche sociale importante, sur laquelle devait s'appuyer le levier de la révolution, Jean-Michel descendit au plus bas niveau. Il loua une chambre sur la place Jacques-Cartier, dans un immeuble si vétuste qu'il ne tenait debout que par la colle du papier-tenture. Des corridors mangés d'humidité, des portes entrouvertes sur une misère qui n'avait rien de littéraire, des faces d'avant la civilisation, cheveux et barbes comme ceux des bêtes, dans l'âcre odeur des mégots dix fois rallumés. Un soir, l'homme de Cro-Magnon l'avait attiré dans le corridor, sous un quelconque prétexte. Pendant ce temps, un complice dévalisait la chambre de Jean-Michel. Ce dernier leur avait balancé son poing sur la gueule à tous deux avant de fuir l'immeuble, y laissant ses maigres possessions.

Quelques semaines plus tard, Jean-Michel trouva un autre exemplaire de *La Cognée* sous sa porte. Le rédacteur avait des mots très durs à l'endroit du premier ministre du Québec, Jean Lesage, le prétendu libérateur des Canadiens français. *Après le «training» du couillonnage et de l'aplaventrisme à la maison mère d'Ottawa, l'ambitieuse nouille de collège classique vient prouver son talent à la succursale du Québec, parmi les Québécois, ses frères, ses colons, ses caves... Jean Lesage, les caves t'attendent. Notre génération sera celle de l'indépendance du Québec.*

Peu de temps après, Jean-Michel pénétra, de nuit, sur les terrains du Jardin botanique, en compagnie de son amie Françoise. Cette fois, il ne venait pas batifoler sous le saule pleureur qui avait tant de fois abrité leurs ébats. Jean-Michel avait un pinceau et un seau de peinture à la main. Sur le grand mur du bâtiment principal, il badigeonnea une inscription qui donna le vertige à Françoise. *Étudiants, ouvriers, paysans, formez vos groupes clandestins contre le colonialisme anglo-américain. L'indépendance ou la mort.*

Le lendemain de son exploit, il était congédié. Le soupçonnait-on d'être l'auteur de l'inscription que deux de ses compagnons effacèrent en toute innocence? On l'accusa d'avoir dérobé l'argent de la petite caisse que les employés avaient constituée pour se payer le café biquotidien. La vérité, c'était qu'il avait refusé de céder aux avances homosexuelles de son contremaître, le propre père de Françoise. Jean-Michel flanqua son râteau par terre. Dans son esprit, l'injustice dont il venait d'être l'objet se confondait avec les visées colonialistes des impérialistes anglo-américains.

Dix ans plus tard, Jean-Michel se réfugiait donc chez Gilles Martin comme aux premiers jours. Rien n'avait changé dans la cuisine. La même cafetière, le même paquet de cigarettes, les mêmes sarcasmes.

— T'imaginais peut-être que l'armée se rangerait avec vous autres?

Jean-Michel ne répondit pas. Martin n'attendait pas de réplique. Il poursuivit.

— Les chiens sont après toi?

— Non. Je suis parti de Montréal depuis une semaine.

— Qu'est-ce qui t'amène en ville?

— J'ai quelqu'un à voir. Je repars tout de suite après.

— C'est peut-être aussi bien comme ça, conclut Martin. Je ne suis pas sûr que ma bonne femme te laisserait t'installer ici plus longtemps.

Martin aurait volontiers repris ses palabres enfumés. Jean-Michel n'était pas d'humeur à ressasser les théories qui l'avaient conduit là où il était. Il prétexta une grande fatigue pour se retirer au salon. Il y retrouva le divan qui avait hébergé ses rêves d'adolescent. Il s'endormit fort tard. Il ne pouvait détacher son esprit de l'image de Bruno et de Lucie, allongés côte à côte sur la banquette du *Loup de mer*.

Les heures qui suivirent le départ de Jean-Michel pesèrent lourd sur Bruno et Lucie. La nuit comme un couvercle sur le bouillonnement de deux cœurs. *Le loup de mer* avait retrouvé son camouflage de joncs. Aux abords du chenal de la Sauvagesse, le marécage avait repris son immobilité originelle. En comparaison du tumulte dans lequel Jean-Michel s'était de nouveau jeté, la chaude intimité de la cabine leur paraissait abusive. Ils commencèrent par déployer de tout petits gestes. L'air qu'ils déplaçaient les renvoyait l'un à l'autre. Ils échangeaient des courants d'air. Chaque mouvement qu'ils faisaient imprimait un balancement au bateau.

Ils mangèrent en silence. Du thon en boîte et des biscottes. Ils burent du thé. La lueur du réchaud à alcool, conjuguée à la flamme d'une bougie fichée dans un cendrier, conférait à ce souper l'atmosphère des soirs de réception. Bruno rangea promptement les ustensiles et le reste des victuailles dans un caisson. Chacun s'emmitoufla dans une couverture, à la façon des Indiens des cartes postales. De part et d'autre du passage, sur des banquettes séparées. Spontanément, Lucie avait adopté la place laissée vacante par Jean-Michel. C'est elle qui parla la première.

— On dirait un vieux couple, dit-elle.

Bruno chercha un instant autour de lui, avant de saisir qu'il s'agissait d'eux. Il ne trouva rien à répondre. Lucie poursuivit.

— Il nous manque juste la télévision.

Cette fois, Bruno grogna pour exprimer quelque chose. Lucie sourit.

— Tu vois? On n'a même pas besoin de se parler pour se comprendre.

Ils rirent franchement puis le silence épaissit de nouveau. Lucie écrasa sa cigarette dans le cendrier à côté de la bougie.

— Qu'est-ce qui est arrivé à ta femme? demanda-t-elle abruptement.

Bruno bougea sous sa couverture.

— Elle est restée à Nicolet.

— Ça fait longtemps que vous ne vivez plus ensemble?

— Ça dépend de ce qu'on appelle vivre ensemble. Cinq ans officiellement.

Bruno fourrageait dans sa pipe avec le bout d'une allumette de bois. Il interrogea Lucie à son tour.

— Toi, tu le connais depuis longtemps, Jean-Michel?

— Deux mois. Pas plus.

— C'est drôle, fit observer Bruno, on dirait justement que c'est vous deux, le vieux couple.

— C'est parce qu'il veut tout contrôler, expliqua Lucie. Les femmes comme le reste.

— Et toi? demanda Bruno.

— Moi, répondit Lucie en étirant le silence, je ne laisse personne prendre ce que je ne veux pas donner.

— Et le FLQ? demanda Bruno.

— Une manière comme une autre de changer le monde. Si ça marche, tant mieux. Si ça ne marche pas, tant pis.

— Tu risques de passer plusieurs années de ta vie en prison.

— Toi, avant de laisser ta femme, t'étais pas en prison?

Bruno se renfrogna sous sa couverture. Il contre-attaqua.

— On peut se changer soi-même. Pas les autres.

— Si chacun change, tout le monde bouge. C'est ça, la vie. J'ai connu ça quand je vivais dans une commune en Gaspésie.

— L'amour libre, les fleurs, les petits oiseaux, énuméra Bruno en glissant un fin sourire derrière sa moustache.

Lucie décocha à Bruno un coup de pied amical. L'homme en lui frémit. Lucie poursuivit.

— Moque-toi pas. Si tout le monde ressemblait aux *freaks* que j'ai rencontrés en Gaspésie, on ne serait pas obligés de se cacher aujourd'hui. Des beaux bonshommes avec des étoiles dans les yeux. Des bonnes femmes chaudes comme l'amour. On élevait des moutons. Quelques chèvres aussi. Je partais avec les animaux au bout de la terre. As-tu déjà senti que t'étais juste un petit grain de sable? Puis en même temps, tu sais que tu t'en vas vers quelque chose de grand.

— Pourquoi t'es revenue? demanda Bruno.

— Parce que je m'ennuyais de la ville. Le bruit, les folies...

Lucie secoua la tête.

— Non, c'est pas vrai, admit-elle. C'était devenu invivable en Gaspésie. Les autres bonnes femmes ne jouaient plus le jeu. Chacune défendait son *chum* comme une tigresse. À la fin, on évitait de se rencontrer dans les escaliers.

— C'est Jean-Michel qui t'a convertie au FLQ?

— Il avait tellement envie de me sauter qu'il m'a embarquée avec lui dans le FLQ pour m'avoir tout le temps à côté de lui.

— Tu ne simplifies pas un peu? s'offusqua Bruno.

— Fais pas l'innocent, t'es un homme, toi aussi.

Ils se turent tous deux, le temps de mesurer la profondeur de cette assertion. Lucie en profita pour fouiller dans son sac. Depuis son arrivée, elle ne s'était pas départie de ce grand sac de corde tressée où pendaient des franges dénaturées par l'usure et la saleté. Elle en sortit un petit contenant de plastique noir dans lequel on dépose les rouleaux de pellicule photographique.

— Tu me passes ta pipe? demanda-t-elle en tendant la main.

Bruno s'exécuta. Lucie ouvrit son contenant noir. Il renfermait un tabac gris-vert et sec qui ressemblait à du thé. Elle bourra cérémonieusement la pipe de Bruno qu'elle alluma dans des volutes. L'odeur de feuilles mortes qu'on brûle en automne. Elle tendit la pipe à Bruno.

— Qu'est-ce que c'est? demanda-t-il.

— De la mari. T'en as déjà fumé?

Bruno fit signe que non en prenant l'instrument des mains de Lucie. Il aspira. Sa bouche et sa gorge s'emplirent d'une âcreté inattendue.

— Garde la fumée le plus longtemps possible en dedans, lui recommanda Lucie.

Elle tendit de nouveau la main. La pipe d'écume était déjà toute chaude. Ainsi, de longues minutes. La marijuana brûlait vite. Bruno s'étonna d'abord de ne pas éprouver les voluptés promises aux adeptes de ce nouveau culte. Bientôt, les battements de son cœur s'accélérèrent. Il avait les mains froides. L'estomac lourd.

— Je ne me sens pas bien, admit-il.

— C'est souvent comme ça la première fois. Relaxe.

Elle le rejoignit sur sa banquette. Elle mit la main sur son avant-bras.

— Prends ça *cool,* poursuivit-elle, on a toute la nuit devant nous.

Cette observation ne fit que raviver le trouble de Bruno. Il s'allongea, la tête sur un coussin. Ses pieds traînaient dans le passage. Lucie les prit et les posa sur ses genoux.

— On n'a rien à prouver à personne, poursuivit-elle.

Lucie déposa la pipe sur la tablette ménagée entre le dossier de la banquette et la coque, où elle s'éteignit rapidement. Rejetant ses cheveux en arrière d'un brusque mouvement de la tête, elle se pencha sur Bruno pour l'embrasser. La nuit passait au-dessus du marécage de la Sauvagesse sans s'arrêter. Lucie chevaucha Bruno. Ses longs cheveux noirs lui balayaient le visage. Quand il fut évident qu'ils n'iraient pas plus loin, Bruno se redressa. Il était bien conscient de ne pas avoir affiché une performance digne des attentes de Lucie. La marijuana lui avait sans doute coupé ses moyens.

— Pourquoi as-tu fait ça? demanda-t-il.

— Pour la même raison que toi, répondit Lucie. Le temps qu'on passe à faire l'amour, on ne vieillit pas.

Le boulevard Dorchester traverse Montréal d'est en ouest, longeant le fleuve à plus d'un kilomètre de distance. La ville y exprime ses déchirements. Les quartiers populaires s'étendent à l'est dans la désespérante monotonie des maisons basses et des petits commerces. Les gratte-ciel s'agglomèrent à l'ouest. En français à l'est, en anglais à l'ouest. Exception de taille, l'immeuble de la Société Radio-Canada se dressait, en 1970, à l'ouest de l'ouest, à l'ombre des derniers gratte-ciel, tout à proximité de la partie basse de Westmount. Ce n'était pas le dernier paradoxe dans ce pays où la télévision nationale se nommait «radio».

Jean-Michel Bellerose se présenta aux abords de l'immeuble de Radio-Canada vers huit heures. Un flot continu de voitures sur les deux bandes du boulevard. Il tombait de la bruine sur la grisaille de pierres et de béton. Jean-Michel était descendu de l'autobus quelques rues avant d'atteindre sa destination. L'édifice de Radio-Canada, un immeuble de douze étages de brique noircie, se dressait sur le côté nord du boulevard. Jean-Michel marcha sur le trottoir opposé. Bien lui en prit. Des militaires en armes gardaient l'entrée de la société.

Un Grec gros et gras tenait un casse-croûte presque en face de Radio-Canada. On y proposait le petit déjeuner à quatre-vingt-cinq cents. Jean-Michel y entra. Un comptoir en «L» assorti d'une quinzaine de tabourets pivotants. La seule place libre faisait dos à la vitrine. Jean-Michel s'y installa. Il commanda du café, des œufs et du bacon.

Sa position ne lui permettait pas de surveiller efficacement les allées et venues devant les portes principales de Radio-Canada. Il mangea la tête dans le dos. Il n'aperçut pas celui qu'il cherchait. Un téléphone public était fixé au mur, près de la porte. Après avoir avalé son troisième café, Jean-Michel se résigna à téléphoner à la salle des nouvelles. Il obtint de parler à Marc Bouvier. Jean-Michel se nomma. Un silence suivit. De toute évidence, Bouvier n'appréciait pas qu'on le relance à son lieu de travail. Jean-Michel insista. Ils devaient se voir le plus rapidement possible. Bouvier résista. Jean-Michel menaça de monter directement à la salle des nouvelles. Bouvier finit par donner rendez-vous à Jean-Michel à dix heures, sur le stationnement où il garait sa voiture, à l'angle du boulevard et de la rue Guy.

Le casse-croûte ne désemplissait pas. Les gens entraient, commandaient du café qu'ils emportaient ou ils mangeaient en silence en feuilletant le journal et repartaient en laissant de la monnaie sur le comptoir. Seul Jean-Michel s'attardait. Le Grec lui jetait des coups d'œil agacés. Jean-Michel sortit sous la pluie fine.

Il marcha vers l'ouest. À l'angle de la rue Guy, en face du stationnement où il avait rendez-vous avec Bouvier, d'autres soldats gardaient l'entrée de l'immeuble de la Northern Telecom. Jean-Michel bifurqua à gauche et descendit la rue Guy en direction du vieux Montréal. Il erra dans les ruelles. La pluie, pour menue qu'elle fût, le pénétrait. Jean-Michel n'avait pas de montre. Il interrogea un passant. Dix heures passées. Il remonta vers le boulevard. Bouvier l'attendait dans sa voiture.

— Je t'avais dit de ne jamais venir ici, commença Bouvier.

— Je suis allé sonner à ton appartement, hier soir. Il n'y avait personne.

— Je t'avais dit de ne pas passer à mon appartement non plus.

Jean-Michel regarda longuement Bouvier tout en allumant une cigarette. Bouvier abaissa sèchement la glace de sa Volvo.

— Écoute donc, toi, lança Jean-Michel, essaies-tu de me faire croire que t'as jamais fait partie du FLQ?

— J'essaie de sauver ma peau, trancha Bouvier, comme tout le monde.

Et il démarra. Il engagea la Volvo sur le boulevard, en direction de l'est. Jean-Michel ne le quittait pas des yeux. Bouvier conduisait nerveusement, dans la circulation dense.

— Où tu vas? demanda Jean-Michel.

— Nulle part, répondit Bouvier. Rien de plus suspect

que deux gars qui parlent dans une voiture sur un stationnement.

Ils roulèrent un long moment en silence. Maintenant qu'il avait Bouvier à sa portée, Jean-Michel ne semblait plus disposé à lui adresser la parole. Bouvier éclata.

— Tu me dis ce que tu me veux?

Jean-Michel durcit les poings sous la laine de son poncho.

— Pourquoi on n'a pas enlevé Taylor comme on avait dit? Pourquoi t'as changé d'avis à la dernière minute?

Bouvier regarda Jean-Michel avec étonnement.

— C'est pour me parler de ça que tu voulais absolument me voir?

— De ça et d'autre chose, répondit Jean-Michel. Commence donc par répondre à ma première question.

Bouvier fulminait. Sa mèche de cheveux lui barrait le front. Il conduisait avec des gants de cuir beige, engoncé dans un manteau de daim garni d'un col de fourrure. Il ne desserra pas les lèvres. Jean-Michel poursuivit.

— T'aurais pu au moins t'assurer qu'il était là, ton Leclerc!

— Le premier ministre l'a appelé aux petites heures de la nuit. Je ne pouvais pas prévoir. Qu'est-ce que tu veux? Que je te présente des excuses?

— Que tu m'expliques, répliqua Jean-Michel. Il y a une chose que j'aimerais bien savoir. Comment ça se fait que tu continues tranquillement de travailler pendant que nous autres, on est obligés de se cacher? Hein? Peux-tu donner une réponse à ça?

— Rien de plus simple, répondit Bouvier. Moi, je me suis arrangé pour ne pas me faire arrêter chaque fois qu'il y avait une manifestation. Je n'ai pas de dossier à la police. Je ne suis pas fiché comme suspect.

— Évidemment, renchérit Jean-Michel, faire la révolution sur papier, c'est pas très compromettant.

— Tu crois vraiment que vous avez changé quelque chose avec vos manifs?

La voiture s'était immobilisée à un feu rouge, devant une succursale de la United Auto Parts. Bouvier tourna la tête vers Jean-Michel.

— Qu'est-ce que tu veux au juste? Que j'aille me livrer à la police en disant: «J'ai trompé mes petits camarades. C'est moi le coupable.»? C'est ça que tu veux?

Jean-Michel hocha la tête. La cendre de sa cigarette tomba sur son poncho.

— Je veux savoir ce que t'as l'intention de faire. C'est toi le chef. À toi de décider. Qu'est-ce qu'on fait?

— Décider quoi? s'offusqua Bouvier. Faire un autre enlèvement? Ça ne changerait rien à la situation. Que je vous installe tous les cinq dans mon appartement? C'est le meilleur moyen de se retrouver en prison. Que je rentre dans le studio, pendant le bulletin de nouvelles, et que je crie «Vive le FLQ!»? Dis-le ce que tu veux.

— Écoute-moi bien, mon hostie d'écœurant, s'enflamma Jean-Michel. Tu te laveras pas les mains comme ça. Si on coule, tu coules avec nous autres. Ça fait que t'es aussi bien de trouver une solution, et puis vite à part ça, parce que ta Volvo, elle risque de se retrouver au garage pour un bon bout de temps. Là où on va, t'en auras pas besoin. Compris?

— Minute, là, protesta Bouvier, les menaces, ça ne marche pas avec moi.

Il engagea sa voiture dans une rue transversale pour revenir sur le boulevard en direction de l'ouest.

— Faut que je retourne à la salle des nouvelles, poursuivit-il. Si t'as autre chose à me dire, c'est le temps.

Jean-Michel rageait. Tourné vers Bouvier, une main posée à plat sur le tableau de bord, il se pencha vers ce dernier pour lui parler tout près de la figure.

— Moi, j'en ai une solution. Pour ça, il faut que je voie l'avocat du FLQ.

— Robert Lemieux? Qu'est-ce que tu lui veux?

— Si tu pensais à autre chose qu'à essayer de sauver ta

113

petite peau de pédé, répondit Jean-Michel, tu le saurais. Mais je vois que ça ne sert à rien de discuter avec toi. Arrange-toi pour que je rencontre Lemieux, c'est tout ce que je te demande.

— Tu penses que c'est facile? demanda Bouvier.

— Je ne veux pas le savoir, trancha Jean-Michel. Et puis fais vite à part ça. Je n'ai pas l'intention de traîner à Montréal bien longtemps.

La Volvo se rangea de nouveau dans le stationnement. Bouvier coupa le contact. Jean-Michel ne broncha pas. Bouvier attendait.

— Alors? demanda Jean-Michel.

— Alors quoi?

— Tu me retrouves ici demain avec la réponse?

Bouvier semblait réfléchir avec beaucoup d'intensité.

— Pas ici, dit-il enfin. C'est trop dangereux de se retrouver deux fois au même endroit. Je te mettrai la réponse par écrit en dessous d'une poubelle, devant le Palais du Commerce, en face du terminus Voyageur.

— Quand? demanda Jean-Michel.

— Demain, au plus tard à cinq heures de l'après-midi.

Jean-Michel ouvrit la portière. Bouvier ne fit pas un geste, ses mains gantées toujours rivées au volant. Jean-Michel descendit. Il se pencha à l'intérieur de la voiture.

— Pas de bêtise, dit-il. Si je saute, tu sautes avec moi.

Jean-Michel commençait à trouver que Montréal lui réservait bien des impatiences. Rien ne ressemblait plus à rien. Les restaurants, les grands magasins, les brasseries lui étaient interdits. Trop de policiers en civil. Les journaux faisaient état de plus de 1600 perquisitions et de 341 arrestations. Dans ce climat tendu, des élections municipales devaient avoir lieu deux jours plus tard, un dimanche. Un parti politique appuyé par les grandes centrales syndicales et par les éléments de gauche, le Front d'action politique, faisait la lutte au maire Jean Drapeau. Celui-ci régnait sans opposition véritable sur la métropole canadienne depuis une dizaine d'années. Emporté par l'aveuglement qui l'avait saisi dès les premières heures de la crise, le ministre fédéral Jean Marchand s'était pourfendu d'une autre déclaration odieuse à Vancouver, à des milliers de kilomètres de Montréal où se déroulait l'élection. Le Canada, c'est aussi cela, un pays si vaste qu'on peut se réfugier à l'autre bout du continent pour fustiger ceux qu'on n'ose pas affronter. *Le Front d'action politique, le FRAP, le parti d'opposition au maire Jean Drapeau de Montréal, sert de «couverture» à des activités du FLQ. Et, si Ottawa a proclamé la Loi sur les mesures de guerre, c'est entre autres parce que les autorités de Montréal lui avaient fourni de bonnes raisons de croire que les éléments felquistes du FRAP voulaient troubler l'élection municipale de dimanche prochain par des explosions de toutes sortes, par de nouveaux enlèvements et même par des fusillades.* Pour n'être pas en reste, le maire Drapeau renchérit. *Le sang coulera dans les rues si le FRAP, parti municipal de tendance socialiste, remporte les élections dimanche.* Les effets de ce terrorisme verbal ne se feraient pas attendre: le parti du maire Jean Drapeau remporta les 52 sièges en élection, avec 91,7 % des voix. Jean Marchand lui-même n'en avait pas espéré tant.

Comme pour confirmer les sombres prédictions du ministre, un jeune homme, qui ressemblait à l'un des terroristes dont la photo avait paru dans le journal, avait été abattu d'une balle alors qu'il forçait un barrage policier dans la banlieue nord. Pas question, dans ces conditions, de se balader, les mains dans les poches, au nez des policiers, les cheveux aux épaules et la barbe provocatrice. Jean-Michel avait plus d'une journée devant lui. Il décida d'entrer en contact avec le fidèle Fernand qu'il n'avait pas revu depuis la tentative ratée d'enlèvement à Rosemère. Comme Jean-Michel s'y attendait, Fernand n'était pas réapparu chez lui depuis ce jour-là.

Sa femme invita cependant Jean-Michel à venir la rencontrer. Elle avait besoin de parler, disait-elle, à quelqu'un d'autre qu'aux policiers qui étaient déjà venus l'interroger. Jean-Michel hésita. Fallait-il se jeter dans la gueule du loup? L'appartement de Fernand était sans doute surveillé. Rendez-vous fut pris au *Cérès*, un restaurant de la rue Saint-Charles à Longueuil.

Jean-Michel descendit du métro peu après onze heures. Il y avait peu de va-et-vient à la station de Longueuil. Deux hommes vêtus de blousons de cuir, *jeans* moulants et bottes hautes, observaient les passagers qui montaient l'escalier. Jean-Michel les ignora et sortit sous l'abri des autobus. Les deux hommes le suivirent. Jean-Michel se joignit à quatre ou cinq personnes qui attendaient. Les deux hommes s'alignèrent derrière lui. Un autobus arrivait à une section voisine. Jean-Michel s'y précipita et monta. Les deux hommes ne tardèrent pas à en faire autant. Jean-Michel ne pouvait plus en douter. Il était suivi.

L'autobus que Jean-Michel avait pris sans se demander où il allait desservait les quartiers populaires de Ville Jacques-Cartier, récemment annexée à l'opulente Longueuil. Des maisons basses, souvent mal entretenues, des petits commerces, tissus et marchands de bière, bordaient des rues sinueuses, souvent tracées au hasard des obstacles naturels. L'autobus s'arrêta à une intersection. Jean-Michel attendit au tout dernier moment pour descendre. Le véhicule se remit lentement en marche. Il s'immobilisa de nouveau. Les deux individus qui filaient Jean-Michel sautèrent sur le trottoir derrière lui.

Il hésita une seconde. Feindre ou fuir? Courir les précipiterait derrière lui. Peut-être n'hésiteraient-ils pas à faire usage de leur revolver? Il choisit de jouer l'indifférence. Il s'installa près du poteau marquant l'arrêt d'autobus et il regarda loin devant lui. À ses côtés, les deux hommes commentaient les temps forts de la partie de hockey de la veille.

Eux aussi attendaient l'autobus de la façon la plus naturelle du monde, comme s'ils n'avaient pas changé deux fois d'itinéraire pour obéir aux caprices de Jean-Michel. Cinq minutes. Dix minutes. Le vent glacé et la peur. Quelques rares voitures et les fenêtres indifférentes des maisons pauvres. Comment interpréter pareille attitude de la part des deux hommes? Jean-Michel en déduisit qu'ils ne le soupçonnaient sans doute pas de la tentative d'enlèvement dont il était l'auteur. Cela le réconforta un peu. Tout au plus, ses poursuivants devaient-ils estimer que sa barbe et sa chevelure abondantes témoignaient de prises de position hostiles à la société. Ils s'intéressaient sans doute aux rencontres qu'il pouvait faire.

Quelques instants avant que l'autobus n'apparaisse, une Volkswagen orange se rangea en bordure du trottoir, non loin de l'endroit où se tenaient Jean-Michel et les deux autres. Un homme seul au volant, avec une moustache comme en arborent les policiers. L'autobus freina bientôt devant eux en émettant des éternuements d'air comprimé. Jean-Michel y monta sans se retourner. Ses deux suivants ne bronchèrent pas et l'autobus repartit dans un grondement de moteur. Jean-Michel se précipita en direction de la banquette arrière pour constater que les deux hommes avaient rejoint leur complice à bord de la Volkswagen orange. La coccinelle prit l'autobus en filature.

Jean-Michel aurait voulu rouler à bord de cet autobus jusqu'au bout de la terre. Le véhicule le ramena au cœur du vieux Longueuil. Descendu à l'ombre de l'église Saint-Antoine, à l'angle du chemin de Chambly et de la rue Saint-Charles, il songea un instant à s'engouffrer dans la Caisse populaire mais il se ravisa et se mit à marcher d'un grand pas désinvolte vers l'ouest. Derrière lui, la pétarade caractéristique du moteur de la Volkswagen. Il entra au *Cérès* comme s'il était un vieil habitué de l'endroit.

Nicole, la femme de Fernand, était une petite personne osseuse douée d'une saine vivacité. Elle embrassa gravement

Jean-Michel en l'inondant de questions.

— Comment va-t-il?

— Je ne sais pas.

— Comment? Il n'est pas avec vous?

— Je ne l'ai pas revu depuis le jour de l'enlèvement.

La femme de Fernand se rembrunit. La tasse de café tremblait dans sa main.

— Qu'est-ce que je vais devenir?

Elle ajouta:

— Ça donnerait quoi qu'il aille en prison pour quelque chose qu'il n'a pas fait?

De tout ce temps, Jean-Michel n'avait pas quitté des yeux la porte du restaurant. Seule une vieille dame fit son apparition. Après avoir mis Nicole au fait de la situation, Jean-Michel lui demanda de vérifier s'il ne se trouvait pas une Volkswagen orange aux abords de l'établissement. Nicole feignit d'aller chercher quelque chose dans les poches de son manteau suspendu à proximité de la grande vitrine. Elle revint en déclarant que la voiture s'y trouvait effectivement. Trois hommes à bord. Jean-Michel en conclut qu'il ne quitterait pas impunément le *Cérès*. C'est Nicole qui prit la situation en main. Recommandant à Jean-Michel de ne rien faire qui puisse attirer l'attention, elle sortit pour ne revenir que trois quarts d'heure plus tard, remorquant ses deux enfants, un garçon et une fille de cinq et de trois ans, tout en trimballant un grand sac de plastique marqué du symbole de la Régie des alcools.

— T'as tout ce qu'il faut là-dedans, dit-elle.

Jean-Michel se rendit aux toilettes qui se trouvaient au sous-sol. Il en remonta vingt minutes plus tard, radicalement transformé. Il avait coupé sa barbe et ses cheveux. Sa peau blanche marquée de plaques rouges montrait des traits plus durs. Les cheveux lui effleuraient à peine le lobe des oreilles. Une casquette à carreaux. Un grand manteau gris. Des pantalons flottants. Des souliers noirs trop grands pour lui. L'allure d'un commis d'épicerie ou d'un mauvais vendeur d'encyclopédies. Il tenait à la main le sac de la Régie dans lequel il avait fourré ses propres vêtements ainsi que son vieux sac à dos. Nicole rit en montrant ses gencives supérieures.

— Ta propre mère te reconnaîtrait pas.

Ils sortirent en tenant chacun un enfant par la main. Les occupants de la Volkswagen ne leur jetèrent qu'un regard indifférent. Ils guettaient un tout autre gibier que cet insignifiant père de famille. Nicole entraîna Jean-Michel vers sa voiture, une Datsun presque hors d'usage qu'elle avait garée derrière la Caisse populaire.

— Ce serait pas très prudent que je t'emmène à la maison, dit-elle.

— Je ne t'en demande pas tant, répondit-il.

— Où veux-tu aller?

— Je ne sais pas. Si tu veux, remmène-moi à Montréal.

La Datsun conduite par Nicole s'engagea dans la rue Saint-Charles. La Volkswagen orange poireautait toujours à proximité du *Cérès*. Quand il passa à côté, Jean-Michel leva outrageusement l'index à l'intention des policiers, à l'abri de la portière cependant. Nicole le laissa à l'angle du boulevard Dorchester et de la rue Berri.

— Prends soin de toi, dit-elle. Surtout, si tu vois Fernand, dis-lui de m'appeler.

Jean-Michel fit signe que oui. Il n'avait aucun espoir de retrouver Fernand. Il referma brusquement la portière. La Datsun s'éloigna. Jean-Michel resta seul sur le trottoir. Le vent rasait la peau fraîchement dénudée de son visage. Il se dirigea lentement vers le port. Les vagabonds avaient fait leur territoire du quartier qui s'étendait autour de l'accueil Bonneau, une œuvre de bienfaisance où on leur donnait à manger deux fois par jour. Jean-Michel comptait passer la nuit parmi les plus démunis que lui. Les premiers qu'il aborda le refoulèrent dans un coin dont personne ne voulait, dans la manufacture de chaussures désaffectée qu'ils avaient investie. Jean-Michel dormit sans s'abandonner.

En fin d'après-midi, le lendemain, Bruno n'était pas encore remonté à la surface de ses émotions. Il avait passé la nuit à regarder Lucie dormir. La matinée à lui resservir du café. Tout le jour à déployer des gestes d'une infinie douceur. Lucie avait éveillé en lui des réserves de tendresse. Il y avait si longtemps qu'une femme l'avait touché. Bruno cessait provisoirement d'être seul sur la terre.

Depuis qu'il vivait à l'île aux Fantômes, Bruno avait appris à confondre le passé et le présent dans la poussière portée par les rais du soleil. À migrer entre les saisons comme on traverse une nuit. Menhir de lui-même, il laissait le temps couler sans protection sur lui. Le souffle de plus en plus court. Avec parfois la pointe d'un couteau dans le cœur. Des engourdissements dans le bras. Bruno n'en tenait pas compte. Et voici qu'une femme éclairait son visage en le prenant entre ses mains. Bruno en devenait tout lourd. Verser du café ou tendre une cigarette en acquéraient une gravité délicieuse. De son côté, Lucie coulait comme une eau. Pourquoi, après l'amour, revient-on d'instinct sautiller sur les cailloux de l'enfance? Lucie se souvenait.

Des tempêtes de feuilles mortes sur le Mont-Royal. Comme quand on était petits, tu te rappelles? Tu devais le faire, toi aussi. On entassait des monceaux de feuilles mortes sous un arbre, on grimpait à une branche basse et on sautait à pieds joints là-dessus. L'odeur nous montait au visage. On riait. On avait chaud en dedans. On se faisait de la vie avec la mort des feuilles.

Les gros écureuils gris couraient derrière nous. Ils grimpaient à nos pantalons. Parfois, ils venaient jusque dans nos poches, voir s'il n'y aurait pas encore à manger. Nous leur avions donné toutes nos *peanuts*. Il ne nous restait que des pommes. Nous leur jetions les cœurs et les pépins. Ils partaient les enterrer dans la montagne.

Au carrefour des sentiers, nous croisions des hommes de cinquante ans, cheveux longs, culottes courtes et bandeaux sur le front, qui pratiquaient le *jogging*. Parfois c'étaient des femmes qui déployaient des poses de tai-chi dans une clairière. N'est-ce pas qu'il faisait toujours beau en automne, au temps de notre enfance?

On descendait en ville par l'autobus de la Côte-des-Neiges. Des sacs, des manteaux, du velours. Devant les grands immeubles, les Anglaises promenaient leurs petits chiens. Les Buick devant les pompes des stations-service. On passait des après-midi dans les escaliers mécaniques des grands magasins, Eaton's, Simpson's, on essayait des douzaines de manteaux, des chapeaux de cuir, des bottes avec des talons hauts comme ça. En rentrant, on retrouvait toute la bande du collège Brébeuf au bar du *Bouvillon*. On buvait de la bière, on fumait les cigarettes des autres. La nuit venait. On s'attardait.

Nos ancêtres, dans leur temps, faisaient des confitures en automne, de la gelée de pommes, des provisions de bois. Nous autres, en automne, on philosophait. L'être et le néant. Les quatre éléments selon Bachelard. Le réel et le théâtral. On cherchait notre destin dans le tarot. On consultait l'horoscope chinois. Je suis un rat, tu es un cheval, elle est un dragon. On commentait l'actualité, on dénonçait l'atrocité des affrontements provoqués par l'intégration des Noirs aux États-Unis, l'horreur de la guerre du Viêt-nam, on célébrait le Che qui prêchait la révolution en Amérique latine. On tapait du pied sous la table, au rythme des chansons des Beatles qui nous trottaient dans la tête.

Lucy in the sky with diamonds...

On pensait qu'on était en train de changer le monde. On fumait des joints de mari. On faisait l'amour à tour de rôle, dans une chambre empruntée, à la lueur des bougies. T'as pas remarqué qu'on avait toujours plus envie de faire l'amour en automne?

Plus tard, quand il commençait à faire vraiment froid, j'aimais aller au théâtre. Je me rappelle *La reine morte* de Montherlant, au Rideau-Vert. Ce qui m'est resté, c'est le vif de l'air en sortant, le craquant de la nuit, les doigts gelés, les banquettes de la voiture raides de froid, l'odeur des cigarettes dans l'humidité. On allait dans un restaurant étirer des cafés. On rentrait à regret. Il faut que je me lève à sept heures, j'ai un cours à huit heures trente demain matin.

Lucie bavarda ainsi tout le jour. Cinq heures. Le soleil commençait à décliner à l'horizon du marécage. Bruno appelait la nuit qui les précipiterait de nouveau dans les bras l'un de l'autre. C'était compter sans Lucie qui entrait sans frapper dans l'intimité des gens. Elle s'approcha de Bruno et mit la main sur son genou.

— C'est à ton tour maintenant. Je veux tout savoir de toi.

Bruno se recroquevilla. Ses cinq années de solitude avaient été un hiver. Avec toute sa chaleur, Lucie allait provoquer la débâcle. Bruno jouait avec ses doigts comme un enfant. Lucie l'embrassa.

— Quand tu embrasses un homme, dit-elle, c'est un peu comme si tu goûtais déjà ses secrets.

Elle remonta sur ses épaules la couverture qui les enveloppait tous deux. Bruno croqua quelques mots qui éclatèrent dans sa bouche.

Dans le Nicolet des années cinquante, Bruno Bellerose accédait à une prospérité à laquelle aucun des membres de sa famille n'aurait jamais rêvé. Son opulence contrastait fortement avec ses humbles origines.

Tout avait commencé à la mort de son père. Bruno avait

l'âge d'observer encore comment les vieux s'y prennent pour affronter la vie. Son père ne lui léguait qu'une terre en friche et des animaux hébétés. C'était au Port-Saint-François en 1937. L'économie s'enlisait dans la crise. Les frères et les sœurs de Bruno avaient déserté la maison familiale. Bruno vivait seul avec sa mère dans la grande maison de bois du rang des Soixante arpents. Deux fois par jour, au crépuscule de l'aube et à celui du soir, il nourrissait ses bêtes et rafraîchissait leur litière dans l'éprouvante odeur du fumier. Seul. Sa mère se drapait à la cuisine dans sa douleur de veuve.

Un matin de janvier, Bruno chargea sur un traîneau tous les meubles des Bellerose qui n'étaient pas indispensables à leur survie, les divans du salon, les lits des chambres inoccupées, les chaises en trop. Il comptait les vendre à Trois-Rivières pour continuer de nourrir des bêtes qui ne lui rapportaient pas assez. Il engagea son cheval et son traîneau lourdement chargé sur la glace du fleuve. Quelques jours plus tôt, il avait fait un temps doux comme cela se produit parfois au cœur de janvier. La glace céda. Le cheval et le traîneau disparurent sous l'eau. Bruno ne sut jamais comment il avait survécu à ce drame. Les derniers vestiges de son enfance étaient restés sous la glace. Il quitta sa mère et sa misère pour aller chercher fortune à Nicolet.

En arrivant à la ville, Bruno Bellerose était allé trouver le père Herménégilde Baron. Tout le monde connaissait le patriarche à Nicolet et dans les campagnes environnantes. C'était un homme d'affaires prospère comme on en comptait peu dans les rangs des Canadiens français des petites villes de province. Il possédait une manufacture de meubles. Il construisait des édifices publics, des routes, des ponts. Réélu d'office à la mairie à chaque élection. Un grand seigneur. Herménégilde Baron n'avait pas bronché devant la naïveté du grand jeune homme qui lui réclamait un emploi en pleine crise économique.

— T'es habitué de courir? avait-il demandé brusquement.

— Je ne sais rien faire d'autre, avait répondu Bruno.

— J'ai besoin de quelqu'un comme toi, avait poursuivi le bonhomme, pour faire mes courses, aller au bureau de poste, balayer le bureau. Je te donne vingt-cinq cents par jour. Congé le dimanche. Ça te va?

Bruno était tellement bouleversé qu'il en avait oublié de répondre. Il passa la journée dans le bureau d'Herménégilde Baron à se familiariser avec l'humeur bourrue de son nouvel employeur. Le lendemain, dès sept heures, Bruno rejoignit le père Baron au sortir de la messe.

— J'ai pensé que vous pourriez avoir besoin de moi.

Pour une des rares fois, le patriarche sourit et entraîna le jeune homme chez lui, dans l'intention de lui faire partager le sobre petit déjeuner qu'il prenait debout, devant le comptoir, en chantonnant des cantiques en latin. Bruno observait à la dérobée l'homme le plus riche de Nicolet comme s'il y avait eu quelque secret à percer en le regardant porter son pain grillé à sa bouche. Le jeune homme ne tarderait pas à constater qu'Herménégilde Baron ne différait de ses concitoyens que sur un point: il travaillait plus fort que les autres.

La relation privilégiée qui s'était établie entre le patron et son garçon de courses — on aurait dit le maître et le disciple — n'avait pas tardé à susciter des jalousies, d'autant que Bruno offrait le flanc à la moquerie en suivant son employeur comme un petit chien. Richard Baron, le fils rebelle du patriarche, l'avait bientôt qualifié de *chien de poche du boss*. Quand Bruno descendait le grand escalier du bureau pour aller faire quelque course, Richard Baron ne manquait jamais de déclarer:

— Regardez, les gars, le chien de poche à mon père, vous trouvez pas qu'il a la queue entre les jambes?

Bruno bouillait en dedans. Il enfonçait les poings dans ses poches. Il se mordait les lèvres jusqu'au sang. Il savait qu'il n'avait pas les moyens de se révolter. Serait-il allé protester auprès de son employeur qu'il se serait retrouvé à la porte. Devant l'apparente impassibilité de sa victime, Richard Baron avait bientôt pris d'autres moyens. Bruno perdait ses lettres. Il lui manquait de la monnaie. Déposait-il quelque chose quelque part qu'il ne l'y retrouvait plus. À bout de ressources, Bruno s'était résigné à l'inévitable.

— Je m'en vais, avait-il annoncé à son patron.

— T'es pas bien avec moi?

— Au contraire, avait répondu Bruno d'un seul souffle, vous êtes un père pour moi. Mais il y a votre fils Richard. Il me fait passer pour un menteur et un voleur. Et ça, je ne peux pas l'accepter.

Le père Baron s'était levé. Il s'était approché de Bruno. Celui-ci avait éprouvé la désagréable sensation de se trouver devant un juge.

— C'est vrai ce qu'il dit, Richard, avait demandé le patriarche, que t'es un voleur et un menteur?

Bruno avait nié dans un cri.

— Écoute-moi bien, petit gars, avait enchaîné le père Baron, mets-toi bien une chose dans la tête. Fais-toi respecter. Laisse personne manger dans ton jardin puis mange pas dans le jardin des autres. Comme ça, tu vas pouvoir faire quelque chose de ta vie.

Bruno l'avait regardé. Il avait envie de pleurer. Il venait brusquement d'accéder à la maturité.

Bruno Bellerose ne ressemblait pas à ses concitoyens. Bien d'autres se seraient contentés de s'élever de quelques échelons au-dessus de leur condition initiale et de s'arrêter à deux pieds du sol, satisfaits d'en être là. Bruno, lui, envisageait de crever les nuages. Il ne s'en ouvrit à personne, de crainte de paraître ridicule. Pas même à sa femme.

Il avait courtisé puis épousé la fille aînée d'un cordonnier, une petite brunette au nez retroussé. Jeanne Desjardins n'avait qu'une ambition: traverser l'existence à l'abri du besoin. Elle avait eu froid, chez son père, quand les petits matins de janvier gelaient les conduites d'eau à l'étage. Nourrie de soupe et de porc haché, elle n'aspirait qu'au luxe du nécessaire, une maison chaude, un réfrigérateur rempli et un mari aimant. Elle trouva plus que ce qu'elle aurait souhaité auprès de Bruno Bellerose.

Ils eurent d'abord deux enfants, Luc et Colette. Ils occupaient un appartement au-dessus du garage Clément, rue Brassard. C'était un quatre-pièces au linoléum usé. Bruno repeignait consciencieusement les murs chaque printemps après avoir arraché au bonhomme Clément le consentement de payer la peinture. Les enfants jouaient dans une petite cour clôturée où ne poussaient que des chardons. Leur père leur fabriqua une balançoire en attachant un pneu usé à un câble accroché à une branche d'un arbre. Aux beaux jours du printemps, Jeanne menait ses enfants en promenade à tricycle par les rues et les trottoirs bossués. Bruno se levait avant tout le monde et se couchait le dernier. Si elle avait pu lire ses pensées, Jeanne se serait effrayée.

La guerre allait éclater. En ces temps de changements, chacun se confortait dans la conviction que rien ne devait remettre en question l'ordre établi par ses pères. Au mieux, pouvait-on espérer faire aussi bien que ceux qui nous avaient précédés. L'ordre social se fondait sur l'autorité de Dieu. Celui-ci investissait lui-même certains individus d'une mission particulière, celle de diriger leurs semblables. Herménégilde Baron appartenait à cette race d'élus. Bruno comptait, apparemment du moins, au nombre de ceux à qui la casquette imprime le caractère des ouvriers soumis. Il n'en rêvait pas moins de renverser cet ordre injuste.

À la manufacture Baron, Bruno avait accédé aux fonctions de commis de bureau, mais il ne pouvait espérer gravir les échelons supérieurs de la hiérarchie. Les fils du patriarche, et notamment Richard, lui barraient la route. Il ne fallait pas envisager non plus de fonder sa propre entreprise. Sans capitaux et sans appuis, c'était utopie. Tout au plus, Bruno pouvait-il déployer des ressources d'énergie comme il avait appris à le faire au contact même du père Baron. Mais vers quoi diriger ses efforts? Au terme de nombreuses nuits d'insomnie et de quelques consultations discrètes, il avait arrêté son dessein.

La guerre avait enfin éclaté. Bruno avait évité la conscription grâce aux bons offices de son employeur. Un dimanche d'été, il emmena sa femme et ses enfants au Vermont, cet état frontalier du Canada et des États-Unis. Comparée à leurs randonnées habituelles, l'excursion tenait de l'aventure. Le moteur de la vieille Plymouth surchauffait. Bruno s'arrêta à une ferme pour demander de l'eau. Il en ressortit en transportant péniblement une machine à tricoter dans ses bras. Il installa l'appareil couvert de paille et de toiles d'araignées — on l'avait tiré du grenier d'un hangar — sur la banquette arrière. Les enfants rejoignirent leurs parents à l'avant. Ils rentrèrent à Nicolet en silence. Jeanne Bellerose désapprouvait la démarche de son mari. Bruno avait investi cinquante dollars dans la transaction et la machine à tricoter était hors d'usage.

Deux semaines plus tard, l'engin remis en état, la mère de Bruno acceptait de consacrer ses temps libres à la confection de chaussettes. Bientôt deux des sœurs de Bruno et quatre femmes de Nicolet l'imitèrent. Bruno avait déniché d'autres machines à tricoter et, surtout, il s'était procuré la laine qui se faisait si rare en ces temps de pénurie. Restait à vendre cette production. Jeanne Bellerose se désespérait. Bruno ne parviendrait jamais à écouler toute cette marchandise à Nicolet où la qualité première des bonnes mères de famille consistait à tricoter tous les articles nécessaires au confort de leur progéniture. Un lundi qu'il avait obtenu congé de la manufacture sous prétexte de maladie, Bruno chargea sa Plymouth de quatre grandes caisses de chaussettes et il prit, le plus discrètement possible, la direction de Montréal. Un seul grand

magasin à rayons de la métropole, Dupuis et Frères, appartenait à des intérêts canadiens-français. Bruno s'y présenta
d'emblée pour se faire dire que les acheteurs ne recevaient les
fournisseurs que le jeudi. Restaient les établissements anglais
de l'ouest de la ville. Bruno se rendit avec appréhension chez
Eaton's. On le fit attendre deux heures dans un petit bureau
qui sentait le bois et la fumée. L'après-midi s'égrenait. Bruno
commençait à se faire à l'idée de rentrer bredouille quand un
grand Anglais passa la tête dans l'embrasure de la porte.

— Mister Bell Rose?

— Oui.

— Sorry to have you waiting, but you're not on my list.

— I know, I know, s'entendit répondre Bruno.

— We'll take care of you as soon as possible.

Et l'acheteur disparut comme il était venu. Vers cinq
heures, un gros homme essoufflé et tout en sueur vint enfin
s'asseoir devant Bruno. Ses grosses mains blanches sortaient
des manches de sa veste comme deux bêtes nocturnes. Il les
déposa sur la table et les regarda en souriant.

— What have we got here? demanda-t-il.

— Socks, répondit Bruno en tirant une paire de chaussettes de la poche arrière de son pantalon.

L'autre prit les chaussettes et les retourna comme s'il
craignait qu'elles ne fussent pas identiques sur leurs deux
faces. Il les remit en place et attendit dans l'indifférence de
son sourire. Comme Bruno ne semblait pas devoir rompre le
silence, l'acheteur avança deux mots.

— How much?

Bruno s'était préparé à marchander âprement. L'usage
de la langue anglaise lui coupait tous ses moyens.

— Seven dollars for one dozen.

Le gros secoua la tête.

— Three twenty-five.

Bruno mit un certain temps à comprendre qu'on lui
proposait trois dollars vingt-cinq pour une douzaine de paires

de chaussettes. Avant qu'il ait pu réagir, le gros vendeur le relança.

— What kind of shipment can we expect?

Bruno ne comprenait pas. Son expression le disait. L'homme insista.

— I mean, how many dozens can you deliver?

— I have sixteen dozens in my car.

L'autre parut surpris.

— In your car? So you want to make a quick deal?

— Yes, répondit Bruno sans être certain d'avoir bien compris ce qu'on venait de lui dire.

— I give you fifty bucks for the whole bunch.

Et le gros acheteur s'empara de la main de Bruno pour lui communiquer la moiteur de la sienne. Bruno acquiesça et signa le contrat avec le sentiment d'avoir été floué.

— Drop in each time you feel like it, lui dit le vendeur en le reconduisant à l'ascenseur.

Sur le chemin du retour, Bruno refit dix fois le calcul dans sa tête. Il escomptait retirer cent douze dollars de la transaction. On lui avait d'abord offert cinquante-deux dollars, puis le marché avait été conclu à cinquante dollars. Une perte de soixante-deux dollars.

— Si je veux gagner ma vie avec ça, se dit-il, il va falloir que ça se passe autrement.

Trois ans plus tard, Bruno quitta définitivement la manufacture Baron. Il venait de se porter acquéreur d'une vieille bâtisse de bois recouverte de papier goudronné imitant la brique, au fronton de laquelle on pouvait lire l'inscription *Tricots Nicolet Enrg.* Trois autres années plus tard, il fit l'acquisition d'une grande maison dans la rue Saint-Jean-Baptiste. Jeanne, sa femme, s'en réjouissait mais n'en demandait pas tant. Elle continua de gérer son réfrigérateur comme en temps de pénurie.

Tout de suite, Bruno fut en butte à la méfiance de ses concitoyens. Ses anciens compagnons de la manufacture s'éloignaient de lui. Bruno avait trahi la confrérie des humbles et des soumis. Son ambition faisait l'objet de railleries. Richard Baron déclarait:

— Le chien de poche à mon père se prend pour un bouledogue.

Bruno ne tenait aucun compte de la jalousie qui les animait. Il l'attribuait à la myopie héréditaire des Canadiens français. Sa propre réussite ne pourrait que leur ouvrir les yeux. Il s'était procuré une voiture d'un modèle récent. Il venait d'acquérir un chalet au Port-Saint-François, à quelques kilomètres de la ferme où sa mère entretenait l'ordre d'un temps passé. Pour conforter le sentiment de sa réussite, Bruno avait offert à sa vieille mère l'un des premiers téléviseurs que Nicolet ait connus.

À vrai dire, l'ascension sociale de Bruno avait été si rapide qu'il s'en était un peu grisé. Chaque matin, à huit heures, il sortait sa Pontiac de son garage, son large feutre vissé sur le crâne, le costume bien boutonné. La glace descendue, il s'engageait dans la rue Saint-Jean-Baptiste. Les maisons d'une autre époque, galeries de guingois et volets verts, s'agrippaient à la pente, entre la rue et la rivière. Des ménagères en tabliers secouaient déjà des tapis ou trottinaient vers l'épicerie. Les ouvriers marchaient à pas mesurés vers le centre-ville. On saluait Bruno avec déférence. La ville n'était pas de taille assez importante pour réserver aucun anonymat à ses habitants. On reconnaissait chacun de loin à sa démarche ou à la couleur de sa voiture.

À son bureau, Bruno déposait son chapeau sur la patère et s'installait derrière son pupitre de chêne. Il détestait les tâches administratives dont il se déchargeait le plus possible sur le jeune commis-comptable qu'il protégeait. Pour s'attacher ce dernier, Bruno lui avait concédé une poignée d'actions de l'entreprise. Le commis-comptable les acquittait au moyen de retenues sur son salaire. Ensemble, ils dépouillaient des piles de documents, des projets de contrats, des rapports de production, et parfois le dossier d'un employé à réprimander. À l'occasion, une lettre en anglais d'un des grands magasins de Montréal. La langue anglaise ne livrerait jamais à Bruno tous ses secrets. Il dictait ses projets de réponses à son commis qui les tapait laborieusement sur sa vieille Underwood avant de les porter à relire à la secrétaire du notaire, laquelle était née aux États-Unis dans une famille franco-américaine. Chaque fois qu'il se trouvait dans cette situation, Bruno fulminait.

— Ils ne sont même pas capables de nous écrire dans notre langue! Écoute-moi bien, mon Ti-Pierre. Un jour, on sera assez gros qu'ils se mettront à genoux pour nous demander de continuer à faire affaire avec eux autres. Ce jour-là, on les enverra au diable. On leur dira: vous nous avez assez méprisés dans le temps.

Le commis-comptable hochait la tête. Il ne voyait pas l'avenir du même œil que son patron. Pour lui, une commande était une commande, en anglais comme en français.

Dès neuf heures, Bruno descendait à l'atelier. Une dizaine de jeunes filles et deux contremaîtres constituaient son personnel, auquel il fallait ajouter un homme d'entretien. Toute une petite société, jalousies et fous rires, à laquelle Bruno tentait de faire partager l'idéal qui l'animait.

— C'est pour vous autres que vous travaillez. Quand le temps sera venu, ce sera votre tour de vous lancer en affaires.

On le regardait sans comprendre. Aucun de ses employés ne caressait le projet de se mettre à son compte. On soupçonnait Bruno de tenir ce discours à seule fin de stimuler l'ardeur de son personnel.

À dix heures trente, il partait en ville. Les habitués du *Grand Esprit saint* l'accueillaient avec une cordialité non feinte. Il avait sa place réservée d'office et la serveuse, la grosse Gilberte, lui versait son café sans qu'il ait à le réclamer.

Une épaisse fumée de cigarettes liait les conversations. On commentait d'abord les événements nationaux, meurtres crapuleux commis dans les rues de Montréal et résultats sportifs, avant d'en venir à l'examen attentif des faits et gestes de la population locale. À l'échelle nicolétaine des années cinquante, tout était bon pour éveiller l'intérêt des buveurs de café du *Grand Esprit saint*. L'achat d'une voiture neuve, une jambe cassée ou le niveau de l'eau dans la rivière soulevaient les passions. La construction d'une maison pouvait alimenter les conversations pendant des mois. Les travers de chacun, les tics les plus ténus, constituaient d'intarissables sujets d'hilarité. Les écarts de conduite faisaient l'objet d'une inquisition soutenue. On scrutait même des intentions qui n'avaient pas encore été formulées. Et Gilberte reversait du café.

Martin Lefebvre, le patron du *Grand Esprit saint,* sortait de sa cuisine et venait s'asseoir dans son grand tablier blanc, parmi sa clientèle. Invariablement, chacun déballait les pré-occupations de son métier. Évariste Beauchesne et Nestor Lemieux, deux employés de la Shawinigan Water & Power, évoquaient l'état lamentable des lignes électriques qu'ils entretenaient. Lucien Saint-Laurent, le maître de poste, dé-plorait la lenteur du courrier. Le notaire Cormier vantait les avantages du dictaphone qu'il venait de se procurer et qui lui épargnait les frais d'une deuxième secrétaire. Elphège Lamothe, un plombier, se plaignait de la piètre qualité des matériaux que lui livraient les fabricants. Jean-Guy Fortin, l'entrepreneur en construction, fulminait contre la paresse de ses ouvriers. Édouard Mayrand, un dessinateur en architec-ture, esquissait sur une serviette de table en papier les grandes lignes d'un projet utopique dont personne ne voudrait. Paul Lussier, le vétérinaire, vidait son paquet de cigarettes en les distribuant à la ronde avant de se résigner à prendre le chemin des étables où les cultivateurs l'appelaient souvent trop tard. Seul Bruno parlait comme si tout était encore possible.

— On a juste à se retrousser les manches. La richesse est là, à portée de la main. On a du bois, du fer, de l'électricité. Pas plus, pas moins que les Anglais ou les Américains. Ça dépend juste de nous autres.

Le plus souvent, Bruno Bellerose et Émile Gendron s'attardaient après le départ des autres, l'industriel et le courtier d'assurances penchés dans un tête-à-tête révélateur de la nouvelle amitié qui les liait.

À midi, Bruno retrouvait son foyer et l'odeur de soupe. Le feutre sur le radiateur, la veste sur le dossier d'une chaise réservée à cette fin, dans un angle de la cuisine, Bruno mangeait en bras de chemise, les bretelles éclatantes, conforté par l'exubérance de ses enfants et l'humeur égale de sa femme. Luc, l'aîné, rêvait déjà de posséder une moto. Sa sœur Colette annonçait invariablement qu'elle avait l'intention de recueillir un nouveau chat et Françoise, la petite dernière, s'empêtrait dans l'innocence de ses sept ans. À ses enfants, Bruno dispensait également des éléments de la doctrine qui l'inspirait.

— Étudiez, répétait-il. C'est parce qu'ils nous ont tenus dans l'ignorance que les Anglais ont pu nous dominer.

Le dernier morceau de tarte au sucre avalé, Bruno faisait ponctuellement la sieste. Allongé sur le couvre-lit de chenille dont il détestait la couleur vert pomme, il explorait à son aise les recoins les plus intimes de son existence. Une infinie soif de tendresse le faisait s'attarder aux moments les plus ronds, aux circonstances toutes réconfortantes. Le ramassage des noix, avec sa mère, à cinq ans, son mariage avec la petite brunette au nez retroussé, les premiers jours de son installation dans son atelier des Tricots Nicolet.

Par-dessus tout, Bruno aimait s'entretenir en imagination avec la mère qu'il avait quittée un jour que le destin jouait à se montrer plus fort que lui. À cette mère devenue vieille, mais à qui ses longs cheveux gris portés sur les épaules comme ceux des jeunes filles conféraient un air d'éternelle fraîcheur, il tenait des discours enflammés.

— Tu vois ce que je suis devenu? Je gagne cent piastres par semaine. Le père, il n'en gagnait pas tant dans toute une année. J'ai une douzaine d'employés qui dépendent de moi. Mais je suis un bon patron parce que j'ai connu la misère. Toi aussi, si tu le voulais, tu pourrais en profiter. La terre, on la vend dans les vingt mille piastres. Tu gardes ta part, le reste on le partage entre mes frères et sœurs. Ça nous fait, en gros, deux mille piastres chacun. Moi, avec ça, je t'installe dans un petit appartement, en ville. Neuf, propre, pas de problèmes de chauffage. Tu pourras vivre jusqu'à cent ans si tu veux. Tu ne manqueras de rien. Tu viendras nous voir tous les dimanches. Tu verras grandir tes petits-enfants. Puis moi, j'aurai sacré un bon coup de pied au cul à cette maudite misère qui s'est toujours attachée aux Canadiens français.

Mais Bruno savait que sa mère n'accepterait jamais de quitter sa maison du Port-Saint-François. À ses yeux, elle représentait la vieille mentalité canadienne-française qui chérissait sa misère comme un don venu de Dieu.

L'après-midi, Bruno retournait rarement à son bureau. Il laissait son commis se débrouiller avec la paperasse. Bruno ne détestait pas, à l'occasion, se retrousser les manches pour remettre en marche le mécanisme d'un appareil défectueux. Par-dessus tout, il aimait prospecter de nouveaux débouchés, démarcher le prix de la laine et du nylon, mettre au point de nouveaux modèles que ses concurrents ne fabriquaient pas encore. Au cours de ses nombreux déplacements en direction de Montréal, il apprenait à apprécier au premier coup d'œil la valeur d'une terre en friche, les possibilités qu'offrait un terrain, les avantages à escompter d'une transaction rapide. Il rentrait parfois tard en soirée. Il avait mangé avec des clients éventuels. S'était attardé à discuter de projets audacieux en compagnie d'Émile Gendron, l'ami avec lequel il se liait davantage de jour en jour. Bruno sentait parfois l'alcool. Sa femme faisait mine de ne pas s'en apercevoir. Elle rythmait sa vie sur l'horaire de la télévision, *Les belles histoires des pays d'en haut* le mardi, *La famille Plouffe* le mercredi et *L'heure du concert* le dimanche. Bruno ne lui en tenait pas rigueur. Il n'avait pas le temps de s'attarder aux humeurs de sa femme. Il s'endormait en rêvant à une prospérité qui s'étendrait bientôt à tout le Canada français.

Depuis toujours, la population de la petite ville de Nicolet se partageait en deux camps. D'abord les colons d'une rive contre ceux de l'autre. Plus tard, une fois le pont construit, ceux du bas de la rivière contre ceux du haut. Comme partout, les moins fortunés suspectèrent les mieux nantis. Bientôt des querelles idéologiques les divisèrent. Dans un monde unanimement conservateur, certains s'attachaient plus que d'autres aux valeurs établies. Les plus audacieux rêvaient d'accéder à la prospérité réservée jusque-là aux Anglais. Leurs adversaires voyaient dans leur entreprise l'œuvre de traîtres à la condition des Canadiens français. Sans mesurer les conséquences de son attitude, Bruno Bellerose s'était rangé parmi les ambitieux. Il trouva tout de suite sur son chemin un homme qui s'accrocherait toute sa vie à ses basques comme pour le ramener de force à ses humbles origines.

Il se nommait Jean-Noël Mélançon. Un courtier d'assurances. Originaire d'une paroisse rurale du diocèse, Mélançon s'était établi à Nicolet au début de sa carrière. Le temps de se monter une clientèle, en prenant des centaines de cafés au *Petit Esprit saint,* il s'était fait élire au conseil municipal. Mélançon prit bientôt la tête d'une cabale dont le but avoué était de faire échec aux excès des notables qui fréquentaient le *Grand Esprit saint.* Bruno Bellerose y faisait figure de symbole. Mélançon s'acharna particulièrement contre lui.

Tout séparait la clientèle des deux *Esprits saints.* En

premier lieu, la haine que se vouaient les deux propriétaires, deux frères aussi opposés que l'Orient et l'Occident. De taille plus modeste que son aîné, Jean-Paul Lefebvre, le tenancier du *Petit Esprit saint,* observait la société au ras du sol, préoccupé uniquement par les intrigues de caves. Du haut de ses six pieds, Martin Lefebvre se lissait la moustache en évoquant les folles nuits de Montréal. Il n'était donc pas indifférent que l'on prît son café à l'un ou à l'autre endroit. En s'attablant au *Grand Esprit saint*, ses clients se rattachaient à la grande tradition libérale. Ceux du *Petit Esprit saint* ne dissimulaient pas leur allégeance conservatrice.

Jean-Noël Mélançon tenait lieu de maître à penser aux trotte-menu du *Petit Esprit saint,* un livreur d'huile à chauffage, un revendeur de vieux fer, deux installateurs de silos dans les campagnes environnantes, un quincaillier et l'adjoint du secrétaire municipal. Un personnage incongru, qu'on eût davantage reconnu parmi les esprits forts du *Grand Esprit saint,* fumait souvent son gros cigare parmi eux. Richard Baron, le fils prodigue du plus riche industriel de la ville, rejetait à ce point les conventions qu'il préférait la compagnie de ces ragoteurs à celle des libres penseurs dont il était. À moins que la présence de Bruno Bellerose au *Grand Esprit saint* ne l'eût empêché de fréquenter l'établissement? Nul n'ignorait, à Nicolet, qu'une inimitié s'était installée entre eux dès l'époque où Bruno Bellerose avait fait ses débuts comme garçon de courses à la manufacture du père Baron.

Jean-Noël Mélançon avait pris le relais de Richard Baron. Corpulent, une toute petite bouche dans une grosse figure ronde, les cheveux noirs coupés en brosse, deux mains grasses sans cesse en mouvement, Mélançon jouait de ses secrets comme d'autres se curent les ongles en public. Au détour d'une conversation anodine, il posait soudain une question pleine de sous-entendus.

— Vous savez ce qu'il s'est encore mis dans la tête, Bruno Bellerose?

On se regardait, anxieux de connaître la dernière trouvaille de Mélançon.

— Il veut acheter l'ancienne chaufferie de l'Hôtel-Dieu, avec Émile Gendron comme de raison, pour en faire des appartements pour les infirmières.

À première vue, les interlocuteurs de Mélançon ne voyaient aucune irrégularité dans cette intention. Devant leur mine interdite, le gros homme s'empressait de lier deux événements entre eux.

— Qui c'est qui a acheté la vieille grange-étable du séminaire?

— Bellerose, s'empressa de répondre l'adjoint du secrétaire municipal. Il l'a fait transporter au bout du chemin des Quarante...

— Oui, renchérit le revendeur de vieux fer, même qu'il a fait couper tous les gros ormes qu'il y avait le long du chemin.

— ...avant de la vendre à Dorion.

— Savez-vous combien ça lui a rapporté, cette petite affaire-là? demanda Mélançon.

— Cinq mille?

— Vingt mille piastres, affirma Mélançon en tapant sur la table.

Un tel profit ne manquait pas de paraître excessif aux yeux de ces gagne-petit. On ne voyait pas pour autant où Mélançon voulait en venir.

— Vous ne vous êtes jamais demandé comment ça se fait que dès qu'il y a quelque chose à acheter ou à vendre auprès d'une communauté religieuse, à Nicolet, Bellerose est toujours là?

— On va à la messe tous les dimanches comme lui, s'offusqua l'un des installateurs de silos.

— Il y a une explication à ça, enchaîna Mélançon.

Il triomphait. Il suça un moment sa petite bouche avant de se pencher en avant, les coudes sur la table, pour livrer à voix basse un autre des secrets qui assuraient la considération dont il jouissait.

— Moi, je sais pourquoi!

Et il tapota la poche de sa veste, laquelle, on le savait, contenait la fameuse clé de son coffre-fort. Il finit par brandir l'objet sous leurs yeux arrondis. Cette clé représentait toute la puissance de Mélançon. Le gros homme à face ronde se carra sur sa chaise.

— C'est parce qu'il donne de l'argent en dessous de la table à l'évêché.

Les mains tremblaient sur les tasses de café, on écrasait des cigarettes dans des cendriers déjà pleins pour en rallumer d'autres. Des frémissements dans le ventre accompagnaient les gloussements d'indignation.

— Qu'il vienne pas dire le contraire, ajouta Mélançon, parce que moi, je peux lui faire prendre son trou bien vite, à Bruno Bellerose.

Et Mélançon refusait d'en dire davantage jusqu'au lendemain, laissant ses interlocuteurs pantelants.

Le succès des entreprises dans lesquelles ils investissaient ensemble avait incité Bruno Bellerose et Émile Gendron à se mettre en société sous le nom de B.G.E. incorporée, «B» pour Bellerose, «G» pour Gendron et «E» pour entreprises. Dorénavant, Bruno se consacrait tout autant à vendre des terrains et à acheter des immeubles qu'à gérer Tricots Nicolet Enrg. dont il laissait l'administration quotidienne entre les mains de son commis-comptable. Bellerose et Gendron ne se quittaient plus, sauf pendant le temps des vacances de Gendron. Bruno, lui, n'en prenait jamais. Le courtier d'assurances finit néanmoins par convaincre son associé de l'accompagner pendant les deux premières semaines de son traditionnel séjour d'hiver en Floride. Bruno eut bien du mal à décider

Jeanne à les suivre. Elle ne se résignait pas à laisser les enfants sous la responsabilité d'une vieille dame dévouée dont Bruno entendait retenir les services à cette fin. Bruno l'emporta. Ils prirent place tous trois dans la Buick de Gendron un samedi matin de janvier.

Gendron avait toujours refusé de se marier. Célibataire endurci, il n'en menait pas moins une vie rangée dont les écarts, qu'on soupçonnait de taille, se produisaient toujours loin des yeux et des oreilles des Nicolétains. On n'en imaginait que pire.

Le trio n'avait pas fait trente milles, on se trouvait aux abords de Drummondville, quand Gendron immobilisa sa Buick dans le stationnement d'un restaurant. Le bras allongé sur la banquette, il se tourna vers la femme de Bruno pour expliquer, à elle bien plus qu'à Bruno d'ailleurs, qu'il se proposait, s'ils n'y voyaient pas d'inconvénient, de faire profiter du voyage une amie de sa connaissance. Bruno et sa femme affirmèrent que cela leur était entièrement égal mais, de ce moment, Jeanne ne desserra plus les lèvres. Il y avait de quoi.

La créature de rêve que Gendron ramena du restaurant, où elle l'attendait depuis déjà une heure, n'avait pas vingt-cinq ans. Elle se nommait Arlette Saint-Cyr. Elle travaillait comme serveuse, en soirée, au *Grand Esprit saint*. Bruno la connaissait sans plus. Sa femme ne l'avait jamais vue.

Après trois interminables journées sur les routes étroites qui reliaient, de loin en loin, les villes et les villages de la côte est de l'Amérique, après le choc des premiers palmiers et des cabanes de nègres des deux Carolines et de la Virginie, ils entrèrent au paradis. Ils s'installèrent dans un motel de Miami. Une chambre pour Gendron et sa créature de rêve, une autre pour Bruno et sa femme. Jeanne Bellerose n'apprécia pas cette promiscuité.

Deux semaines les pieds dans le sable, à manger des crevettes et à boire de la bière américaine. Bruno serait retombé en enfance s'il avait jamais connu de tels délices. Il s'émerveillait de la mer, des pélicans, des coquillages et de la végétation luxuriante. Il apprit les rudiments du golf. Les deux couples se retrouvaient tous les soirs dans les boîtes de nuit. Gendron suggéra une sortie dans un établissement où l'on trouvait des machines à sous. Bruno s'emporta comme un enfant devant ces appareils que les Américains désignaient sous le nom révélateur de *One arm bandit*. Sa femme refusa de les approcher.

— Je ne sais pas comment ça marche, protesta-t-elle.

— Tu ne le sauras jamais si tu n'essaies pas, lui répliqua Bruno.

Jeanne s'entêta dans son refus. Bruno perdit près de cinquante dollars. Quelques jours avant leur départ, Émile Gendron proposa une sortie en mer à ses invités. On louerait une embarcation et on irait pêcher au large. Jeanne prétexta une indisposition pour s'y soustraire. Une mer de calendrier, un bon bateau surmonté d'un pont de pêche abrité d'une toile, les lignes mouillées pour le principe de la chose, ils passèrent tout le jour à boire et à discourir des plaisirs de la vie. En rentrant, Bruno dut convenir qu'Arlette Saint-Cyr lui avait fait la cour sans discontinuer, sous le regard amusé de Gendron qui n'avait pas semblé s'en offusquer.

Le retour en avion fut pénible à plus d'un point de vue. Gendron et sa compagne laissèrent Bruno et sa femme à l'aéroport de Miami en leur reprochant de ne pas avoir accepté de prolonger leurs vacances pour se ménager le plaisir de rentrer en voiture tous les quatre. Bruno ne les écoutait pas. Il n'avait jamais pris l'avion de sa vie. Il était mort de peur. Il ne voulait surtout pas que sa femme s'en aperçoive.

Dès qu'ils furent en vol, Bruno fixa les yeux sur les hélices dont dépendait son sort. Pendant ce temps, Jeanne, qui se comportait comme si elle avait voyagé en avion toute sa vie, se libérait de la tension accumulée. Elle jura qu'on ne la reprendrait plus dans un pareil guet-apens et elle reprocha à Bruno de s'être montré plus qu'aimable avec la créature de Gendron. Le vol sembla à Bruno beaucoup plus long que ses trois heures et demie.

À son retour à Nicolet, Bruno trouva la petite ville froide et sale. Que des bancs de neige noire. Rien de ce qui préoccupait ses compagnons du *Grand Esprit saint* ne lui semblait de conséquence. À ses yeux, les Canadiens français faisaient soudain figure de petit peuple besogneur mais ignorant. Ce qu'ils étaient. Il suffisait de s'éloigner pour le constater. Les ouvrières de la manufacture de chaussettes lui parurent émerger d'une autre époque. Ses enfants entraient dans l'âge ingrat. Il ne les rejoignait plus. Sa femme se barricada derrière son tricot. Bruno choisit de l'ignorer et il s'enfonça davantage dans sa quête effrénée de la réussite.

Il prit l'habitude de se retirer à son chalet, seul, le soir après sa journée de travail, puis le dimanche. Son ami Gendron l'y rejoignait. Jeanne Bellerose était en droit de se demander si l'une ou l'autre des créatures de rêve de ce mauvais compagnon ne les y retrouvait pas. Elle choisit de ne pas vérifier et se réfugia dans une froideur qui ne fit qu'accentuer l'indifférence de Bruno à son égard.

Après six mois d'un régime où il oscilla entre l'attachement familial et les excès de ses fins de semaine au chalet, Bruno dut admettre son malaise. À ses yeux, la petite brunette au nez retroussé incarnait dorénavant le refus séculaire des Canadiens français de posséder la vie comme une grosse fille plantureuse.

Il entreprit de rendre son chalet habitable en hiver. C'était insensé. Personne n'avait encore osé séjourner au Port-Saint-François pendant la saison froide. De la centaine de chalets qui s'étalaient, de chaque côté de la jetée fédérale, aucun ne vivait de septembre à mai. Un village mort.

Le chalet de Bruno s'élevait à gauche du quai, sous de grands érables qu'on qualifiait de *plaines*. Sa façade, protégée par une véranda grillagée de moustiquaires, s'ouvrait sur une plage de deux cents mètres. Les plus beaux couchants du monde embrasaient le fleuve sous ses fenêtres. Des vents impitoyables s'y élevaient aussi.

La construction sommaire de l'édifice ne présentait aucune des dispositions essentielles pouvant y permettre la vie par trente degrés sous zéro. Posé sur des pilotis enfoncés dans le sable, son plancher n'était constitué que de minces madriers entre lesquels l'air s'engouffrait. Sa charpente, une maigre ossature de bois, n'était recouverte que de planches peintes. Le plafond bas, constitué de fibres de carton en panneaux, protégeait mal contre le froid du grenier. Les fenêtres, grossièrement ajustées, laissaient passer la bise. Les canalisations d'eau couraient en surface, ce qui les rendait vulnérables au gel. Le poêle à mazout n'était destiné qu'à rabattre l'humidité des matins de mai ou de septembre.

Pendant tout un mois, alors qu'octobre générait tout à la fois des après-midi généreuses et des nuits frisquettes, Bruno employa chaque minute de son temps libre à transformer son chalet en forteresse contre l'hiver. Il en protégea le pourtour avec de grandes pièces de carton goudronné. Il calfeutra les interstices des fenêtres avec des bouts de vieux tissu. Il enveloppa les tuyaux dans de la laine de verre. Il dressa un vestibule sur le perron arrière, avec des panneaux de contre-plaqué. À toutes les fenêtres qui ne donnaient pas sur le fleuve, il cloua les contrevents amovibles qui servaient à barricader le chalet quand on le quittait en automne. Cette manœuvre en assombrit considérablement l'intérieur mais Bruno n'y vit aucun inconvénient. La vue du fleuve, en cette saison d'excès, lui suffirait.

Chaque soir, en finissant sa journée, Bruno passait à sa maison de Nicolet. Prise de panique, Jeanne ne lui adressait plus la parole, de crainte d'éclater en sanglots. Ses enfants le regardaient avec des yeux incrédules.

— J'ai besoin d'être seul quelque temps, expliquait-il, il faut que vous me compreniez.

Il repartait en emportant d'autres objets, quelques livres, des vêtements, une lampe, des casseroles, un radiateur électrique. Les travaux furent terminés à la fin d'octobre. Dorénavant, Bruno se rendrait directement de son travail à son chalet. La nuit grignotait déjà la fin de l'après-midi. Bruno savait qu'il inaugurait une nouvelle phase de sa vie. Avec des gestes aussi cérémonieux que ceux d'une liturgie, il réchauffa une soupe et un ragoût en conserve sur son petit poêle électrique. Rond dans la veste de peau de mouton que sa femme lui avait offerte au temps de leurs fréquentations, il s'assit dans sa berceuse, face au fleuve envahi de ténèbres, et il s'efforça de savourer l'instant.

Il escomptait qu'il sentirait la vie bouillonner en lui à grands jets rouges. En guise de ravissement, il eut la désagréable surprise d'être inondé par un flot de pensées insidieuses. Ses enfants se bousculaient dans sa tête. Sa femme pleurait dans sa poitrine. Un malaise l'envahit. Il avala deux verres de gin et alla se coucher, persuadé que le matin le rendrait à son intégrité.

Une semaine plus tard, il n'avait pas encore repris souffle. Les longues promenades sur la plage désertée, le ronronnement du feu dans son poêle à mazout, rien ne lui rendait sa sérénité. Quand donc connaîtrait-il les extases anticipées?

L'heure où le jour bascule dans les ténèbres l'emplissait d'angoisse. Sa soupe avalée et sa vaisselle lavée, Bruno prit l'habitude de se rendre au *Grand Esprit saint* boire un café. L'atmosphère de l'établissement différait en tout de celle qu'il lui connaissait le jour. La lumière des lampes creusait de grands trous d'ombre entre les tables. Il n'y avait jamais plus d'un ou deux clients à la fois. Les rares voitures, dans la rue, laissaient des sillages de solitude. Si d'aventure un jeune homme entrait et mettait une pièce dans le *juke-box,* la musique enfonçait le restaurant et ses occupants sous les eaux troubles de la mélancolie.

I found my thrill on Blueberry Hill...

Un restaurant désert, à l'orée de l'hiver, n'a jamais réconforté personne. Bruno s'accrocha à ce qu'il put, en l'occurrence Arlette Saint-Cyr, la créature de rêve avec qui il partageait le souvenir d'une Floride généreuse. À cette heure, Arlette tuait le temps en regardant la lueur des réverbères, à travers la grande vitrine, pendant que ses deux ou trois clients relisaient les journaux du matin. Bruno prit l'habitude de s'asseoir devant elle, au comptoir.

Arlette Saint-Cyr voyait le monde en noir et blanc. Elle et les autres. La vie ne lui avait rien appris d'autre. Elle écouta le soliloque de Bruno comme celui de tant d'hommes avant lui. Elle mit la main sur son bras. Elle sourit. Bruno en déduisit que quelqu'une le comprenait.

Sous le prétexte de ressasser les souvenirs de leurs vacances communes, il invita Arlette à l'accompagner à son chalet. La serveuse accepta en toute simplicité. Restait à mettre au point le stratagème qui leur permettrait de s'y rendre sans être vus ensemble. Déjà, le comportement insolite de Bruno attirait l'attention. Qu'allait donc faire un homme comme lui, après le souper, au *Grand Esprit saint,* à l'heure où tous les citoyens respectables de la ville rendaient un culte exclusif à leur téléviseur? Il ne fallait pas soulever de plus amples questions.

Le restaurant fermait à minuit. Bruno quitta l'établissement comme s'il rentrait chez lui. Il avait fixé rendez-vous à la serveuse au bout de la rue qui traversait la ville, à proximité de la voie ferrée. Quand il la fit monter, le cœur lui battait comme celui d'un écolier.

Ils tirèrent deux berceuses devant le poêle à mazout. Au deuxième verre de gin, Arlette commença à ôter ses vêtements. Ils firent l'amour dans l'éblouissement des ténèbres. Les flammes tordues battaient du tambour dans le poêle. Ils suspendirent leurs ébats pour mieux les reprendre. Aux petites heures, Bruno reconduisit Arlette en ville. En rentrant à son chalet, ivre de fatigue dans l'aube blanche, Bruno sifflotait *La Marseillaise*. Il traversa le jour suivant comme dans un brouillard. À sept heures, il se retrouva au *Grand Esprit saint*. Peu après minuit, les nouveaux amants reprirent le manège de la veille. Ainsi pendant tout l'hiver de leur liaison.

Tout de suite, Bruno ouvrit les bras. Il sentait, sans le savoir, que c'était de se replier sur soi qu'on mourait. L'amour abattait les frontières, on sortait enfin de sa prison d'os pour rejoindre l'autre et se fondre dans une bulle légère qui vous élevait au-dessus de vous-même. Peut-être Bruno n'avait-il jamais éprouvé ce sentiment avec autant de force, même à l'époque déjà lointaine où il courtisait Jeanne. Il revivait de sentir du feu dans ses veines. L'interdit de la situation l'avivait.

En toute candeur, il avoua son émotion à la jeune serveuse qui le rabroua. Arlette se refusait à tout amour. Elle connaissait les hommes sans les aimer. Elle ne donnait jamais plus que ce qu'on découvrait quand elle ôtait ses vêtements. Et Bruno ne devait surtout pas compter sur l'exclusivité de ses charmes.

Bruno étouffa sa déception. Il n'aborda jamais plus la question mais, dans la solitude de son chalet, des regrets l'envahissaient. Il savait dorénavant que la vie impose des limites à ceux qui la courtisent.

Une autre pensée le préoccupait. Comment Gendron accepterait-il le fait que lui, Bruno, fréquentât une jeune femme que le courtier d'assurances avait d'abord conquise? Un dimanche que Gendron lui rendait visite, Bruno s'ouvrit donc à son ami de ce qui le tourmentait. Gendron se rejeta en arrière, dans sa berceuse, pour laisser éclater un grand rire moqueur.

— C'est ça qui te tracasse?

Et Gendron se mit en frais d'étaler dèvant Bruno les composantes de la philosophie qui régissait sa vie. Non seulement il ne s'opposait pas à ce que Bruno entraîne Arlette à son chalet, mais il le mettait surtout en garde contre le piège de l'attachement exclusif.

— Si tu veux être malheureux, t'as juste à tomber en amour. Me semble que tu devrais le savoir. T'as déjà une femme et des enfants. Ça ne te suffit pas? Les autres, comme Arlette, c'est des fruits défendus. Croque dedans. Fais pas de la confiture avec.

Et Gendron proposa même à Bruno de lui présenter d'autres jeunes filles pour le prémunir contre le danger de l'amour. Bruno protesta. Il trouvait tout son contentement avec Arlette. Plus tard, peut-être... Dès qu'il revit Arlette, Bruno lui fit l'amour avec d'autant plus de détermination qu'il se refusait maintenant à tout sentiment à son endroit.

Jean-Michel avançait dans les broussailles, les mains tendues, la tête de côté pour ne pas recevoir les branches en pleine figure. La nuit emplissait déjà le creux où il se trouvait. Il mit les pieds dans un ruisseau qu'il n'avait pas vu. Dix pas plus loin, il buta sur une pente abrupte qu'il entreprit de gravir en posant ses mains sur le sol. Ses semelles de cuir lisse glissaient sur l'herbe mouillée. Les pans de son grand manteau traînaient dans les feuilles mortes. Il atteignit enfin le sommet.

Depuis sa récente mésaventure dans les transports en commun, Jean-Michel n'était pas redescendu dans le métro. Aussi n'était-ce pas sans un certain désarroi que le jeune homme avait pris connaissance de la missive glissée par Marc Bouvier sous une poubelle devant le Palais du Commerce, rue Berri. Maître Robert Lemieux, l'avocat du FLQ, lui fixait rendez-vous à l'île Sainte-Hélène. Faute de voiture, Jean-Michel aurait normalement dû emprunter le métro pour se rendre dans cette île sur laquelle reposaient les piliers du pont Jacques-Cartier, au milieu du fleuve Saint-Laurent. Il choisit de franchir le pont à pied.

Jean-Michel atteignit le sommet de la butte qui domine l'île. Un fortin de bois s'y dressait, réplique des temps héroïques où l'île défendait Montréal. Les amoureux s'y réfugiaient à la belle saison, gravant leurs initiales au couteau sur les troncs bruts. À cette heure et par ce temps inclément, personne ne fréquentait les lieux. Il n'y avait pas de porte au fortin. Jean-Michel pénétra dans les ténèbres.

— Bellerose?

Jean-Michel sursauta et fit un pas.

— Oui.

La flamme d'un briquet jaillit.

— Viens par ici.

Jean-Michel avança vers l'un des angles du fortin. Un homme vint à sa rencontre.

— C'est moi, Lemieux.

Dans le noir, l'avocat tendit une main que Jean-Michel mit du temps à saisir. Les deux hommes étaient debout l'un devant l'autre. Maître Lemieux braqua le rayon d'une lampe de poche à ses pieds avant de le faire lentement remonter vers le visage de Jean-Michel.

— Excuse-moi, expliqua l'avocat, je ne t'ai jamais rencontré. J'ai besoin de voir de quoi tu as l'air.

Jean-Michel haussa les épaules.

— J'ai coupé mes cheveux et ma barbe, expliqua-t-il.

— T'as bien fait, poursuivit l'avocat.

Et il tourna le faisceau lumineux vers sa propre personne. Des touffes de cheveux, où se voyaient déjà des fils gris, couvraient ses oreilles. Légèrement voûté, il portait un manteau de cuir ouvert sur un chandail de laine vert d'où émergeait le col d'une chemise beige. Pas de cravate. Maître Lemieux ressemblait en tous points à l'image que diffusaient de lui les médias. Il éteignit sa torche.

— Maintenant que les présentations sont faites, ajouta l'avocat, on n'a plus besoin de ça. Tu voulais me parler?

— J'ai besoin de votre aide pour discuter avec le gouvernement.

— Qu'est-ce que t'as fait au juste?

— Vous avez entendu parler de la cellule Papineau?

— C'est vous autres qui avez tenté d'enlever le conseiller du premier ministre?

— Oui. Comment ça se fait que vous le savez?

— C'est mon métier, trancha l'avocat. Toi, qu'est-ce que tu faisais là-dedans? Je veux dire, c'est toi qui commandais?

— Non. C'est celui qui vous a téléphoné.

— Il ne s'est pas identifié. Pour le moment, ce n'est peut-être pas nécessaire que je connaisse son identité. Mais toi, as-tu une autorité quelconque? Est-ce que quelqu'un t'a mandaté pour discuter?

— Non, admit Jean-Michel. Le gars qui vous a téléphoné aurait dû le faire. On est partis chacun de son côté. Il n'y a plus personne qui mène. Moi, j'ai décidé de prendre les choses en main.

— Admettons, trancha maître Lemieux. Qu'est-ce que tu veux discuter, au juste, avec le gouvernement?

— Des sauf-conduits pour Cuba, comme les autres.

Dans le noir, maître Lemieux passa la main sur son menton qu'il avait proéminent.

— Ouais, ce ne sera pas facile, commenta-t-il. Vous n'avez pas d'otage.

— Sacrement! tonna Jean-Michel, qu'est-ce qu'ils veulent, le gouvernement, que ça s'arrête ou que ça continue, le FLQ?

— Attends une minute, intervint l'avocat, énerve-toi pas. Surtout, dis aux autres de ne rien faire pour le moment. Je vais en parler à mon interlocuteur. Je vais voir ce qu'on peut faire.

Maître Lemieux fit un pas de côté pour indiquer à Jean-Michel qu'il n'avait pas l'intention de prolonger l'entretien.

Jean-Michel resta sur place pendant que l'avocat se dirigeait vers la sortie du fortin.

— Combien de sauf-conduits il vous faut? demanda-t-il avant de franchir l'ouverture de la palissade.

— Je ne sais pas, répondit Jean-Michel. Entre deux et cinq.

— Je vais voir, répéta l'avocat.

Jean-Michel le rejoignit.

— Pour la réponse?

— Avez-vous un endroit où vous déposez vos messages?

— Sous une poubelle, devant le Palais du Commerce.

Maître Lemieux réfléchit un instant avant de conclure.

— O.K. pour la poubelle. J'essaie d'obtenir une réponse pour demain.

Et il sortit en ajoutant:

— C'est pas la peine qu'on se fasse prendre ensemble. Attends donc une vingtaine de minutes avant de partir.

Resté seul, Jean-Michel mesura toute l'humidité du noir dans lequel il baignait. Le manteau que lui avait procuré Nicole le protégeait mal. Il enfonça la tête dans les épaules. Depuis qu'il avait mis le pied sur l'île, le nom du chevalier de Lévis hantait sa mémoire. En son temps, le dernier combattant de la Nouvelle-France s'était aussi réfugié à l'île Sainte-Hélène pour y mener une activité clandestine.

En 1759, les Anglais canonnèrent la ville de Québec. La capitale de la Nouvelle-France brûla dans son entier. Ses défenseurs s'abritaient dans les ruines. Pour les priver de tout approvisionnement, les troupes anglaises ravagèrent les campagnes sur les deux rives du fleuve, brûlant les fermes et les champs. En septembre, les Anglais débarquèrent de nuit sur un plateau qui prolongeait la ville à l'ouest. À neuf heures et demie du matin, les troupes échangèrent les premiers coups de canon. Les commandants anglais et français laissèrent leur vie sur les Plaines d'Abraham et, en moins de vingt minutes, le sort de la Nouvelle-France fut scellé à jamais. Le chevalier de Lévis n'avait pas participé à la bataille. Il comptait reprendre Québec au printemps, après l'accalmie forcée de l'hiver. Le premier bateau qui se présenta en vue de Québec battait pavillon anglais. Une fois de plus, la France n'avait pas tenu ses promesses. Le chevalier de Lévis se replia donc à Montréal avec les restes de l'armée française. En septembre, 18 000 soldats anglais marchèrent sur Montréal. Constatant que toute résistance était inutile, le gouverneur capitula. Fou de rage, le chevalier de Lévis se rendit alors sur l'île Sainte-Hélène brûler ses drapeaux et briser son épée, plutôt que de les rendre aux Anglais.

Deux cents ans plus tard, Jean-Michel Bellerose brûlait à son tour ses drapeaux dans un fortin de l'île Sainte-Hélène. Le chevalier de Lévis avait regagné la France avec les honneurs militaires. Pour sa part, Bellerose en était toujours à négocier une reddition honorable. Il sortit dans le froid de la nuit.

La lueur bleutée du réchaud à alcool s'éteignit.

— Le diable a chié sur nous! s'exclama Bruno. Il n'y a plus d'alcool. On va passer la nuit sans chauffage.

— Ça ne fait rien, répondit Lucie, on est deux pour se réchauffer.

Et elle se blottit contre Bruno en passant le bras par-dessus son épaule. Depuis que Bruno avait évoqué ses tristes amours avec Arlette Saint-Cyr, Lucie savait qu'elle était une autre Arlette dans la vie de cet homme. Se doutait-elle que le temps leur était compté?

— On a encore un bon bout de chemin à faire ensemble, ajouta-t-elle.

Pour sa part, Bruno n'avait parlé à personne d'autre qu'à lui-même depuis de nombreuses années. À voix intérieure, sauf en de rares occasions. Il s'étonnait de s'entendre. Encore plus de s'écouter. Mais Lucie ne comptait pas laisser les mots refroidir dans la bouche de Bruno.

— Pourquoi tu fais tout ça pour nous? demanda-t-elle. T'étais pas obligé de venir avec nous. T'aurais pu nous prêter simplement le bateau.

— Vous n'auriez même pas été capables de mettre le moteur en marche.

— En venant ici, j'ai vu qu'il y avait des petits chalets fermés pour l'hiver dans des îles où il n'y avait personne. T'aurais pu nous laisser dans un de ces chalets. Pourquoi t'es resté avec nous?

Bruno ne s'était pas posé la question. Quand la présence de Ti-bé avait commencé à constituer une menace à l'île aux Fantômes, Bruno avait simplement pris la décision qui s'imposait à son esprit. Comme il l'avait toujours fait jusqu'au jour fatidique où il avait quitté Nicolet. Sans regarder en arrière. L'insistance de Lucie l'invitait maintenant à montrer le dos de la tapisserie, là où les fils se nouent. Bruno tira sur le premier brin.

— Je me suis battu toute ma vie, dit-il. Au Québec, c'est peut-être pire qu'ailleurs. Comprends-tu? On a eu tellement de mal à préserver le peu qu'on a. Dès qu'il y en a un qui veut déplacer un piquet de clôture, ils sont dix pour l'assommer. Moi, je me relevais puis je recommençais.

— C'est un peu comme nous autres avec le FLQ, fit observer Lucie.

Bruno la regarda dans les yeux. La lueur de la chandelle les embrasait.

— C'est peut-être pour ça, dit-il, que j'ai décidé de rester avec vous autres.

Parmi toutes les raisons qu'avait Jean-Noël Mélançon de s'opposer à Bruno Bellerose, l'appartenance de ce dernier à l'Ordre de Jacques-Cartier constituait un motif principal de haine. Ne disait-on pas, chez ceux qui n'en faisaient pas partie, que les membres de La Patente contrôlaient tout à la fois les affaires publiques et l'activité économique de la ville? Faute d'en être, les adversaires de l'Ordre surestimaient considérablement son influence. Le fait que Bruno Bellerose ait accédé à la direction de l'organisation ne le rendait que plus suspect aux yeux du clan Mélançon.

Dans sa tenue de Grand Commandeur, mante noire et bicorne, Bruno présidait des assemblées somme toute assez inconséquentes. À ses côtés, sur l'estrade, l'aumônier, le secrétaire et le trésorier. Au centre de l'espace libre, devant eux, se dressait la table des Obligations, où l'on voyait une statue du Sacré-Cœur couchée et un lampion éteint. Les frères se saluaient de leur façon caractéristique, la main droite sur la paume de la gauche. Ils tendaient les bras en répétant: «Discrétion! Discrétion! Discrétion!» Bruno ouvrait la séance.

— Garde intérieur, avez-vous accompli votre devoir? Vous êtes-vous assuré que la commanderie est close et que toutes les personnes présentes sont membres de notre Ordre?

— Frère Grand Commandeur, la commanderie est close et toutes les personnes présentes sont nos frères.

On relevait la statue du Christ-Roi. Bruno prononçait alors la prière.

— Aux pieds du Christ-Roi, protecteur spécial de l'Ordre de Jacques-Cartier, je dépose au nom de cette commanderie l'hommage de notre foi et de notre amour. Qu'Il règne sur nos personnes et sur nos délibérations. Qu'Il écarte de nos discours l'erreur, la légèreté et la malice. Qu'Il nous revête de force, d'intelligence et de clarté. Qu'Il préside à nos conseils, qu'Il bénisse et féconde notre travail, afin que nul de nous ne s'écarte de son règne.

L'Ordre luttait surtout pour des idées. En premier lieu, un Canada indépendant de l'Angleterre et de l'anglicisation. Ainsi, dans le propre journal de l'Ordre, L'*Émérillon*, l'un des frères, propriétaire d'une entreprise de tricots à Sainte-Annede-la-Pérade et compétiteur direct de Bruno Bellerose, s'annonçait-il sous le nom de *Lupien Knitting Reg'd*. Sous les pressions de la commanderie de Nicolet, il transforma sa raison sociale en *Les Tricots Lupien Enrg*. Ce frère vertueux n'en continua pas moins de vendre le produit de sa fabrication en anglais aux acheteurs des grands magasins de Montréal. Pour sa part, Bruno avait fini par conclure un contrat d'exclusivité avec la maison Dupuis et Frères. Il consentait même à ces derniers des rabais qu'il n'aurait jamais accordés aux acheteurs d'Eaton's. Tout en y trouvant un profit satisfaisant. La Patente luttait également contre l'enseignement de l'anglais au primaire.

— On a assez de misère à baragouiner notre langue, disait Bruno, on ne va pas en mettre une deuxième dans la tête de nos enfants. Moi, quand les Anglais parleront le français, j'apprendrai l'anglais.

Mais l'Ordre ne se préoccupait pas uniquement des questions nationalistes. On se battait aussi pour l'avancement social des Canadiens français. Partout où cela pouvait être de conséquence, La Patente faisait élire l'un de ses membres. C'est ainsi que Bruno accéda à la Commission scolaire, à titre de commissaire, d'abord puis de président. L'exercice de ces fonctions allait l'opposer directement à Jean-Noël Mélançon.

Ses frères de l'Ordre partageaient de larges pans de ses idéaux mais ils abritaient leurs ambitions sous le manteau de la religiosité. Ils pourfendaient d'éventuels communistes susceptibles de pervertir la jeunesse nicolétaine. Ses collègues de la Commission scolaire épuraient des manuels que le département de l'Instruction publique avait déjà expurgés sous la supervision de nos seigneurs les évêques. En sa qualité de commissaire, Bruno se voyait contraint d'assister à des projections de films où le mal apparaissait sous la forme d'un Mongol à longues moustaches, brandissant un sabre pour abattre les valeurs chrétiennes de l'Occident incarnées par un jeune martyr en prière, bien coiffé et les mains jointes, le col de sa chemise ouvert pour offrir son innocence au couperet de l'infâme. Bruno réprouvait ces excès de religiosité. Il n'en continua pas moins d'œuvrer au sein de La Patente pour s'attacher particulièrement aux conditions matérielles dans lesquelles on dispensait l'instruction.

— On n'a pas d'argent à donner à des gens qui ne nous respectent pas, proclamait-il.

Et il ajoutait:

— Si les Canadiens français se tenaient autant entre eux que les Juifs, ça fait longtemps qu'on serait sortis de la misère.

Aussi Bruno remit-il en question l'octroi quasi automatique du contrat d'assurance des vingt-sept écoles de sa compétence. La transaction représentait une prime annuelle de 17 000 $. Jean-Noël Mélançon en bénéficiait depuis une dizaine d'années. L'homme à la face de lune ne traitait qu'avec les grandes compagnies anglaises. Le contrat d'assurance de la Commission scolaire lui fut retiré au profit de son concurrent, Émile Gendron, lequel s'engagea à ne transiger qu'avec des sociétés canadiennes-françaises, bien qu'elles fussent peu nombreuses. Mélançon en conclut que le commissaire Bellerose devait empocher un pourcentage sur les profits de son associé et complice.

Vers cette même époque, des élections se déroulèrent à la Commission scolaire. Devant les succès remportés par Bruno, on le pressa de porter sa candidature à la présidence. Bruno n'hésita pas un instant. Il s'attendait à être élu sans opposition. Mélançon annonça aussitôt son intention de lui faire la lutte.

En temps normal, une élection scolaire ne présentait que peu d'intérêt. En ce printemps de 1953, celle-ci constituait un enjeu aussi prenant que celui de la finale d'une saison de hockey entre les Canadiens de Montréal et les Maple Leafs de Toronto. La campagne prit des allures de guerre de religion. Pour offrir le moins de prise possible à ses adversaires, Bruno revint s'établir à Nicolet, au sein de sa famille. On le vit même présider un dîner aux côtés de sa femme. Il parcourut les campagnes, multiplia les assemblées et rédigea un article que *Le Nouvelliste,* le quotidien régional, remit entre les mains de son correspondant à Nicolet. Serge Thériault écourta la prose de Bruno Bellerose pour l'incorporer à un article de fond.

De son côté, Mélançon tenait un véritable quartier général de guerre au *Petit Esprit saint.* On le vit de plus en plus souvent en compagnie du journaliste Thériault. Les deux hommes prirent même l'habitude d'effectuer de longues balades en automobile pour échanger des confidences loin des oreilles indiscrètes. Il va sans dire que l'octroi du fameux contrat d'assurance à Émile Gendron fut l'objet d'une dénonciation rétrospective dont les échos rallumèrent les passions. Comme toujours, Mélançon brandit la clé de son coffrefort, qu'il refusa toutefois d'ouvrir pour en laisser tomber les documents compromettants susceptibles d'anéantir son adversaire.

On tenait Bruno Bellerose pour battu. Il fut élu de justesse. Au soir de sa défaite, Jean-Noël Mélançon fut pris d'un accès de colère comme on n'en avait pas le souvenir à Nicolet. Debout devant sa table du *Petit Esprit saint,* il jura, au propre et au figuré, qu'il écraserait Bruno Bellerose jusqu'à ce qu'il ne reste de lui qu'une purée informe sous sa semelle.

Jean-Michel piétinait devant la poubelle sous laquelle il venait de trouver le document par lequel maître Lemieux lui faisait part de la réaction du gouvernement à sa proposition. La démarche de l'avocat du FLQ se soldait par un échec. Le gouvernement refusait d'octroyer des sauf-conduits pour Cuba à des révolutionnaires qu'il considérait comme des criminels de droit commun. Sans doute parce qu'ils ne détenaient pas d'otage.

Jean-Michel regarda autour de lui. Le monde avait brusquement changé. Non pas que les passants eussent subitement pris une autre forme. Les sentiments ne se lisent pas à la surface des gestes. Le monde s'était transformé dans le regard de Jean-Michel. Il n'y avait plus de foule rue Berri. La masse avait perdu sa réalité compacte. Les classes laborieuses, les couches populaires, l'élite intellectuelle, la caste dominante, catégories faciles pour ceux qui passaient à côté de la vérité, rien de tout cela n'existait vraiment. Il n'y avait jamais eu sur la terre que des individus. Les gens qui allaient et venaient sur le trottoir se résumaient à des entités froides. Jean-Michel ne faisait pas exception. La vie lui laissait un goût amer dans la bouche. Il remâcha cette aigreur. Il la reconnut pour l'avoir déjà éprouvée. Il avait quinze ans et c'était un soir de printemps.

Son père s'acharnait à ne pas mourir, entretenant dans sa poitrine un souffle qui ne voulait plus se faire. Depuis six mois, il ne quittait plus la cuisine, même les jours de beau temps. Deux ans plus tôt, son contremaître de l'Anglo-American Textile l'avait brusquement mis en face de la réalité.

— Regarde les choses en face, Alfred. Tu n'as plus le souffle pour continuer.

Depuis, le père de Jean-Michel s'éteignait à chaque instant. Chaque minute de son existence constituait un exploit. Les coudes sur la table, devant un journal qu'il ne lisait pas, l'homme filait une respiration laborieuse qui ne le nourrissait plus. Pour échapper à cette agonie qui la crucifiait, sa femme se réfugiait sur la galerie arrière où elle se berçait dans la douceur de l'air. C'était rue Marchand, dans le quartier populaire de Drummondville, et on entendait les enfants rire et crier comme aux premiers jours de la création. Jean-Michel peut-être plus que les autres.

La maladie de son père l'agaçait. Il aurait voulu avoir un

père comme les autres. S'opposer à lui à l'occasion, tester sa perception nouvelle du monde, confronter sa jeunesse à la gravité de la maturité. Rien de tout cela ne lui était accordé. Orphelin d'un père toujours vivant, Jean-Michel compensait en dépensant une vitalité excessive. Il menait la bande du voisinage dans de folles équipées à bicyclette jusque dans le quartier anglais de la ville, où résidaient les patrons locaux de l'Anglo-American. Ils y semaient une turbulence qu'on leur reprochait.

C'était l'âge où les garçons ont des choses à prouver aux filles. Au printemps plus qu'en toute autre saison. Les bicyclettes ne suffisaient plus à l'accomplissement de leurs prouesses. Ce soir-là, Jean-Michel convia le plus sérieusement du monde la bande du voisinage à une balade en automobile.

La Chevrolet du père de Jean-Michel ne quittait presque plus le garage. C'était une voiture d'un certain âge qui avait été entretenue avec passion. Ses chromes démodés luisaient dans l'ombre. Souvent le jeune homme s'installait au volant et mimait les gestes de son père. À chacune de leurs sorties en famille, Jean-Michel avait observé la manœuvre. Il l'avait répétée mille fois. Il ne doutait nullement de son habileté à conduire. Au terme de tergiversations animées, Jean-Michel et ses compagnons ouvrirent silencieusement la porte du garage et poussèrent la Chevrolet dans la rue.

Jean-Michel fit démarrer sans peine la voiture. Ne restait plus qu'à s'envoler vers la liberté. Au dernier instant, ses compagnons hésitèrent. La gravité de l'infraction les retenait. Un seul d'entre eux, Simon, accepta de monter aux côtés de Jean-Michel. Par dépit, celui-ci décolla dans un crissement de pneus.

Il n'était pas prudent de s'aventurer au centre-ville. Jean-Michel engagea la Chevrolet dans les petites rues qui débouchaient sur la campagne environnante. Au début, le garçon éprouva une tension considérable. Chaque changement de vitesse représentait une démarche laborieuse. La pression se relâcha quand il atteignit une petite route de terre qui s'enfonçait dans la nature. Jean-Michel et Simon avaient descendu les glaces et s'appuyaient chacun du coude à la portière, comme ils avaient vu tant de fois les adultes le faire au cours des promenades du dimanche. Jean-Michel accéléra. La vitesse le grisait. Simon protestait. Il n'était pas très rassuré sur la compétence de son conducteur.

La voiture filait en soulevant un panache de poussière sur la route de terre. Jean-Michel ne pouvait soupçonner qu'un piège s'ouvrait devant lui. La chaussée de terre battue se transforma soudain en sablière. Les pneus s'y enlisèrent, déséquilibrant la voiture. Propulsée par la vitesse, la Chevrolet se mit en travers de la route et fonça sur le talus. Elle s'immobilisa brutalement. Tout s'était passé très vite. Jean-Michel coupa le contact. À ses côtés, Simon gisait la tête appuyée sur le tableau de bord.

Jean-Michel se pencha sur Simon. Son compagnon avait perdu connaissance. Aucune des tentatives de Jean-Michel ne parvint à le tirer de son immobilité. L'endroit était désert. Jean-Michel décida de revenir à pied chercher de l'aide à Drummondville.

Pendant qu'il courait dans le bruissement du soir de printemps, il sentait son cœur lui battre dans les oreilles. Une détresse primitive l'avait envahi. Il revécut cent fois les secondes au cours desquelles la voiture avait échappé à son contrôle. Cent fois il entendit dans sa tête le choc du crâne de Simon sur le tableau de bord. Par moments il lui apparaissait qu'il était l'objet d'un cauchemar. L'effroyable indifférence de la nature le ramenait à la réalité. Il aurait donné le reste de ses jours pour n'avoir jamais sorti la voiture du garage. Simon demeura dix jours dans le coma et se rétablit.

Et maintenant, sur le trottoir de la rue Berri où il venait d'apprendre que le gouvernement n'accédait pas à sa demande, Jean-Michel éprouvait encore une fois la sourde angoisse qui vous dresse, seul, face à l'univers. Le sentiment d'avoir commis l'irréparable. Il se résigna à rejoindre *Le loup de mer* avec un fardeau dont il savait ne pas pouvoir se défaire avant le dernier jour de son existence.

Quelques jours après sa victoire, le nouveau président de la Commission scolaire de Nicolet réintégra son chalet du Port-Saint-François. Bruno Bellerose avait un poids sur la conscience. La vie clandestine qu'il menait contredisait en tous points ce qu'il prêchait à ses enfants, ce qu'il défendait avec ses frères de La Patente, ce qu'il inculquait à ses employés, ce qu'il prônait à la Commission scolaire. Il ne rejoignait plus ses enfants qui le regardaient comme un étranger. La soumission de ses employés lui soulevait le cœur. Le cérémonial des réunions de l'Ordre de Jacques-Cartier lui répugnait par-dessus tout. Pourquoi la réalisation d'aussi louables objectifs devait-elle s'accompagner d'une mascarade grotesque? D'ailleurs qui, parmi ses frères de La Patente, partageait ses visées économiques? La rhétorique du bien et du mal suffisait à ces vertueux rêveurs. Bruno commençait à se trouver à l'étroit parmi ces gens dont tout l'avenir était derrière eux. Les assemblées de la Commission scolaire ne lui apportaient pas plus de consolation. Un seul souci animait les commissaires: dépenser le moins possible. Les rares élus qui abordaient des questions d'idéologie fondaient leurs certitudes sur un vieux monde qui se lézardait sous leurs pieds.

Bruno étouffait. Pour ne pas sombrer dans l'inanition, il s'accrochait à son Arlette comme à une bouée. Un soir qu'il cheminait en elle, le bruit d'un moteur d'automobile se fit entendre derrière le chalet. Le temps d'éteindre la lumière et des flashes photographiques éclatèrent par les interstices des rideaux. Bruno enfila ses vêtements et s'avança précautionneusement dans la cuisine. On marchait dehors. Furtif, Bruno fit quelques pas vers la porte. Les panneaux de contre-plaqué du vestibule l'empêchaient de voir à l'extérieur. Il resta un long moment à épier. La voiture démarra et s'éloigna. Cette nuit-là, Bruno reconduisit Arlette à la ville plus tôt que d'habitude.

Les esprits forts du *Grand Esprit saint* n'avaient témoigné jusque-là que bien peu d'intérêt à l'éducation des rejetons de leurs concitoyens. Ils ne décidèrent pas moins de célébrer la victoire de Bruno Bellerose en organisant une réception au Club nautique. Une centaine de personnes s'y présentèrent le soir convenu.

Pendant que le personnel s'affairait à dresser les tables du buffet à l'intérieur, on servit des rafraîchissements sur les pelouses. La soirée présentait toute la douceur des printemps de mai. La brise agitait les feuilles tendres des arbres. Quelques bateaux se balançaient déjà au bout des pontons qu'on venait de remettre à l'eau. Au-delà des querelles et de l'animosité, on se faisait fort de célébrer la victoire des forces vives de la liberté.

Bruno serrait des mains et souriait fièrement. L'équivoque de la situation ne lui échappait pas. Il n'appartenait pas à ses concitoyens d'en juger. Sa femme et ses deux aînés assistaient à la fête. Jeanne Bellerose affichait une langueur dont personne n'ignorait l'origine. On l'entourait d'affection feinte. Triste, elle se réfugia à l'intérieur du Club. Quelques instants plus tard, elle en ressortit en courant, son poing fermé devant la bouche, et elle vint appliquer une gifle retentissante à Bruno avant de s'enfuir dans la nuit.

La stupéfaction des invités fut de courte durée. Des cris, provenant de l'intérieur, ameutèrent la foule. On se pressa devant la porte des toilettes d'où provenait le tumulte. Ceux des premiers rangs purent apercevoir cinq photos placardées au mur. Elles montraient Bruno Bellerose en train de se livrer à des exercices non équivoques en compagnie d'Arlette Saint-Cyr.

À n'en pas douter, Jean-Noël Mélançon avait fini par tirer de sa poche la clé de ses secrets. Dans l'arrière-salle du *Petit Esprit saint,* le gros personnage à face de lune souriait de toute sa petite bouche. Le coup qu'il venait de porter mettait deux hommes à sa merci, Bruno Bellerose et le journaliste Serge Thériault, qui avait pris les clichés incriminants. Mélançon dicta lui-même au journaliste Thériault l'article exposant les circonstances dans lesquelles le président de la Commission scolaire de Nicolet avait dû présenter sa démission. Bruno n'avait pas attendu que ses frères de l'Ordre de Jacques-Cartier le fustigent d'un anathème. Il ne reparut plus devant eux. Dorénavant, il lutterait seul.

— Pourquoi il a fait ça? se plaignit Lucie comme si les coups de Mélançon l'atteignaient elle-même.

Bruno ne savait que hausser les épaules dans la pénombre. Devant l'insistance de Lucie, il proposa une explication.

— Tu y crois, toi, au mal? demanda-t-il.

— Si je n'y croyais pas, je ne me battrais pas comme je le fais.

— Moi, poursuivit Bruno, je crois que le mal fait partie de la vie de tous les hommes.

— Ça, c'est évident, répondit sèchement Lucie.

— Jean-Noël Mélançon était comme un infirme. Il n'avait pas développé les anticorps du bien pour contenir son mal. Il mordait à la première occasion, sans même attendre de savoir à qui il avait affaire. Quand j'avais dix-sept ans, je l'ai vu s'attaquer directement à Herménégilde Baron.

Jean-Noël Mélançon venait d'être élu au conseil municipal de Nicolet. Pour un étranger, c'était déjà un exploit. Dès la première séance, il apostropha le maire Baron.

— Vous êtes un menteur, un profiteur et un voleur.

Trop surpris pour réagir, les échevins se contentèrent de

regarder le maire se lever, grand, froid, digne.

— Ça reste à prouver, répondit-il.

Jean-Noël Mélançon n'attendit pas longtemps pour s'y employer. Au *Petit Esprit saint,* il rassembla chaque jour une cour assidue devant laquelle il déballa ses *preuves.* L'année précédente, la municipalité avait consacré plusieurs milliers de dollars au bitumage de la rue Notre-Dame. C'était la rue la plus importante de la ville. Rien d'anormal qu'on ait commencé par là. Il ne fallait pas se surprendre, non plus, que la résidence et la manufacture du maire Baron se soient dressées en bordure de cette rue.

— Vous êtes-vous demandé quelle entreprise avait obtenu le contrat?

Personne n'ignorait, bien entendu, que les travaux avaient été effectués par Les Constructions Nicolet, la seule entreprise de la ville capable, du reste, de mener l'ouvrage à son terme.

— Et qui est le principal actionnaire des Constructions Nicolet? Herménégilde Baron, comme de raison. Alors là, on se trouve en plein conflit d'intérêts. Ça ne se fait pas, ces choses-là, dans l'administration publique. Le maire de la ville vote pour confier l'exécution de grands travaux à une entreprise qui lui appartient. Il ne faut pas avoir peur des mots et regarder la vérité bien en face. Celui qui fait ça, c'est un voleur.

À la séance suivante du conseil municipal, le maire Baron répondit aux accusations de son échevin.

— Avant tout, je suis un homme d'affaires. Je sers les intérêts de mes concitoyens, à titre de maire de Nicolet, mais vous ne voulez tout de même pas que je me mette sur la paille parce que j'ai la générosité de consacrer une bonne partie de mon temps à améliorer notre sort commun? Aucune autre entreprise de la ville n'était en mesure de remplir ce contrat. En l'acceptant, j'ai donc servi au mieux les intérêts de mes administrés. Une vingtaine d'hommes ont passé tout l'été à travailler sur ce chantier. Auriez-vous préféré que cet argent-là aille dans les poches des gens de Trois-Rivières ou de Sorel?

Jean-Noël Mélançon ne répliqua pas. Apparemment, le maire Baron venait de lui river son clou. Chacun rentra chez soi en se disant que, décidément, les affaires de la ville étaient entre les mains d'un homme de bon sens. Chacun, sauf les buveurs de café du *Petit Esprit saint,* devant qui Jean-Noël Mélançon dévoila l'atout majeur qu'il gardait dans sa manche.

— Il peut bien faire le jars, le maire Baron, savez-vous combien il a mis dans sa poche avec cette affaire-là? Dix mille piastres. Vous ne vous souvenez peut-être pas que les travaux ont coûté dix mille piastres de plus que prévu. Qui a empoché cette somme supplémentaire? Herménégilde Baron. Si vous ne me croyez pas, allez voir dans les archives de la Caisse populaire. Le chèque est encore là, avec la signature de l'endosseur au dos. À moins que j'aie besoin de changer de lunettes, j'ai bien lu *J. Herménégilde Baron.*

Cette fois, les choses se présentaient mal. Il était vrai qu'en sa qualité de commissaire au crédit, Jean-Noël Mélançon avait accès aux secrets de l'institution. À la séance suivante du conseil municipal, la salle était pleine. Les Albert, les Ernest, les Philippe, la plupart des travailleurs à casquette de la ville s'y entassaient, les pieds raclant le plancher de bois sous les chaises. Il y avait une fumée à couper au couteau. Le maire Baron se dressa. On ne le quittait pas des yeux, pas plus que Jean-Noël Mélançon d'ailleurs. L'échevin récalcitrant croisait les bras sur sa poitrine, une ébauche de sourire sur ses petites lèvres.

— Je vois que l'échevin Mélançon prend à cœur les intérêts de la ville, commença le maire Baron, et je l'en félicite. Pour ce qui est de la somme de dix mille dollars, qu'il prétend que j'aurais touchée, je dois vous dire qu'il a parfaitement raison. Le montant initial des travaux était trop bas. J'avais donc accepté de les diriger sans que mon entre-

prise me verse de salaire. Quand le conseil municipal a décidé, unanimement, d'octroyer une somme supplémentaire,
j'ai jugé qu'il était normal que je me fasse payer pour le
travail que j'avais accompli. Tout est en ordre dans mes
livres. L'échevin Mélançon pourra venir le constater, s'il le
juge nécessaire.

L'explication du père Baron était peut-être ambiguë, mais
elle satisfaisait la légalité. Certains ne purent s'empêcher de
penser, cependant, que dix mille dollars représentaient une
somme plutôt élevée pour le travail qu'avait pu effectuer
Herménégilde Baron. À quatre ou cinq exceptions près,
personne, dans la ville, ne gagnait autant d'argent dans toute
une année. On savait que le père Baron menait grand train.
On ne soupçonnait pas qu'il empochait les dix mille dollars
de cette façon. Il aurait donc été encore plus riche qu'on ne
le croyait? Cela le rendit suspect aux yeux d'une partie de ses
administrés.

À quelque temps de là, des élections municipales furent
déclenchées. Comme chacun pouvait le prévoir, Jean-Noël
Mélançon se porta candidat à la mairie. Conformément à
l'usage, Mélançon loua la salle du conseil municipal pour y
tenir l'assemblée au cours de laquelle il dévoilerait les grandes
lignes de son programme électoral.

Il y avait des gens dehors, dans la cour, et jusque devant
les portes de la caserne des pompiers. En face, l'hôtel Savoie
débordait de monde. La rue était pleine. Les bazars des sœurs
Grises n'attiraient pas une foule aussi dense. Mélançon avait
fait installer des haut-parleurs aux quatre coins de l'hôtel de
ville pour que ses paroles atteignent ceux qui n'avaient pu
trouver place à l'intérieur. On remarquait bon nombre de
femmes dans la foule. Certes, aucune ne s'était aventurée
dans la salle. Cela ne se faisait pas. Elles restaient dehors,
accrochées au bras de leur mari, un air de scepticisme sur le
visage. La vieille passion des Nicolétains s'était réveillée.
Les élections constituaient l'occasion unique de s'affronter

par personnes interposées. En fait de programme électoral, Mélançon n'en avait pas d'autre que la volonté de démolir la réputation de son adversaire.

— Herménégilde Baron se fait passer pour le serviteur du peuple. En fait, il ne sert que ses propres intérêts. Une seule chose le préoccupe: s'emplir les poches. Pensez-vous qu'un homme comme lui, qui ne pense qu'à s'enrichir, perdrait son temps à l'hôtel de ville, s'il n'y trouvait pas son avantage? Et je ne parle pas des dix mille piastres qu'il a détournées du contrat de bitumage de la rue Notre-Dame. Herménégilde Baron est encore plus véreux que vous ne le croyez. Il exige un pourcentage sur le salaire des employés municipaux. C'est un système qu'il a mis en place, il y a bien longtemps, dans sa propre entreprise. Prenez le petit Bellerose, par exemple, *son chien de poche* comme on l'appelle. Il redonne, chaque semaine, une partie de sa paie à son roi et maître. Il est bien trop content d'avoir le droit de le suivre partout comme un petit chien. Ça lui suffit. C'est comme ça qu'Herménégilde Baron s'enrichit aux dépens du pauvre monde.

Le lendemain, Bruno était dans le bureau du père Baron.

— Je vais aller lui casser la gueule.

Le père Baron avait mis la main sur le bras de Bruno.

— Surtout pas, petit gars. Il y a des moyens beaucoup plus élégants de faire mettre à genoux ceux qui crachent dans votre soupe. Une chose à la fois. D'abord, il faut que je gagne mes élections. Je m'occuperai de lui après.

Le père Baron fut réélu mais avec une majorité réduite. Le lendemain, il inscrivit une poursuite en diffamation en Cour supérieure. Il fallut un an pour que le juge se prononce. Le magistrat établissait d'abord que les propos de Mélançon étaient injurieux et diffamatoires. Il constatait qu'ils avaient été tenus dans le but de discréditer Baron aux yeux de l'électorat. Après avoir soufflé un peu d'encens en direction du maire dévoué et du citoyen respectable, le juge attrapait

Mélançon par le cou et le condamnait à verser cinq cents dollars de dédommagement à Baron, plus les frais de cour. À défaut de quoi, il serait emprisonné à Trois-Rivières.

— Qu'est-ce qu'il a fait, ton Mélançon? demanda Lucie. Il a payé?

— Il a payé, oui, répondit Bruno, mais un juge ne peut pas refaire le cœur d'un homme. Mélançon a passé le reste de sa vie à se venger.

C'est l'annonce d'une mort tragique qui tira Bruno Bellerose de son lit, aux petites heures du matin, le 16 février 1954. On avait retrouvé le corps d'Arlette Saint-Cyr dans un puits, à La-Baie-du-Febvre, le village voisin de Nicolet. Par le plus improbable des hasards, Bruno avait couché à sa maison de Nicolet ce soir-là.

Il se rendit en hâte sur les lieux. En bordure de la route, devant une maison de ferme, un puits dont les abords avaient déjà été piétinés par de nombreux curieux. La neige jaunie par les bottes. On parlait d'un suicide. On chuchotait que la jeune femme s'était tailladé les poignets avant de se jeter, tête première, dans le puits. Mais alors, relevait la rumeur publique, qui avait refermé le couvercle du puits derrière la malheureuse?

Tous les regards se tournèrent vers Bruno Bellerose. Celui-ci s'enferma dans son chalet avec son silence. En fin de matinée, il reçut la visite du chef de police de la ville, le gros Ernest Boisvert. Plus mal à l'aise que Bruno, le chef Boisvert invita le suspect à le suivre à son bureau. Là, dans le brouillard de la fumée des cigarettes, Bruno ne sut que répéter:

— J'ai couché à la maison, la nuit dernière, avec ma femme. Elle pourra vous le confirmer.

Mais Bruno entendait le chef Boisvert opiner dans son for intérieur.

— Moi aussi, je serais allé coucher à la maison si j'avais tué ma maîtresse.

Au milieu de l'après-midi, alors qu'il se trouvait toujours dans le petit bureau du chef, Bruno fut interrogé par un inspecteur de la section des homicides de la Police provinciale de Trois-Rivières. Tant qu'il s'était trouvé en présence de son concitoyen, Bruno avait senti peser sur lui la menace. Le chef Boisvert connaissait les pensées secrètes de tous les Nicolétains. Devant un étranger, Bruno retrouva tous ses moyens.

Interrogé jusque tard en soirée, au quartier général de la Police provinciale de Trois-Rivières, Bruno Bellerose nia toute participation dans ce qui apparaissait maintenant à l'évidence comme un meurtre. On le libéra peu avant minuit.

Il choisit de rentrer à la maison. Sa femme veillait dans sa chambre. Une lueur filtrait sous la porte. Bruno n'osa y pénétrer. Il tourna en rond un long moment dans la cuisine avant d'échouer au salon. Il s'allongea sur un canapé. Il ne dormit pas avant le petit matin.

Bruno comparut à l'enquête du coroner. La séance se tenait dans le grand hall du salon funéraire. Tous les curieux de la ville, et ils se firent plus nombreux que d'habitude en cette circonstance, occupaient la centaine de chaises prévues pour recevoir le public que la loi autorisait à assister à l'audience. Mélançon au premier rang, les bras croisés sur la poitrine. Le coroner, un vieux chauve à lunettes, siégeait sur une tribune disposée à l'endroit où l'on plaçait habituellement le cercueil des morts qu'on exposait à la piété publique. Principal témoin, Bruno admit qu'il connaissait Arlette Saint-Cyr. Il reconnut l'avoir reçue à son chalet la veille de sa disparition. Il réaffirma cependant avoir passé la nuit du meurtre aux côtés de sa femme, à la maison. Brisée d'humiliation, Jeanne Bellerose corrobora ce témoignage avant d'éclater en sanglots. Dans le public, on savourait chacune de ses larmes comme une friandise. Faute de preuve, aucune inculpation ne fut retenue contre Bruno.

Quand tout fut terminé, il se réfugia à son chalet. Il prit

place dans la berceuse où il avait si souvent tenu Arlette sur
ses genoux. Penché en avant, la tête dans les mains, il pleura
en pensant à cette femme innocente qui n'avait pas su lui
donner plus que ce qu'elle possédait. Arlette, pauvre oiseau
aux ailes trop frêles, un cœur, des seins et une touffe, n'avait
pu franchir la grande migration des jours. Elle s'était écrasée
avant le terme de sa course.

Il faisait presque moins froid dans le cockpit que dans la
cabine du *Loup de mer*. Bruno et Lucie profitaient des premiers rayons du soleil. Il n'y avait plus de café. Encore
quelques sachets de thé que Bruno infusa dans de l'eau froide
puisqu'il n'y avait plus d'alcool dans le réchaud.

— C'est Mélançon qui a tué Arlette!

Lucie avait saisi Bruno aux épaules. Elle le secouait
comme pour le tirer d'un cauchemar. L'aube pointait à travers
les interstices des joncs qui recouvraient *Le loup de mer*.

— C'est Mélançon qui a tué Arlette, redit-elle.

— Je le sais, répondit Bruno. Je n'ai jamais pu le prouver.

— T'as pas essayé de la venger?

— On ne ressuscite pas quelqu'un en en tuant un autre.

Bruno et Lucie avaient une dernière journée devant eux.
Jean-Michel reviendrait le soir même, avec ses bonnes ou ses
mauvaises nouvelles, et la vie reprendrait son cours sans
laisser le temps à personne de digérer le passé. Bruno et
Lucie buvaient leur thé glacé. On entendit, au loin, le bruit
d'un moteur hors-bord. Bruno plissa le nez. Le bruit s'amplifia.

— Vite, dans la cabine, ordonna Bruno.

Deux minutes plus tard, le conducteur d'une grosse
chaloupe de chasse coupait les gaz et son compagnon
s'agenouillait sur le plat-bord avant, tendant les mains pour
absorber le choc. Au bruit du moteur succéda un accordéon
de vagues qui berça *Le loup de mer*. Bruno écarta les joncs

et tendit la main à l'homme. Leur force conjuguée dompta l'élan de la chaloupe. Un câble fut jeté. Trois tours en «v» sur une bitte et la chaloupe fut amarrée. Ses deux occupants grimpèrent à bord comme des familiers. La confrérie des chasseurs de canards les y autorisait. Bruno les accueillit.

— Avez-vous tué?

— Hier soir, répondit le plus gros. Quatre sarcelles puis un malard, mais on l'a pas retrouvé.

— Ce matin, enchaîna l'autre, il fait trop beau. Les canards ne lèvent pas. On attend la passe du soir.

— Moi, annonça Bruno, j'ai pas été chanceux.

Les deux chasseurs soulevèrent leurs casquettes de grosse laine à carreaux rouges et noirs. Ils se grattaient la tête en examinant le camouflage inusité du *Loup de mer*.

— Ça doit pas être commode quand tu veux rentrer chez vous, fit observer le gros.

— Quand je m'installe comme ça, expliqua Bruno, c'est pour une semaine, une semaine et demie.

— Veux-tu me dire que ça marche mieux qu'une cache ordinaire?

— Moi, expliqua Bruno, je ne fais jamais rien comme les autres.

— Je vois ça, s'amusa le gros en roulant un rire gras dans sa gorge.

Et il tira un flacon de gin de la poche intérieure de sa vareuse. Il le déboucha et le tendit à Bruno.

— Tu fais peut-être jamais rien comme les autres mais ça, tu refuses pas ça, hein?

Bruno prit le flacon et porta le goulot à ses lèvres. Les deux autres rirent de le voir boire. Il leur rendit le flacon qu'ils délestèrent tour à tour.

— T'as su qu'ils ont tué le ministre? demanda le gros.

Bruno désigna la cabine d'un geste de la tête.

— J'ai entendu ça à la radio.

— Qu'est-ce que t'en penses? insista le gros.

Bruno grogna.

— Je trouve que personne ne devrait avoir de permis pour cette sorte de chasse.

— C'est pas fini, intervint l'autre, ils ont toujours l'Anglais. Paraît qu'il est pris du cœur. S'ils lui donnent pas ses remèdes, il va mourir, lui aussi.

— Au commencement, enchaîna le gros, je trouvais ça pas pire, leur botter le cul aux politiciens. Moi, je suis pas pour Bourassa. Pas pour René Lévesque non plus. Je crois pas à ça, moi, l'indépendance du Québec, mais il me semblait que ça pouvait pas leur faire de tort de se faire botter le cul un peu. Assez que, je l'avais dit à Marcel — il désigna son compagnon —, s'ils se cherchent une cachette, les FLQ, ils ont rien qu'à venir me trouver. Je connais les îles de Sorel comme le fond de ma poche. Il y a des places où la police ne viendra jamais. Mais là, ils sont allés trop loin à mon goût.

Et il éclata d'un grand rire qui surprit jusqu'à son compagnon, lequel se rattrapa en l'imitant. Bruno essuya sa moustache du revers de la manche pour leur donner le change.

— M'a te dire une chose, continua le gros chasseur à l'intention de Bruno, nous deux, on chasse pas juste le canard. D'ailleurs, tu le vois bien comme moi, il fait trop beau. Les canards, ils lèvent pas. Ils se remplissent la panse au fond des anses. Non, vois-tu, nous deux, on se dit: ce serait trop beau si on mettait la patte sur un FLQ.

Il mima le geste d'épauler son fusil.

— Pan! entre les deux yeux. On lui coupe la tête, on le vide, on enfile une branche d'un bout à l'autre, on se met ça sur le dos puis on va trouver la police. Tu sais qu'ils sont rendus à pas loin de cent mille piastres de récompense? Pas mal plus payant que de descendre des petits paquets de plumes!

Derrière la porte de la cabine, les yeux de Lucie brillaient de colère. Dans l'état où elle se trouvait, elle aurait tout aussi bien pu surgir dans le cockpit pour affronter les chasseurs.

— C'est pas tout, ça, s'exclama le gros à l'intention de

Bruno, faut qu'on retourne à notre cache.

— Ouais, renchérit Marcel, la bouteille est à peu près vide.

— Tu veux la finir? demanda le gros en tendant le flacon à Bruno. Prends-la, je te la donne.

Bruno ne crut pas devoir refuser.

— En échange de ça, poursuivit le gros, si jamais tu vois passer un FLQ, tu viens nous le dire.

L'homme s'appuyait sans ménagement à la porte de la cabine. Elle s'ouvrit. D'instinct, il jeta un coup d'œil à l'intérieur. Ce qu'il vit le figea. Il émit un petit sifflement admiratif avant de refermer. Il se tourna vers Bruno.

— Je vois que t'as de la compagnie. Je comprends que tu t'installes.

Il fit un clin d'œil à l'intention de son compagnon.

— Viens, Marcel, on s'en va. Monsieur est occupé.

Il s'inclina vers Bruno comme pour lui adresser une requête.

— On va revenir, dit-il à voix basse. Quand t'auras fini avec elle, pense un peu aux autres. Entre chasseurs, on se comprend.

Et il éclata d'un grand rire qui fit lever deux canards aux confins du marécage. En guise de réponse, Bruno s'empressa de défaire le câble qui reliait la chaloupe des chasseurs au *Loup de mer*. Le hors-bord rugit. Les chasseurs virèrent leur embarcation et s'éloignèrent en agitant la main.

— Prends-en bien soin. On va revenir.

Dès que le bruit du moteur s'estompa, Bruno ouvrit la porte de la cabine pour inviter Lucie à sortir.

— Donne-moi un coup de main pour enlever les joncs, dit-il.

— Tu veux aller où? s'inquiéta Lucie. Jean-Michel ne doit revenir que ce soir.

— Je commence à être pas mal fatigué qu'on me prenne pour un canard, répondit-il un peu sèchement.

Une boîte de sardines pour trois. Penché sur les petits cadavres alignés dans l'huile, Jean-Michel essayait de les compter. Une douzaine environ. Quatre sardines chacun. Il n'y avait plus de pain. Plus de biscottes. Ne restait qu'une poignée de biscuits destinés à accompagner le thé. Lucie se résolut à y coucher sa première sardine. Elle croqua. Le biscuit cassa. Lucie rattrapa le morceau qui tombait. La moitié d'une sardine visqueuse au creux de la main. Elle éclata de rire en se renversant en arrière. Jean-Michel ne partageait pas sa bonne humeur.

Ils l'avaient récupéré au couchant sur les berges de l'île Madame, méconnaissable au premier abord sans sa barbe et ses cheveux longs. Bruno avait enfoncé le bateau dans une des anses des îles aux Sables. Depuis son retour, Jean-Michel n'avait pas desserré les dents.

— Qu'est-ce qu'il y a de si drôle? demanda Jean-Michel.

Lucie ébouriffa ses cheveux.

— Je trouve qu'on a l'air pas mal fous.

— Ça te fait rire?

— Je ne savais pas que les guerres, ça se gagnait avec des boîtes de sardines.

Jean-Michel lançait des flammes avec ses yeux. Bruno prit la boîte de sardines, qui était posée à côté de lui, sur la banquette, et la déposa entre Lucie et Jean-Michel, en face de lui. Il y restait deux poissons.

— Mangez-les, dit-il, moi, ça me tombe sur le cœur.

Il entreprit de bourrer sa pipe en raclant le fond de sa blague. Ils n'avaient plus de cigarettes. Ils tirèrent tour à tour des bouffées de la pipe de Bruno. La fumée les enveloppait comme un silence.

— Alors, qu'est-ce qu'on fait? demanda Bruno.

Il s'adressait à Jean-Michel. Celui-ci baissa la tête et

marmonna plus qu'il ne répondit.

— On se prépare à passer l'hiver le plus long de notre vie.

Bruno arrondissait le dos, les coudes aux genoux. Il commençait à ressembler à un hérisson avec la repousse de sa barbe. On ne voyait pas ses yeux dans la pénombre mais on sentait leur présence.

— Ça n'a pas marché ce que t'es allé faire à Montréal? demanda-t-il.

— On est au bout de notre corde, admit Jean-Michel. Le gouvernement ne veut rien entendre. Il va falloir qu'on se débrouille tout seuls.

— Qu'est-ce qu'on fait? redemanda Bruno.

C'est Lucie qui répondit.

— Faut que tu retournes à Sorel nous chercher à manger.

— Et vous deux?

— On t'attendra ici dans la chaloupe.

Le soir même, Bruno partit en direction de Sorel après avoir installé Lucie et Jean-Michel dans la chaloupe. La dernière image qu'il conserva d'eux fut celle de deux momies, emmitouflées jusqu'aux yeux dans leurs sacs de couchage. Ils n'avaient rien à manger. Plus de tabac non plus. Une nuit à traverser comme un hiver. Bruno avait annoncé qu'il reviendrait à la première lueur du jour le lendemain.

TROISIÈME PARTIE

Le coup de vent

«Ô tous vos corps de lente usure
Mangés par tant de bénignes blessures,
Vos mains de servitude et vos visages laids...
Vous vivez tard dans ma mémoire...»

Clément Marchand

Bruno grimaçait, le visage couvert de mousse à raser. L'homme qu'il voyait dans son miroir s'étonnait de lui-même. Lucie avait allumé son regard. Une plume lui chatouillait le cœur. Une pincée de jalousie au détour de ses pensées secrètes. À son tour de déplorer que Lucie se trouve en compagnie d'un autre. Il n'y avait vraiment pas de quoi. Le sort de Lucie et de Jean-Michel, abandonnés au fond d'une chaloupe à tous les vents du nord, n'aurait fait envie à personne. Mais Bruno se disait que d'être ensemble pour affronter l'adversité devait rapprocher. Il n'avait qu'une idée en tête: régler au plus tôt ses affaires pour retourner auprès de la jeune femme. Aurait-il le courage d'admettre qu'il l'aimait? Il avait éprouvé ce sentiment à quinze ans, puis à vingt, et encore à trente ans. Fallait-il toujours le laisser s'exprimer à cinquante ans? Il était sept heures du soir. Bruno ne pourrait accomplir sa mission avant neuf heures le lendemain matin. Les épiceries n'ouvraient pas plus tôt. Bruno ne dormirait pas cette nuit-là mais la présence de Lucie dans sa tête donnerait un sens à sa veille.

Par ailleurs, l'homme avait retrouvé avec délices les gestes qui balisaient sa vie, *Le loup de mer* ancré à son quai de bois, trois pas pour franchir la distance entre la porte et le lit, manger debout, se raser devant le comptoir, contenir le monde au-delà des étroites fenêtres de la cabine. La vie roulée en boule comme un chat.

Bruno en était à escompter les chances qu'il avait de connaître encore le bonheur de s'éveiller enroulé dans les cheveux d'une femme quand il entendit des pas sur le perron. Des coups à la porte. Comme dix jours plus tôt. Comme chaque fois que la vie mettait son grand bâton dans les roues du bonheur. Bruno tourna son visage couvert de mousse vers ceux qui entraient. Ti-bé précédait deux agents de la Police provinciale. Le petit homme se précipita sur Bruno.

— Ça fait trois fois qu'ils viennent pour te voir. Moi, je leur ai dit que t'étais à la chasse.

Le plus grand des deux policiers semblait harassé. Il posa sa casquette sur le comptoir, près du bol d'eau tiède.

— Monsieur Bruno Bellerose?

Bruno fit signe que oui. Pendant ce temps, l'autre policier refoulait Ti-bé dehors.

— Maintenant qu'on l'a trouvé, vous allez nous laisser seuls avec lui.

Ti-bé s'empêtra en vain dans une protestation muette. Pour ne rien laisser voir de son trouble, Bruno acheva promptement sa toilette. Le plus jeune des policiers s'était assis à la table où il avait posé une tablette rigide sur laquelle se voyait un formulaire.

— Où étiez-vous? demanda le plus grand des policiers.

— Mon voisin vient de vous le dire. À la chasse.

— Je voulais juste vous l'entendre confirmer. Vous avez été parti combien de temps?

— Je ne sais pas exactement. Trois ou quatre jours.

— Vous chassez où?

— Dans les îles du nord.

— Vous chassez quoi?

— Le canard.

— Vous en avez rapporté beaucoup?

Bruno frémit. On ne trouvait évidemment pas dans son bateau l'alignement habituel de petits cadavres couverts de plumes que les chasseurs rapportaient de leurs excursions.

— J'ai pas dépassé la limite, protesta-t-il.

— Vous avez votre permis?

— Comme de raison.

— On peut le voir?

Un pincement dans le bras gauche. Bruno s'épongea le visage dans une serviette avant de se diriger vers sa chambre. Il en revint quelques instants plus tard, son permis à la main. Le policier n'y jeta qu'un coup d'œil rapide.

— Qu'est-ce que vous me voulez au juste? demanda Bruno.

Le policier qui l'interrogeait avait appuyé son derrière sur le rebord de la table. Il avait mis les mains à plat sur la table, ce qui faisait saillir sa poitrine musclée sous l'uniforme. Il regarda Bruno droit dans les yeux.

— Jean-Michel Bellerose, c'est votre neveu?

— Qu'est-ce qu'il a fait?

— Par les temps qui courent, la question ne se pose pas.

— Je ne l'ai pas vu depuis cinq ans, s'empressa d'affirmer Bruno.

— Vraiment? insista le policier.

— Écoutez, expliqua Bruno, ça fait cinq ans que je vis ici, tout seul. Je ne vois jamais personne, à part Ti-bé, mon voisin, que vous connaissez déjà.

— Vous faites quoi ici, tout seul?

— Rien, déclara Bruno. Je me repose.

— Un gars ne peut pas se reposer pendant cinq ans. Vous avez une femme, des enfants?

— Je ne vis plus avec ma femme, précisa Bruno. Mes enfants, je les vois une fois par année.

— Vous êtes sûr que votre neveu n'est pas venu ici?

— S'il est venu, je n'étais pas là. Pouvez-vous me dire ce qu'il a fait?

— Il était à Sorel il y a une dizaine de jours. Il a mangé dans un restaurant. Qu'est-ce qu'il faisait à Sorel, vous pensez?

— Je ne sais pas. Me semblait qu'il vivait à Montréal.

Le policier remit subitement sa casquette.

— On peut voir votre bateau?

Les deux policiers se dirigèrent en même temps vers la porte. Leur uniforme brun-vert, leur casquette, le ceinturon de cuir et l'arme dans son étui, tout cela faisait froid dans le dos à Bruno. Il les suivit à pas comptés, la poitrine oppressée.

Les policiers montèrent à bord du *Loup de mer* en braquant le rayon de leur lampe de poche devant eux. Dès qu'il les eut rejoints, le regard de Bruno se porta sur quatre sarcelles et deux gros canards noirs qui s'étalaient sur la banquette de bâbord, l'œil rond et le cou mou. Le plus jeune des policiers les balaya du faisceau de sa lampe.

— Qu'est-ce que vous faites avec ça? Vous les mangez?

— Évidemment, s'empressa de répondre Bruno. Je vais les plumer demain matin.

Le plus grand des policiers était entré dans la cabine en se courbant bien bas. Bruno l'imita. Au premier coup d'œil, il constata que toute trace du passage de Jean-Michel et de Lucie avait disparu. Les couvertures étaient rangées. Même les boîtes de victuailles ne laissaient paraître que l'activité d'un homme seul pendant quatre ou cinq jours, à l'affût des canards sauvages, au cœur des îles désertes du nord. Le policier souleva le coussin d'une banquette avant de rejoindre son collègue dans le cockpit. Ce dernier gribouillait toujours sur son formulaire, à la lueur de sa lampe de poche. Il dégrafa la feuille qu'il tendit au plus grand, lequel la présenta à Bruno.

— Voulez-vous signer cette déclaration?

Bruno s'exécuta après avoir parcouru du regard le document par lequel il affirmait s'être absenté pendant trois ou quatre jours pour aller chasser le canard et n'avoir pas vu son neveu depuis cinq ans.

— C'est tout? demanda-t-il.

Le plus grand des policiers parut offusqué.

— Écoutez, monsieur, répliqua-t-il, depuis les mesures de guerre, on reçoit de quarante à cinquante appels par jour, rien qu'au poste de Sorel. Les gens voient des FLQ partout.

On est obligés de faire enquête dans chaque cas. On fait des journées de dix-huit heures. On en a encore pour jusqu'à minuit.

Dans le noir, Bruno laissa une expression de soulagement l'envahir. Il crut opportun d'opiner dans le sens des policiers.

— Je comprends, dit-il.

Il massait le muscle de son bras gauche avec sa main droite.

— Pour mon neveu, ajouta-t-il, c'est grave?

— Si on l'attrape, répondit le plus grand des policiers, il en a pour dix ans au moins.

— Je ne sais pas quoi vous dire, murmura Bruno.

— On ne vous en demande pas tant, répliqua le plus grand des policiers en rejoignant son confrère sur le quai.

— Si ça ne vous dérange pas, intervint Bruno, tant qu'à être dans le bateau, je vais en profiter pour faire un peu de ménage.

— Comme vous voulez, répondit le plus grand des policiers. En ce qui nous concerne, c'est fini. Pour le moment du moins.

Et il ajouta en se tournant vers Bruno:

— Si vous voyez votre neveu, je suppose que vous savez ce que vous avez à faire.

Ils se dirigèrent sans attendre vers l'automobile qu'ils avaient garée près du chalet.

— Bonsoir, lui lança de loin le plus grand des policiers.

— Bonsoir, s'empressa de répondre Bruno.

Et il s'engouffra dans la cabine. Il entendit la voiture démarrer. Les phares éclaboussèrent les hublots. Bruno s'assit sur la banquette. Le cœur lui faisait mal. Il resta un long moment immobile, jusqu'à ce que le bruit d'un aviron dans l'eau le tire de sa prostration. Il sortit dans le cockpit. Ti-bé accostait sa chaloupe au ponton de bois. Il rejoignit Bruno. Le petit homme avait les bras chargés, le sac de corde de Lucie, des vêtements, des couvertures. Il rayonnait.

— Tu me dois une bière, déclara Ti-bé en mettant ces objets dans les mains de Bruno.

Jean-Michel et Lucie ne dormaient pas. Couchés côte à côte au fond de la chaloupe, immobiles dans leurs sacs de couchage, ils recevaient toute la nuit sur le visage. Une nuit bouchée. Une nuit sans étoiles. Prisonniers du silence. Autour de la barque, les joncs montaient une garde indifférente. Le temps tissait sa toile d'araignée au-dessus d'eux. C'est Lucie qui parla la première.

— Qu'est-ce qu'on va faire? demanda-t-elle.

Jean-Michel ne répondit pas. À vingt-cinq ans, il se retrouvait lourd et dur comme un homme de cent ans. Un doute de plus et il ne pourrait plus respirer. Il ouvrit les yeux sur le noir. Le vide l'aspirait. Les battements de son cœur figuraient la fuite d'un grand cheval fou dans le cosmos. Il bougea le bras puis le pied pour s'assurer qu'il vivait encore. Lucie insista.

— On ne pourra pas passer l'hiver comme ça.

Jean-Michel s'accrochait à son silence. Tant de Bellerose l'avaient fait avant lui. Le pays semblait se nourrir de silence. L'hiver plus long que la vie. Il parla pour ne pas mourir.

— Je ne sais pas, dit-il.

Lucie s'accrocha à ces mots. Pour elle, la vie n'avait de sens que si on la pétrissait avec des paroles. Parler, c'était prendre la réalité dans ses mains. Elle enchaîna.

— On pourrait se réfugier au Mexique.

— Inutile d'y penser.

— Tu dois bien avoir une idée.

— Il n'y a qu'une solution, énonça solennellement Jean-Michel. Il nous faut un otage.

— Tu ne trouves pas qu'on est assez emmerdés comme ça? protesta Lucie.

— Justement, insista Jean-Michel, on ne peut pas l'être plus.

— Moi, déclara Lucie, je te le dis tout de suite, je ne marche pas. C'est bien beau l'indépendance du Québec, mais je ne veux pas passer ma vie en prison pour quelque chose qui ne se fera pas.

L'énoncé glaça Jean-Michel. Il ne voulait pas admettre que l'attitude des Québécois devant le coup de force du FLQ ne correspondait en rien aux prévisions des penseurs de la révolution. Pas une seule grève dans une usine. Aucune initiative de sabotage spontané. Force lui était de constater que la population québécoise assistait à la révolution comme derrière la vitre d'un téléviseur.

— Moi, poursuivit Lucie, je ne comprends pas que vous n'ayez pas prévu de porte de sortie.

— Si on pense à tout ce qui peut arriver, objecta Jean-Michel, on ne fait jamais rien.

— En attendant, se plaignit Lucie, on est comme deux condamnés à mort. C'est ça que tu voulais? Finir tes jours dans un trou?

Et Lucie insista car elle sentait toute la vulnérabilité de Jean-Michel. Pour elle, la vie se vérifiait au poids des gestes. Les idées s'incarnaient au creux des mains ou contre la poitrine. Elle présumait qu'il devait en être ainsi pour tous.

— Qu'est-ce que tu voulais au juste? dit-elle encore. Je ne veux pas que tu me sortes ta théorie sur la lutte des classes. Je veux savoir pourquoi t'es prêt à gâcher ta vie pour un idéal que tu n'atteindras jamais.

Elle se tourna dans son sac de couchage pour approcher son visage de celui de Jean-Michel. Faute de le voir, elle le touchait avec son haleine.

— Parce que tu ne me feras jamais croire que t'es idiot à ce point, insista-t-elle. Tu le sais bien que c'est toujours à recommencer et que tu n'arriveras jamais à remettre le monde sur le bon pied. Qu'est-ce qui s'est passé pour que tu décides un beau matin de te battre contre ce qui est plus fort que toi?

Jean-Michel se taisait. Les mots de Lucie lui fouillaient le cœur. S'il n'avait pas fait très attention, il se serait mis à pleurer.

— C'est à cause de mon père, finit-il par répondre.

Comme il ne disait plus rien, Lucie haussa le ton.

— Moi aussi, argumenta-t-elle, je suis fâchée contre mon père. Ça n'explique pas tout.

— C'est pas pareil, protesta Jean-Michel, le mien il m'a légué sa mort.

Jean-Michel avait grandi en croyant au père Noël. À l'école, il avait roué de coups de poing et de coups de pied, mordu et griffé les premiers qui lui avaient révélé son inexistence. À six ans, il défendait ses certitudes avec l'acharnement d'un zélote. La désillusion n'en fut que plus brutale. L'école qu'il fréquentait était tenue par des religieuses. Ces dames consacrées l'instruisirent des desseins d'un Dieu juste et bon qui comptabilisait chacune des actions de ses enfants. Jean-Michel reporta toute sa ferveur sur lui. À dix ans, il rendait compte à Dieu de chacune de ses journées.

Le monde lui apparaissait sous la forme d'un vaste champ de bataille où les forces du bien et du mal s'affrontaient. Les dissimulations, les demi-vérités, les accommodements qui tissent le fil de la vie lui semblaient autant d'échecs au combat. Il rapporta un jour au poste de police un billet d'un dollar qu'il avait trouvé sur le trottoir. Le policier qui l'accueillit lui conseilla de garder son trésor. Déconcerté, Jean-Michel déposa le billet dans le tronc des pauvres à l'église.

S'il trouvait auprès de sa mère un soutien à sa conviction, son père ne lui paraissait pas animé d'une grande volonté de redresser les torts du monde. Non pas que ce père fût à ranger dans le camp des menteurs et des profiteurs, loin de là, mais il ne mordait pas dans la vie avec le même appétit que son fils. Employé depuis quinze ans à l'atelier de teinture de l'Anglo-American Textile de Drummondville, Alfred Bellerose trottait dans l'ombre d'un maigre destin. Rien ne lui paraissait plus suspect que l'ambition.

— Quand on crache en l'air, avait-il l'habitude de dire, ça finit toujours par vous retomber sur le nez.

Aux yeux d'Alfred Bellerose, le monde n'existait que pour être obéi. Il avait fermé les yeux — les avait-il seulement jamais ouverts? — sur l'effervescence d'une planète en pleine transformation. La guerre lui avait été épargnée en raison de l'utilité de ses fonctions de teinturier pour l'approvisionnement des troupes à l'étranger. Fils de cultivateur, il avait appris dès son jeune âge à restreindre l'univers à la portée de son regard entre les clôtures cent fois redressées de la terre familiale. Ouvrier soumis, la société se résumait pour lui à la masse de ses confrères et à la hiérarchie de son contremaître et des boss anglais.

— Que sert à l'homme de gagner l'univers, répétait-il comme on le lui avait appris à l'école primaire, s'il vient à perdre son âme?

Pendant quinze ans, Alfred Bellerose refusa d'acheter une automobile à crédit comme le faisaient la plupart des ouvriers de son époque. À bicyclette en été, à pied en hiver, il faisait quatre fois par jour le trajet entre sa maison et la manufacture, saluant sans plus les compagnons qu'il croisait, emmuré dans sa condition d'ouvrier soumis. Il n'était pas le seul. La plupart des Canadiens français de son temps refermaient sur leur tête le couvercle d'une société étouffante dont l'étroitesse les abritait de toute interrogation.

— On est nés pour un petit pain, scandait Alfred Bellerose. Si le bon Dieu avait voulu qu'on devienne autre chose, il nous aurait fait naître Anglais.

Jean-Michel rageait, non pas tant devant cet énoncé qu'il n'entendait plus, qu'à la vue des gros camions qui déchargeaient chaque automne les nouveaux modèles de voitures au garage Blanchette. De grandes bâches de toile les recouvraient pour exciter la curiosité des acheteurs éventuels. En allant à l'école comme au retour, Jean-Michel les examinait, essayant de deviner leur forme sous le gonflement de la toile. Pendant toute une semaine, l'enfant ne vivait que dans l'attente du jour où le garagiste les dévoilerait. Il s'extasiait alors devant les ailerons encore plus pointus que l'année précédente, les rangées de petits feux rouges à l'arrière, la courbe du pare-brise, l'arrogance des pare-chocs. Il aurait voulu que le temps s'arrête jusqu'à ce qu'il ait enfin les moyens d'acheter des voitures comme celles-là. Il savait qu'il ne pouvait pas compter sur son père pour y parvenir. Sa grande peine de l'époque fut de ne jamais monter dans une Buick Electra 1959.

Pour se consoler, il voyageait dans la collection du *National Geographic Magazine* de son oncle Bruno chaque fois que sa famille rendait visite à ce parent fortuné. Jean-Michel escaladait l'Everest, il explorait la barrière de corail d'Australie, il s'enfonçait dans la jungle d'Afrique. Sa première extase érotique, il la connut en contemplant les seins nus des négresses qui brassaient leur soupe, dans un embrasement de mouches et d'enfants, sur les photos du *National Geographic Magazine*.

Pourtant, une petite flamme vacillait dans le cœur du père de Jean-Michel. Celui-ci avait été en mesure de le constater chaque fois que son père l'entraînait, la plupart du temps contre son gré, dans ses interminables randonnées en forêt. Non pas qu'Alfred Bellerose fût animé d'un grand amour de la nature. Il ne quittait jamais les sentiers et ne s'arrêtait pas pour lever le regard vers la cime des arbres. Il s'enfonçait au plus profond des forêts pour chanter.

Alfred Bellerose avait une belle voix de ténor. Il n'avait, bien entendu, jamais étudié le chant mais, dès qu'il s'était mis en ménage, il s'était procuré un gros poste de radio en bois verni devant lequel il écoutait religieusement, chaque samedi après-midi, la retransmission du Metropolitan Opera de New York commanditée par Texaco. Sa femme supportait difficilement ces criailleries. Elle s'y résignait en échange de l'engagement qu'elle avait arraché à son mari de ne jamais pousser lui-même la mélodie dans la maison. D'autres épouses n'interdisaient-elles pas à leur conjoint de fumer à l'intérieur?

Le père de Jean-Michel entraînait donc ce dernier au fond des forêts. Il s'arrêtait habituellement au sommet d'une butte hérissée de grands pins qui dominait la rivière Saint-François. Là, dans l'éblouissement des après-midi d'avril, parmi les plaques de neige qui subsistaient encore au pied des arbres, il entonnait tous les *Sole mio*, les *Belles de Cadix* et les *Temps des cerises* de son répertoire. Entre chacun de ses airs, le père mettait la main sur l'épaule de son fils et enfonçait ses doigts dans sa chair.

— Si j'avais eu la chance d'étudier, je serais peut-être devenu un grand chanteur.

À ces moments, l'enfant constatait que son père avait les yeux rougis d'émotion. Le petit Jean-Michel aurait voulu prendre son père dans ses bras pour le consoler. Cela ne se faisait pas. Jean-Michel en conçut une aversion irréversible pour le chant. Faute de parvenir à faire partager sa passion à son fils, Alfred poussa ce dernier dans les bras de la nature. Il l'inscrivit au club 4H. Honneur, honnêteté, habileté, humanité. Jean-Michel détesta cet embrigadement. La nature lui parut hostile comme tout ce qui s'attachait à la personnalité timorée de son père. La rupture entre Jean-Michel et les beautés du monde se consomma un samedi de ses quinze ans.

Il était assis au pied d'un grand pin. Il était resté long-temps sans bouger, peut-être une heure. Il écoutait le vent dans la ramure de l'arbre. Des rayons de soleil s'infiltraient entre les branches, traçant des rais d'ombre et de lumière sur le sol. À ses côtés, une grosse racine rampait silencieusement. Il ferma les yeux. Quand il les rouvrit, le monde avait changé. Les arbres, les buissons, les aiguilles rousses par terre, la racine conspiraient pour l'entraîner dans leur univers implacable. Il s'enfuit en courant derrière la rumeur affolée de son cœur. L'hiver suivant, il fit une dernière tentative pour se réconcilier avec les grâces de la nature.

Il était sorti, la nuit, à l'insu de ses parents. Monté sur des skis trop petits pour lui, il s'était avancé dans les champs qui s'étendaient derrière la rue Marchand. Il avait l'impression d'aborder une planète étrangère. Il s'aventura plus loin qu'il ne l'imaginait. Au cœur de cette nuit froide de janvier, il éprouva bientôt le sentiment d'être le seul être vivant sur terre. La lune l'observait de son œil impassible. La même lune avait effrayé les dinosaures avant qu'il y ait des hommes sur la terre. Quand il revint à la maison, Jean-Michel était durci de froid. Il connaissait cette pénible sensation, pour l'avoir parfois éprouvée en rentrant de la patinoire, mais cette fois, outre les doigts et les pieds, il avait également le pénis gelé. Son appareil semblait presque entièrement résorbé à l'intérieur de son bas-ventre. Pris de panique, il éveilla ses parents qui téléphonèrent au médecin. Il n'y avait rien d'autre à faire que d'attendre.

À compter de ce jour, Jean-Michel vécut sans consolation. Il n'est pas facile de grandir sans le soutien de l'émotion. Sous le rose de ses joues où se voyait déjà le duvet de la barbe, il se tannait une peau imperméable.

— Tu vois, Lucie, conclut Jean-Michel, mon père non seulement ne m'a rien donné, mais il m'a pris ce que je n'avais pas.

Pour toute réponse, Lucie enfonça le bras dans le sac de couchage de Jean-Michel. D'une main agile, elle descendit sa fermeture Éclair pour refermer les doigts sur son pénis. Elle se souvenait d'avoir lu quelque part que dans les sociétés primitives, les mères caressaient le pénis de leurs petits pour les apaiser.

— Si tu veux que je t'écoute, assis-toi et puis parle comme du monde.

Le regard de Bruno durcit. Debout devant lui, Ti-bé gesticulait.

— C'est toi qui ne veux rien comprendre, protesta le petit homme. Moi, je m'en vais pisser. Ça te donnera le temps de te replacer les idées.

Ti-bé fit quelques pas en direction des toilettes et se retourna.

— Puis souviens-toi bien de ce que je dis. Ceux qui veulent changer le monde, c'est des trous-de-cul comme les autres. Ça fait que si tu ne veux pas te retrouver dans la merde, toi aussi, tiens-toi loin.

C'était à l'hôtel Saurel, un vétuste édifice de brique de cinq étages, entre le marché public et les élévateurs à grains du port. L'établissement présentait en façade les vestiges de son prestige d'antan, grand hall de marbre et bar-salon à lourdes tentures, mais dès qu'on atteignait les étages, on constatait l'état de délabrement du bâtiment. De longs corridors étroits peints en vert aigre, des portes muettes sur lesquelles se lisaient des numéros exagérément élevés, quatre cent dix-sept, quatre cent dix-neuf, un tapis aux arabesques usées à la corde. La tristesse suintait des murs. Depuis la fin de la glorieuse époque des commis voyageurs, les propriétaires de l'hôtel Saurel ne tiraient plus leurs revenus que de leurs bars et de la salle de réceptions. Les épaves de la ville, des vieux à la retraite, occupaient quelques chambres et la salle à manger en échange de leur chèque de pension gouvernementale. Leur silhouette toussoteuse hantait les escaliers sonores. L'usage de l'ascenseur leur était interdit.

Derrière l'hôtel, dans une cour étroite où l'herbe poussait à travers l'asphalte, une porte basse donnait accès à une taverne sans nom, fréquentée principalement par les pensionnaires de l'établissement. C'était une salle de dimensions moyennes. Les murs étaient revêtus de panneaux de préfini sombre, patinés par vingt ans de fumée de cigarettes. On y voyait des horloges Molson en forme de grand voilier, des tic-tac Labatt 50, une applique fluorescente O'Keefe où un frappeur de baseball pointait son bâton en direction des buveurs. Sur le comptoir, dans des jarres transparentes, des œufs entiers et des langues de porc marinaient dans un vinaigre douteux. Des douzaines de longs verres évasés pendaient d'un casier suspendu, l'ouverture vers le bas. Deux garçons officiaient, pantalon noir, chemise blanche aux manches retroussées, tablier de cuir noir dans lequel étaient pratiquées des poches pour la monnaie, un petit plateau rond à la main et un torchon sur l'épaule. Seul élément inusable du décor, le plancher était recouvert de terrazzo, un composé de particules de granit gris et noir noyées dans une base de ciment. Sa surface était toujours plus ou moins humide. Les buveurs s'y traînaient les pieds. Quinze tables rondes, recouvertes de formica piqueté par les brûlures de cigarettes et cerclées d'aluminium, emplissaient la place. Une salière régnait en permanence sur chacune d'elles. Il était neuf heures du soir.

En attendant le retour de Ti-bé, Bruno leva le bras droit, l'index et le majeur écartés comme pour former le signe de la victoire. L'un des garçons acquiesça d'un signe presque imperceptible et il emplit deux verres à la pression. Il vint les déposer, débordants de mousse, devant Bruno qui en régla le coût sur-le-champ, réservant une pièce de vingt-cinq cents de sa monnaie au garçon. En échange de cette générosité, ce dernier libéra la table des verres vides qui l'encombraient.

Bruno avala une gorgée de bière et pencha la tête sur sa poitrine. Il savait que s'il continuait à ingurgiter de la bière, l'ivresse mettrait ses gros doigts sales dans ses lunettes. Et Bruno n'ignorait pas sa faiblesse. Quand il avait commencé à boire, il avait du mal à s'arrêter.

Après l'incident où Ti-bé avait démontré une présence

d'esprit inespérée en mettant en scène, à l'intention des policiers, le retour de chasse de Bruno, ce dernier avait jugé
équitable d'entraîner son compagnon à la taverne de l'hôtel
Saurel. De toute façon, Bruno ne souhaitait pas demeurer à
son chalet. Il craignait le retour des policiers. En même
temps, il sentait l'urgence de s'expliquer avec Ti-bé. Comme
prévu, le petit homme s'était énervé.

Bruno plongea sa moustache dans la mousse de sa bière
tout en laissant errer son regard. La salle baignait dans une
pénombre poisseuse. Les six lampes du plafond, constituées
d'une corolle de verre d'où émergeait l'éclat cru d'une ampoule, n'avaient d'autre effet que d'épaissir l'atmosphère. Le
mur qui donnait sur la cour était certes constitué de blocs de
verre opaque, mais il livrait à cette heure un reflet noir. On
entendait la rumeur des buveurs plus qu'on ne voyait leurs
silhouettes penchées sur les tables.

— La lie de la société, aimait à répéter le notaire Bibeau
en évoquant les pensionnaires de l'hôtel Saurel.

Plus ironiquement, la population de Sorel désignait
l'endroit sous le nom de *La fosse aux lions*.

Pendant ce temps, dans les toilettes, Ti-bé achevait sa
besogne en s'efforçant de déloger, avec la pression de son jet,
la poignée de boules de naphtaline qui empestaient au fond
de l'urinoir. Le dos cambré, une main dans la poche de son
pantalon, l'autre à son affaire, il sifflotait. Ti-bé, personnage
de tragédie, casquette de travers et mégot aux lèvres, esprit
tordu toujours plus ou moins prêt à vendre ou à échanger
quelque chose, un meuble cassé, une voiture rouillée, son
âme peut-être. Sa chevelure blanche laissait voir les traces
jaunes du blond qu'il avait été. Tout en finissant d'uriner, Ti-
bé tira un peigne usé de la poche de sa chemise pour rejeter
ses cheveux en arrière en ondulations romantiques. Sa mère
lui avait appris à se coiffer de cette façon. Elle disait qu'il
ressemblait à un beau petit coq. Et c'était vrai que Ti-bé, en
son temps, avait dû se prendre pour le coq du village, avant

de constater qu'il n'atteindrait jamais la taille des enfants de son âge. Humilié, il n'en devint que plus méchant. La méfiance s'emmagasina dans tous les replis de sa personnalité.

Il regagna la salle. Personne ne le remarqua. Il louvoya entre les tables et rejoignit Bruno à qui il servit la phrase percutante qu'il avait eu le temps de retourner dans son esprit enfumé.

— Si ça ne te fait rien de te retrouver en prison, moi pas.

Bruno ne broncha pas. Il estimait prudent de laisser Ti-bé lâcher un peu de vapeur avant de tenter de le raisonner. Le petit homme s'engouffra dans la brèche de silence.

— Quand ils sont venus me demander si je savais où tu étais, je ne leur ai rien dit aux policiers. Quand ils sont venus t'interroger, j'ai fait le ménage dans ton bateau. J'ai fait ça pour toi. Pour pas que t'aies l'air trop fou. Maintenant, c'est à ton tour de faire quelque chose pour moi. Je ne sais pas où tu les as laissés, ton neveu puis sa blonde, mais je veux que tu me promettes de ne pas y retourner. T'as fait plus que ce que tu pouvais pour eux. Ça ne leur donnera rien de plus que tu te fasses prendre avec eux autres. Et puis s'ils t'arrêtent, ils vont venir me poser des questions et ils vont s'apercevoir que je t'ai aidé. Je n'ai pas envie de finir mes jours en prison parce que t'as la tête enflée.

Bruno ne répondit pas encore. Ils burent l'un face à l'autre, sans se voir, comme cela se produit souvent dans les tavernes fréquentées par des habitués. Il était plus de neuf heures du soir et Bruno était fatigué. Les jambes molles sous la table. La soif insatiable. Il aurait voulu s'enivrer pour le reste de ses jours.

— M'a te le dire, moi, ce que tu vas faire, reprit Ti-bé. Demain matin, on remet ton bateau à terre. T'effaces tout ça de ta mémoire puis tu n'y penses plus. Ça n'a jamais existé.

Bruno n'écoutait plus son compagnon. Il pensait à Jean-Michel et à Lucie, sans doute enlacés au fond de la chaloupe, et qui devaient s'embrasser pour atténuer leur détresse, en attendant son retour. Il releva la tête pour affronter Ti-bé.

— Je ne t'ai pas demandé ton avis.

Le petit coq se dressa.

— Saint-Sicroche! après ce que j'ai fait pour toi, tu vas me parler autrement!

— Et puis toi, tu vas fermer ta gueule.

Bruno martela la table de son poing. Les verres tintèrent. Ti-bé allait protester. Bruno l'en empêcha.

— Écoute-moi bien. Mon neveu et sa blonde, c'est des FLQ. Ça ne sert à rien de finasser avec ça. Tu le sais. Mais pour tout le monde, tu ne les as jamais vus. Moi non plus. C'est clair? D'ailleurs, je ne suis pas sûr qu'ils aient si tort que ça.

Ti-bé frémit.

— Es-tu en train de me dire que t'as viré FLQ, toi aussi?

— Si j'avais leur âge, peut-être bien que oui.

Ti-bé se leva, plus précaire que jamais sur ses courtes jambes. Il s'appuya des deux mains bien à plat sur la table et se pencha en avant comme un orateur à une tribune.

— Hé! les gars.

Les buveurs de *La fosse aux lions* étaient habitués de subir les assauts oratoires de ceux à qui l'alcool donnait des convictions. Ils tournèrent lentement la tête vers Ti-bé.

— Les gars! Voulez-vous voir de quoi ça a l'air un FLQ? Moi, j'en connais un. Juste là devant moi.

Une après-midi de 1959, quelques jours avant Noël, le père de Jean-Michel rentra de la manufacture plus tôt que d'habitude. Il s'assit au bout de la table de la cuisine, plus muet que jamais. Sur le paillasson de l'entrée, ses grosses bottes délacées tiraient la langue de façon pathétique. Son parka, usé et décoloré, pendait sur le dossier de sa chaise, la fourrure de son capuchon maigre et rude. Ses grosses mitaines de cuir raidissaient sur le radiateur. Il posa les mains sur la table devant lui et les regarda en pleurant. Silencieux. Les membres de sa famille l'entourèrent, Jean-Michel, sa mère, ses deux frères et sa sœur. Alfred pleurait sans retenue mais à voix basse. On entendait à la radio la voix sirupeuse de Bing Crosby proclamer l'approche de Noël. *I'm dreaming of a white Christmas*. Personne n'interrogea le père. On savait qu'on n'obtiendrait pas de réponse.

Depuis quelques années, Alfred Bellerose s'éloignait de la vie à petits pas. Il n'avait pas quarante ans que le souffle lui manquait déjà en montant les escaliers. À quarante-cinq ans, il passait la plupart de ses nuits assis sur son lit à dérober un peu d'air aux ténèbres. Quand il atteignit la cinquantaine, il ouvrait sur le monde et les siens les yeux de celui qui s'étonne d'être encore en vie. Le médecin de famille avait été formel.

— Il a les poumons rongés par l'acide de la teinture.

Le syndicat voulut s'emparer de son cas pour en faire une cause. Alfred refusa. La direction de l'Anglo-American le soumit aux examens du médecin de l'entreprise. Alfred loua son employeur du souci qu'il se faisait de sa santé. Il aurait été renversé de lire ce que le docteur de l'Anglo-Americain inscrivit à son dossier. *Le patient présente toutes les caractéristiques d'une dégénérescence accélérée et généralisée. Les organes vitaux, cœur, foie, reins, poumons, ne fonctionnent plus qu'à 50 % de leur capacité. Emphysème pulmonaire caractérisé. Gros fumeur. Il est impossible de déterminer si la pathologie pulmonaire précède les autres affections ou en découle. Dans la plupart des cas qui ont été portés à notre connaissance, l'insuffisance pulmonaire s'accompagne de troubles multifonctionnels dont elle ne peut être dissociée.* En d'autres termes, le médecin de l'entreprise cherchait à disculper l'Anglo-American devant l'éventualité de poursuites judiciaires, en mettant sur le compte d'un mauvais état de santé généralisé les troubles pulmonaires de l'ouvrier-teinturier.

Comme la plupart de ses confrères de l'Anglo-American, Alfred Bellerose vivait en fonction de la retraite qu'il prendrait à soixante-cinq ans. Non pas qu'il eût anticipé avec délices les plaisirs de sa liberté reconquise. Il savait que sa vie perdrait tout son sens au matin du premier jour de sa retraite. Plus simplement, il envisageait l'existence comme une longue parenthèse laborieuse entre deux périodes obscures, l'enfance et la vieillesse. Encore fallait-il assurer sa subsistance au cours de cette dernière. Atteindre l'âge de la retraite constituait la seule façon de connaître des vieux jours non pas confortables mais à tout le moins supportables. La détérioration de son état de santé lui faisait plus de soucis qu'il ne voulait le laisser paraître. Muet à sa douleur, il dénouait chaque soir les lacets de ses bottes dans un essoufflement qui se muait bien vite en étouffement, satisfait d'avoir franchi un pas de plus vers la retraite.

Depuis plusieurs années, Alfred Bellerose avait cessé de mener une existence normale. Le peu d'énergie qu'il lui restait, il le consacrait à exécuter sa tâche à l'atelier de teinture. En rentrant à la maison, il redevenait la loque qui avait quitté son lit le matin. Les premiers temps il sortait encore le soir, après le souper, regarder sa femme arroser les trois plants de tomates qu'elle entretenait dans un coin de la cour, dans l'angle du vieux garage. Bientôt il n'eut plus le courage de descendre l'escalier en pensant qu'il devrait le remonter une heure plus tard. Il ménageait ses forces pour ses allées et venues de la maison à la manufacture. Il prit l'habitude de s'allonger dès son retour du travail. Avec les années, il en vint à ne sortir de sa chambre que pour aller travailler. Il va sans dire qu'Alfred n'ouvrait plus la bouche pour chanter depuis longtemps. Il se contentait d'écouter, appuyé sur ses quatre oreillers, son ténor préféré, Beniamino Gigli, donner un souffle aux lambeaux de son rêve.

L'état de santé du père ne manqua pas d'influer sur la vie de chacun des membres de la famille. Très tôt les enfants apprirent à refouler leurs ardeurs pour ne pas déranger ce père qui se reposait dans sa chambre. Ils finirent par refréner leurs courses autour de la maison. Lassés des remontrances d'une mère qui ne vivait pas mieux son rôle d'infirmière que celui de veuve avant l'heure, ils désertaient le plus souvent possible ce lieu maudit pour aller donner libre cours à leur exubérance auprès de compagnons de leur âge. Le tissu familial s'effilocha. À quatorze ans, l'aîné, Jean-Michel, ne rentrait plus que pour manger et dormir. Bientôt il se mit à téléphoner en soirée pour annoncer qu'il couchait chez des amis.

Ils étaient tous là, cependant, le jour où le père revint de son travail plus tôt que de coutume. Ils le regardèrent pleurer en silence. La radio annonçait le retour dérisoire du *Petit renne au nez rouge*. Après plusieurs minutes, Alfred leva vers sa femme des yeux brûlants de larmes.

— Ils m'ont mis dehors, parvint-il à dire.

— Qu'est-ce qu'on va devenir? s'entendit répondre sa femme avant de fuir à son tour vers sa chambre.

Les quatre enfants restèrent là, devant la coquille vide de leur père. Jean-Michel sortit en claquant la porte, abandonnant ses frères et sa sœur à la détresse de leur père. On ne le revit plus de toute une semaine. Sans qu'il fût jamais possible de le prouver, sa mère soupçonna longtemps que son fils était l'auteur des nombreux actes de vandalisme commis aux quatre coins de la ville pendant la durée de son absence. Des pneus crevés, des vitrines fracassées. Aucun vol cependant. Des actes de pure méchanceté, dirent les bonnes âmes.

Les habitués de *La fosse aux lions* faisaient cercle autour de Ti-bé, dos ronds, nuques raides et mains noueuses. Toute une humanité.

— Qu'est-ce que tu dis?

— Je dis ce que je dis. Le gars que vous avez devant vous connaît deux FLQ et il sait où ils sont cachés.

Le petit coq se dressa devant leur mine étonnée mais ils ne s'intéressaient déjà plus à lui. Ils regardaient Bruno couler sur eux son regard bleu.

— C'est vrai ce qu'il dit? demanda un lion chevrotant.

Bruno ne répondit pas. Il avait mis les mains sur la table. Un deuxième insista.

— Voyons donc! Ça se peut pas!

On ne connaissait rien de Bruno Bellerose à Sorel. Il était apparu pour la première fois à la taverne de l'hôtel Saurel cinq ans plus tôt, un vendredi de marché. Il s'était assis près de la porte, grand et déjà grisonnant aux tempes, et il avait avalé trois verres de bière avant de repartir comme il était venu. Ainsi pendant les deux ou trois premières années de son séjour à Sorel. On le vit de plus en plus souvent en compagnie de Ti-bé, son voisin des îles. Celui-ci était connu. On ne fit bientôt pas plus attention au premier qu'au second. On salua Bruno comme un habitué. Il ne se mêlait pas aux conversations. Ses vêtements usés ne faisaient illusion à personne. Il avait appartenu à une classe sociale différente de la leur. Bruno acquit enfin le privilège de s'attabler au fond de la taverne, dans la quiétude de l'ombre où il s'inscrivit d'office parmi les déshérités. Et voici que Ti-bé l'accusait publiquement de comploter avec les fauteurs de troubles du FLQ.

— Je ne comprends rien de ce qu'il dit, protesta Bruno. Il est soûl, c'est évident.

Mais Ti-bé se rengorgea.

— Si je voulais, je pourrais les faire arrêter.

Un grand sec à la peau cuivrée ricana.

— Si c'était vrai, ça fait longtemps que t'aurais empoché les cent mille piastres de récompense. Hein, les gars?

— Oui, si t'es si riche, tu nous paies la bière?

Ti-bé protesta:

— Minute là, pas trop vite. C'est lui qui sait où ils sont cachés. Pas moi.

— C'est vrai ça? insista le grand à la peau cuivrée en se penchant sur Bruno.

— C'est rien que des bêtises, marmonna ce dernier avant d'avaler une gorgée de bière.

Et Bruno se leva. Il allait partir. Ses compagnons n'entendaient pas le laisser filer au milieu de si croustillantes révélations. Ils firent cercle autour de lui. Bruno les regardait d'un air de défi, un tremblement dans la moustache. Pendant ce temps, Ti-bé cherchait à ramener l'attention sur lui.

— Non, mais c'est vrai, raisonna-t-il du haut de la prestance que lui conférait sa révélation, ces maudits FLQ-là, si on les laisse faire, ils vont virer le pays à l'envers! Il faut arrêter ça, avant que ça aille trop loin. Qu'est-ce que vous en pensez?

— On leur a rien demandé, aux FLQ, répondit le lion chevrotant.

— Moi, renchérit un autre, j'ai pour mon dire, quand on voudra changer le monde, on n'a pas besoin de cette bande de pouilleux. Ils disent qu'ils parlent au nom du peuple, mais c'est rien que des fils à papa de Montréal. Ils s'habillent en guenilles puis ils pensent que le peuple s'aperçoit pas qu'ils ont les poches bourrées d'argent. C'est rien que des hippies, si vous voulez savoir. Quand on décidera de faire la révolution, on la fera nous autres mêmes. La révolution du peuple, pas la révolution des hippies. En attendant, ça nous retombe sur le nez. Moi, en sortant d'ici, je peux aussi bien me faire arrêter, comme ça, pour rien, parce que ma face revient pas aux policiers. La démocratie, c'est la meilleure affaire qui a jamais été inventée. S'ils sont pas contents, qu'ils aillent en Russie. Vous allez voir, ils vont revenir vite.

— Je vais vous dire, intervint un gros au souffle court, je suis plutôt pour ça, moi, le FLQ. Ça peut pas faire de tort, brasser leur cage, aux politiciens.

La discussion qui s'ensuivit détourna de nouveau l'attention de Ti-bé qui resta le bras en l'air, une expression d'intense concentration sur le visage. Il se rabattit sur Bruno. Ce dernier n'avait pas bronché, toujours debout devant sa table, les traits impassibles. Ti-bé choisit de l'interpeller encore une fois.

— Toi, on sait bien, t'es de leur bord!

Bruno frémit. Sa colère le grandissait. Il s'agrippa des deux mains à la table. On crut un instant qu'il allait se jeter sur Ti-bé.

— C'est à cause de gens comme toi que la jeunesse est écœurée, reprocha-t-il à Ti-bé. T'es tellement pesant. Tu te laisses traîner. Ils ne sont même plus capables d'avancer. Tu ne leur laisses pas le choix.

Incrédule, Ti-bé balbutia.

— Vous l'entendez? Il me met tout ça sur le dos.

— C'est vrai, poursuivit Bruno, qu'est-ce que c'est, le FLQ? Une poignée de désespérés. C'est pas les chiens qui jappent le plus fort qui sont les plus dangereux.

— En attendant, lui fit-on observer, ils ont tué le ministre.

— Je ne suis même pas sûr que c'est eux qui l'ont tué, déclara Bruno.

L'affirmation surprit, apaisant momentanément le tumulte. Le gros qui croyait en la nécessité du FLQ en profita pour apporter de l'eau au moulin de Bruno.

— Avez-vous pensé à ça? Si c'était la police qui l'avait tué, le ministre? Ils en sont capables.

— Pourquoi que la police tuerait un ministre?

— Pour te faire rentrer dans ton trou, gronda Bruno.

— Ça se peut pas.

— Tout se peut. Aurais-tu pensé, toi, qu'un jour ils pourraient te mettre en prison à cause de ce que tu dis? Pire encore, à cause de ce que tu penses?

— S'ils veulent me jeter en prison, ils sont mieux de se lever de bonne heure. Je connais des places, dans les îles, ils ne me trouveront jamais.

— C'est bien évident qu'il y en a de cachés partout dans les îles. Moi, si j'étais à la place de ces gars-là...

— Il y en a un des deux qui est une fille, précisa Ti-bé qui s'accrocha à ce détail pour reprendre un peu de l'attention qui lui échappait.

— Tu lui as pas fait la passe? demanda le grand cuivré. Ç'a l'air qu'ils sont pour l'amour libre...

Un rugissement de rires s'éleva. La pensée que Ti-bé pût séduire une révolutionnaire avait quelque chose de grotesque. Bruno en profita pour atténuer la portée des propos de Ti-bé.

— Vous voyez bien qu'il dit n'importe quoi.

— Tes FLQ, tu les as trouvés au fond de ton verre de bière? s'enquit le gros.

Ti-bé gesticulait.

— Je vous le dis que c'est vrai, je les ai vus!

— Va donc te coucher, trancha le gros, tu sais plus ce que tu dis!

Bruno mit la main sur l'épaule de Ti-bé.

— Si tu veux t'en venir, moi, je suis prêt.

Ti-bé tournait sur lui-même comme une toupie.

— Vous rirez moins quand vous verrez mon nom dans le journal.

Bruno s'efforçait d'entraîner Ti-bé. Celui-ci résistait. Bruno le tira par le bras.

— Lâche-moi! protesta Ti-bé, si tu veux t'en aller, vas-y, moi je suis capable de m'en retourner tout seul.

Bruno fit un clin d'œil au gros qui souleva Ti-bé par une aisselle.

— Viens-t'en, dit le gros d'une voix posée, c'est le temps de s'en aller.

Ti-bé regarda cet homme comme s'il le voyait pour la première fois. C'était pourtant un habitué de *La fosse aux lions,* l'un des employés de l'hôtel Saurel, à vrai dire tout autant pensionnaire que salarié de l'établissement. En échange de la nourriture et de l'hébergement, il régnait sur le stock des caisses de bière et d'alcool. Il officiait dans un grand local sombre, contigu à la taverne, au fond duquel il avait un grabat. On le connaissait sous le nom de l'oncle Harry. Il avait la face toute rouge, une bonne moustache blanche et une casquette dont on disait qu'il ne la quittait même pas pour dormir.

— Viens-t'en, insista l'oncle Harry, t'as assez bu pour aujourd'hui.

Et Ti-bé sortit de *La fosse aux lions,* escorté par l'oncle Harry et par Bruno, sous le regard hilare des clients qui regagnèrent leurs tables. Les deux garçons, qui n'avaient pas quitté leur comptoir, se mirent en frais de remplir les verres. Ils se réjouissaient de l'incident qui serait favorable à une grande consommation de bière.

Dehors, le petit coq ne claironnait plus. Les rares passants virent en lui une autre de ces épaves que *La fosse aux lions* rejetait avec une régularité déplorable dans les rues de la ville. Bruno allait se diriger vers sa Pontiac qu'il avait garée à proximité quand l'oncle Harry lui mit la main sur le bras.

— Non, dit-il, c'est pas prudent de partir comme vous êtes là tous les deux. Je vous emmène coucher chez nous. Ça donnera le temps à celui-là de dessoûler.

Et l'oncle Harry abattit sa grosse main sur l'épaule de Ti-bé qui tituba en grommelant.

— À cause du FLQ, on n'a même plus le droit de rentrer chez nous.

Les deux dernières années de sa vie, Alfred Bellerose mourut à petit feu comme une bûche sans oxygène. Périodiquement, le médecin l'hospitalisait, pour le renvoyer chez lui une semaine ou deux plus tard, impuissant à ralentir le cours de la dégénérescence de son patient. Alfred ne se plaignait pas. Il n'exprimait à peu près jamais ses sentiments.

Sa femme le transportait parfois au salon pour lui permettre de reprendre contact avec la vie devant la lucarne du téléviseur. Alfred regardait sans voir. Il se laissait ramener à son lit sans commentaires ni protestations. Étranger.

De son côté, Jean-Michel grandissait en exprimant une révolte dont il ne voulait pas encore admettre qu'elle eût la soumission de son père pour origine. Ses professeurs ne lui inspiraient plus aucun respect. Pochu buvait. Cyrano courait les femmes. Bollé s'empêtrait dans les lacets de ses chaussures. Jean-Michel les méprisait trop pour accepter dorénavant que la vérité puisse sortir de leurs bouches. Trop démuni à seize ans pour concevoir le projet d'une société idéale, il se contentait de saboter celle dans laquelle il était contraint de vivre. Sans même constater que sa première mesure de représailles se retournait contre lui, il avait pratiquement cessé de fréquenter le collège. Quand il s'y présentait, c'était pour provoquer des altercations avec ses professeurs. On le chassait et on ne le revoyait plus pendant plusieurs jours.

Il vivait plus ou moins en permanence chez un camarade plus fortuné que lui, Guy Desbiens, le fils unique d'un dentiste. Les deux adolescents occupaient le sous-sol composé de deux chambres à coucher et d'une vaste salle de séjour. Ils couchaient sur les divans de cette pièce qu'ils avaient transformée en sanctuaire de toutes leurs aspirations. Une affiche de James Dean, une autre de Marilyn Monroe, des modèles réduits de voitures de sport, des raquettes de tennis et des vêtements sales épars sur le plancher. Ici, personne ne contestait leurs mœurs. Le père de Guy Desbiens n'avait pas le temps de constater ce qui s'y passait. Sa mère avait démissionné devant le caractère intraitable de son fils. Les deux adolescents mettaient tout en commun, ce qui revenait à dire que Guy Desbiens payait tout. Ensemble, ils refaisaient le monde dans ses commencements brouillons. Jean-Michel Bellerose rejetait la société parce qu'elle ne lui offrait rien. Guy Desbiens s'insurgeait de ce qu'elle lui en proposât trop.

Le fils du dentiste était animé d'une grande passion pour la lecture. Ses livres traînaient partout dans l'antre qu'il partageait avec Jean-Michel. Celui-ci les feuilletait pendant que son camarade était au collège. Sartre, bien entendu, que Jean-Michel trouva mortel. Camus le ravissait. Plus que *L'étranger* ou *La peste,* il se délecta de *Noces.* Il ne savait pas encore où était l'Algérie. Il ne connaissait rien des horreurs qui s'y perpétraient au nom de la civilisation. Il se contentait de rêver à des plages chaudes où les odeurs avaient des présences humaines. Il imaginait les terrasses, sur le toit des maisons, où passer la nuit à lire dans les étoiles. Il languit de longues après-midi avec Hemingway devant *Les neiges du Kilimandjaro.* Il se nourrissait de la virilité de ce matamore littéraire. Puis il découvrit Giono. À seize ans, il se sentait tout le poids du Panturle de *Regain.* Le poids de la vie. Il commençait à peine sa vie et il aurait déjà voulu tout reprendre du début. La Haute-Provence de Giono devint sa terre promise. Dans sa tête, il partait en excursion, emportant un petit sac, une nappe dedans, un bout de fromage, deux tranches de pain, et c'était le banquet de *Que ma joie demeure.* Les rives de la Saint-François se métamorphosaient en Haut-Plateau. Il n'avait qu'une aspiration: fonder une petite communauté avec Guy Desbiens, pour pratiquer l'essentiel en se suffisant à eux-mêmes. Un socialisme naïf comme Giono l'avait tenté au Contadour.

Avec le temps, Jean-Michel s'identifia davantage au *Hussard sur le toit.* Ce personnage fantasque traversait la Provence au temps du choléra. La maladie l'épargnait parce qu'il n'avait peur de rien. À son contact, Jean-Michel prit de la prestance. Il releva les épaules. Il adopta un grand pas élastique comme quand il était plus jeune et qu'il sortait de la projection d'un western au cinéma.

Il lisait peu les auteurs québécois. En ces années, ceux-ci n'existaient pas pour les étudiants des collèges. Yves Thériault, peut-être, mais Jean-Michel s'identifia difficilement aux Indiens et aux Esquimaux de ce romancier. Pour lui, les livres étrangers représentaient la seule façon de quitter Drummondville, le Québec et le Canada.

Jean-Michel et Guy Desbiens pratiquaient d'autres façons de s'évader de la réalité quotidienne, notamment en s'enivrant copieusement chaque fois que l'occasion leur en était donnée. Ils avaient d'abord bu de la bière. Ils avalaient maintenant de petits flacons de gin qu'ils se passaient de main à main. Au terme de ces soûleries, l'image de son père soumis devant l'injustice et la mort envahissait Jean-Michel. Le jeune homme se débattait contre une rage qui le lacérait. Un samedi après-midi du début de janvier qu'il était déjà passablement ivre, Jean-Michel se résolut à affronter son père.

Celui-ci était seul à la maison. Sa femme faisait les courses hebdomadaires et les enfants jouaient avec des voisins. Alfred Bellerose était assis sur son lit. Jean-Michel resta debout.

— Ça fait longtemps que je voulais te parler d'homme à homme, commença-t-il.

Alfred ne répondit rien. Jean-Michel enchaîna.

— Il y a une chose que je ne comprends pas. Comment tu fais pour ne pas te révolter?

Le père regarda son fils comme si ce dernier lui avait parlé une langue étrangère. Devant son mutisme, Jean-Michel frappa encore plus fort.

— Attends-tu d'être mort pour dire quelque chose?

Le regard d'Alfred suppliait son fils de se taire. Ce dernier n'en tint pas compte.

— C'est eux autres, à l'Anglo-American, qui t'ont tué! Puis toi, tu ne dis rien.

Alfred souleva les deux mains sur sa couverture pour témoigner de son impuissance. Ce geste irrita Jean-Michel davantage. Il insista.

— Un homme qui n'a pas le cœur de se battre, c'est pas un homme.

Des larmes montèrent aux yeux d'Alfred comme il en vient à ceux que la maladie a rendus vulnérables. Jean-Michel ne voulut pas les voir.

— Moi, si j'étais à ta place, je leur ferais payer ça cher.

Alfred hochait la tête. Jean-Michel poursuivit.

— T'as rien à me dire?

Le père détourna la tête. Sans doute voulait-il cacher ses larmes à son fils. Celui-ci interpréta ce geste comme un rejet. Il sortit en claquant la porte de la chambre. Il ne devait pas revoir son père vivant.

Une semaine plus tard, Alfred fut de nouveau hospitalisé. Cela n'avait rien d'inusité. Pourtant, peu avant le repas du soir le 16 janvier, la mère de Jean-Michel rejoignit celui-ci au téléphone chez Guy Desbiens pour lui annoncer que son père était au plus mal. Jean-Michel se rendit sans hâte à l'hôpital Sainte-Croix. Dans le corridor, il croisa le docteur Landry qui traitait son père.

— Tu sais que ton père est très malade? lui demanda le vieux médecin.

Jean-Michel acquiesça de la tête.

— Eh bien, il est mort, enchaîna-t-il.

Et il mit la main sur l'épaule de l'adolescent pour le conduire à la chambre où reposait le cadavre de son père. La mère, les deux frères et la sœur de Jean-Michel entouraient la dépouille de l'homme qui venait de s'éteindre. Alfred Bellerose semblait dormir dans son pyjama rayé, une mèche de cheveux gris sur le front. Jean-Michel contempla son père qui ressemblait dans la mort à ce qu'il avait été de son vivant, puis il sortit dans le corridor. Il marcha vers le solarium où les patients et leurs visiteurs se rendaient l'après-midi pour fumer des cigarettes et prendre le soleil. Il contempla les lumières de la ville.

La nuit régnait sur la froide soirée de janvier. Il ferait vingt degrés sous zéro pendant la nuit. Jean-Michel traquait des émotions qui tardaient à se manifester. Force lui fut de constater que la mort de son père ne le chagrinait pas. Trop vieux pour pleurer, pas assez pour compatir, Jean-Michel songea que son père était mort parce qu'il l'avait bien voulu.

Le local occupé par l'oncle Harry au sous-sol de l'hôtel Saurel était de dimensions imposantes. À peu près l'équivalent de *La fosse aux lions*. L'espace libre en était toutefois considérablement réduit par la présence de centaines de caisses de bière empilées les unes sur les autres. Pour se ménager un peu d'intimité, l'oncle Harry avait érigé des murs de ces caisses de bière autour de l'endroit où il avait installé son grabat et son fauteuil, ne laissant qu'une ouverture de la dimension d'une porte pour y accéder. L'édifice était périodiquement anéanti par la consommation de bière qui se faisait dans l'établissement. Deux fois par mois, l'oncle Harry était contraint de dormir au centre d'un univers dévasté. L'arrivée des camions de livraison lui permettait de retrouver son intimité. Le sort avait voulu qu'en y cherchant refuge, Bruno et Ti-bé trouvent l'endroit clos de hautes murailles de caisses de bière.

Ti-bé était assis au bord du lit de l'oncle Harry, sur une couverture brune enroulée sur elle-même et dont l'état de propreté douteuse ne semblait pas le préoccuper. Ivre comme il l'était, ce détail lui échappait complètement. Le petit homme fumait une cigarette tordue qu'il avait extirpée de peine et de misère de son emballage. En face de lui, dans un fauteuil défoncé dont les ressorts étaient contenus par un coussin plat sans couleur, Bruno fumait lui aussi sans quitter Ti-bé des yeux. Debout entre les deux, l'oncle Harry dodelinait sur une jambe et sur l'autre pour se soulager du poids que lui imposait sa bedaine. Sa casquette rejetée en arrière révélait une avalanche de cheveux frisés qui viraient au blanc. L'échancrure de sa chemise montrait également une abondante toison de même couleur. Ensemble, ils représentaient ce que l'humanité a de plus stable dans sa quête naïve de réponses aux questions insolubles. L'humus de la terre. Ti-bé s'en prit une fois de plus à Bruno.

— Toi, c'est facile. Tu fais semblant d'être pauvre mais t'as de l'argent tant que t'en veux à la banque. Tu signes, ils t'en prêtent. Pas de problème, monsieur Bellerose. En voulez-vous encore? Moi, ils veulent même pas changer mon chèque du gouvernement.

— Arrête ça, Ti-bé, t'as déjà dit assez de bêtises pour aujourd'hui.

Bruno jouait un jeu dont il connaissait chaque détour. Cet affrontement, il s'élevait entre eux presque chaque semaine, au retour de leurs rituelles virées à Sorel. Le débat portait généralement sur les propos des hommes publics et les mœurs du siècle. Comme tous les faibles, Ti-bé préconisait la manière forte, coups de pied au cul et policiers. De son côté, Bruno n'adoptait jamais un point de vue unique. Il observait l'objet sous tous ses angles. Il voyait des travers de tous les côtés et des avantages où il y en avait. Ti-bé rageait. Impossible d'enfermer Bruno dans un camp ou dans l'autre. Cette fois, Bruno tendait la perche à Ti-bé avec d'autant plus d'attention que le sujet de leur différend portait à conséquence. Le sort de Jean-Michel et de Lucie pouvait dépendre de cet affrontement. Ti-bé n'en poursuivit pas moins ses assauts selon les règles habituelles.

— J'exagère? Ouvre-toi donc les yeux! Avant de venir t'installer dans les îles, t'étais un monsieur. Le *boss*. «Oui, monsieur Bellerose, tout de suite, monsieur Bellerose.» C'est toi qui m'as raconté ça.

— Peut-être bien, puis après?

— C'est pour ça que tu peux te permettre pas mal de choses que moi j'ai pas le droit.

— Quoi, par exemple?

— Pas penser comme tout le monde, puis pas te gêner pour le dire.

Ti-bé s'efforçait d'imiter Bruno et ne parvenait qu'à adopter une voix de fausset.

— «Le FLQ? Moi, je trouve que c'est pas une méchante affaire. D'ailleurs, je connais du monde qui fait partie du FLQ. Mon neveu puis sa blonde sont là-dedans. C'est moi qui les ai cachés dans les îles de Sorel. Si vous êtes pas contents, mettez-moi en prison. J'ai les moyens de me payer un avocat.»

Ti-bé s'interrompit pour mesurer son effet. Bruno n'avait pas bronché. L'oncle Harry souleva sa casquette pour se gratter le crâne. Ti-bé s'enflamma.

— Moi, c'est pas la même chose. T'as vu? Même quand je dis la vérité, personne veut me croire.

Bruno songea à Lucie et à Jean-Michel. Pour les protéger, il édifiait une digue de paroles entre eux et le monde représenté par Ti-bé et l'oncle Harry.

— C'est tout le contraire de ce que tu dis, commença Bruno. Vois-tu, Ti-bé, c'est toi qui es le mieux placé pour parler. Parce que tu n'as rien à perdre.

— Moi, objecta Ti-bé, j'ai été élevé à fermer ma gueule. Chez nous, le premier qui ouvrait le bec, il recevait une claque derrière la tête. Le père, il nous a élevés à coups de pied. La mère, elle se taisait pour pas en recevoir elle aussi. Hein! t'as pas connu ça, toi?

— Vois-tu, expliqua Bruno à son compagnon, le FLQ, faut pas partir en peur avec ça. Chaque fois que deux hommes se chicanent à propos de quelque chose, c'est le FLQ. Un mari et sa femme qui se crient des bêtises, à cause d'une boîte de conserve mal placée dans l'armoire, ça aussi c'est le FLQ.

— Saint-Sicroche, jura le petit homme maussade, tu fais pas la différence entre deux vieux qui se chicanent puis une bande de pouilleux qui égorgent un ministre?

— Bien sûr que je fais la différence, mais toi, tu ne lis pas *Allô Police* ? Le mari qui coupe sa femme en morceaux. L'amant qui tue le mari et qui essaie de déguiser ça en accident. Les beaux-frères qui s'entretuent parce qu'ils ont trop bu. Le jeune qui assomme une petite vieille pour dix piastres. Tout ça, je te dis, c'est le FLQ.

— T'as peut-être raison, admit Ti-bé qui ne savait que penser de cet énoncé.

Il grimaçait. Il ne comprenait rien à ce que Bruno lui disait. Il appréciait sa compagnie pour cette raison. Si je ne le comprends pas, c'est parce qu'il est plus fin que moi. S'il est plus fin que moi et qu'il me laisse jouer aux cartes avec lui, c'est parce que je ne suis pas si fou que ça. Ti-bé, frère de misère, confident de l'indicible. Après la tourmente qui l'avait jeté sur l'île aux Fantômes, affamé de solitude, Bruno avait entrouvert sa porte à cet être inoffensif. À elle seule, sa simplicité rachetait la méchanceté des hommes. Il arrivait, certes, qu'au terme de longues nuits passées à abattre les cartes sur la table, Ti-bé élevât la voix pour se donner l'illusion de participer au grand débat qui animait le monde. Ce n'était jamais que moquerie sans conséquence. Mais cette fois, Ti-bé menaçait le précaire équilibre entre les forces du bien et du mal. Il échafaudait une sociologie du pauvre.

— Nous autres, on n'a pas été élevés par des servantes, avec des poêles dans chaque chambre.

— Moi non plus.

Ti-bé redonnait de la voix de fausset.

— «Oui, mon petit garçon. Non, mon petit garçon. Encore du dessert, mon petit garçon?» Après, quand tu t'en vas dans la vie, t'es habitué à faire le fanfaron. T'es capable de leur dire: «Moi, je pense ci, moi, je pense ça.» Pas moi.

Bruno hocha la tête.

— Écoute-moi bien, Ti-bé. Chez nous, la servante, c'était la misère. Les seules fois que j'ai relevé la tête, c'était à l'étable, devant les bêtes.

— Je te crois pas.

— Puisque je te le dis.

— Je te crois pas parce que si c'était vrai, tu ne serais pas comme tu es aujourd'hui.

Bruno passa la main dans sa figure. Il commençait à craindre que le délire de Ti-bé ne les précipite en prison. Jugeant le moment propice, l'oncle Harry décida d'intervenir. Il marcha sur Ti-bé, qu'il saisit au collet pour le contraindre à se lever. La main toujours fermée sur la chemise de Ti-bé, l'oncle Harry approcha son gros visage de celui du petit homme.

— Écoute-moi bien, toi. Tu vas fermer ta gueule. Tes histoires de FLQ, je ne veux plus en entendre parler. Ça suffit. T'as compris?

Ti-bé regardait l'autre avec des yeux effrayés. Il connaissait par cœur la rude loi de la force physique. Il avait appris dès sa prime jeunesse à s'y soumettre. Il inclina la tête.

— Bon, O.K. d'abord. Si vous n'êtes pas capables de voir la vérité en face, j'aime mieux me taire.

Ti-bé tenta de se dégager. L'oncle Harry ne desserra pas sa prise.

— Je veux être bien sûr que tu m'as bien compris, ajouta-t-il. Tu vas me promettre une chose. Ces histoires-là de FLQ, c'est fini une fois pour toutes. Quand tu vas retourner à la taverne, tu leur diras que c'était pas vrai. Que tu disais n'importe quoi pour te montrer intéressant. C'est clair?

— O.K., O.K., obtempéra Ti-bé.

Mais l'oncle Harry n'en avait pas fini avec lui. Il le secoua un peu rudement pour donner du poids à ses dernières paroles.

— Si jamais j'entends dire que t'as ouvert ta gueule, t'es pas mieux que mort.

Et il grogna comme un ours, avant de relâcher Ti-bé qui retomba sur le lit. L'oncle Harry le contempla d'un air dédaigneux avant de conclure.

— À présent, c'est l'heure de dormir. Pousse-toi pour me faire de la place.

Effaré à la perspective de passer la nuit dans le lit d'une grosse bête qui le menaçait, Ti-bé se renfrogna contre la cloison de caisses de bière. L'oncle Harry s'allongea à ses côtés en tirant la couverture sur sa bedaine. Il se tourna vers Bruno.

— Toi, je suppose que t'es capable de dormir là où tu es?

— Je ne dors presque jamais, répondit Bruno.

— Tu devrais, lui fit observer l'oncle Harry, ça t'ôterait peut-être certaines idées de la tête.

L'oncle Harry et Ti-Bé s'assoupirent, du moins le sembla-t-il à Bruno jusqu'à ce que la voix du gros homme le tire de sa méditation.

— Je ne veux surtout pas que tu penses que je suis de ton bord, gronda l'oncle Harry. Moi, je ne suis du bord de personne. Tu m'entends? Personne.

Bruno se rembrunit derrière sa moustache. L'oncle Harry ronflait déjà. Bruno ignorait moins que quiconque les règles immuables de la solitude.

La nuit écrasait le pays depuis la Manic où les loups contemplaient les grands barrages jusqu'au siège de l'Hydro-Québec, boulevard Dorchester à Montréal, où les lumières restaient allumées même quand les bureaux étaient déserts. Dans une des anses des îles aux Sables, Jean-Michel et Lucie s'étaient assoupis, enveloppés dans le récit tragique de la mort du père de Jean-Michel. À Ottawa, Trudeau se leva aux petites heures et fit une gymnastique énergique. Bourassa l'imita bientôt en effectuant quelques longueurs de piscine. Dans le repaire où ils détenaient l'attaché commercial britannique, les membres de la cellule Libération fumaient des cigarettes et buvaient du café. Solidaires du meurtre du ministre Laporte, ceux de la cellule Chénier grelottaient sous la paille d'une grange de la plaine du Saint-Laurent. Quant aux membres de la cellule Papineau, ils croupissaient dans des cachettes où ils n'attendaient plus rien. La nuit s'effondra progressivement sur elle-même.

Les premiers goélands glissèrent à la surface du néant. Ce moment d'avant le lever du jour, c'était l'époque incertaine où le Créateur n'avait pas encore décidé de séparer la lumière des ténèbres. Des cris primitifs montaient du marécage. Tout aurait pu surgir d'une telle soupe originelle. Le tissu des joncs serrés ressemblait au pelage d'un monstre gigantesque, couché à l'emplacement des îles de Sorel.

Sur le dos de cette bête, là où se voyait la peau de l'eau, une barque immobile. Un univers en petit. Jean-Michel et Lucie s'éveillèrent sans avoir vraiment dormi. Une seule préoccupation: s'ils n'y prenaient pas garde, le marécage les digérerait comme il avait déjà mangé toutes les îles. Un frimas avait saisi l'eau. Ce n'était pas encore de la glace. Ce n'était déjà plus de l'eau. La barque émergeait comme un os à la surface d'une soupe dont le gras se serait figé.

Lucie sortit le bras de son sac de couchage et attira Jean-Michel à elle en le prenant à l'épaule. Elle balança son corps d'en avant en arrière, entraînant son compagnon qui ne résista pas. Lucie chantonnait. Après cela, elle ne savait pas ce qu'elle ferait.

Vers sept heures, Jean-Michel et Lucie évaluèrent la situation. Leur boussole oscillait dans leur poitrine. Une humidité pesante montait du marécage. Bruno devait être en train de charger son bateau des provisions qui leur permettraient de tenir encore une semaine ou deux. Mais après?

Huit heures. Au fond de la chaloupe, Jean-Michel et Lucie s'embrassaient, chevelures confondues. Une autre façon de se camoufler aux yeux du destin. Le temps n'avait cessé de rouler d'un bord à l'autre de la terre. Pourtant, ces embrassades ne constituaient qu'un bien futile défi. Il ne dupait personne. Jean-Michel moins que quiconque. Il se dégagea de l'étreinte de Lucie et s'assit dans le jour blanc. Il regarda au loin, derrière la muraille de joncs. Un compagnon de lutte le rejoignit par delà le temps. Un jeune homme que Lucie n'avait pas connu. Il se nommait Albert Leduc. Personne de sa génération ne se prénommait Albert. Celui-ci avait été baptisé ainsi pour honorer la mémoire de son grand-père. On se moqua de son prénom jusqu'à ce que l'usage l'ait réduit au diminutif de Bert. On prononçait Bert à l'anglaise. Bert était mort à présent et Jean-Michel en éprouvait une grande douleur.

Bert Leduc n'était pas un garçon comme les autres. À l'époque où tous les jeunes de moins de vingt ans se vêtaient comme les bûcherons des époques antérieures, celui-ci arborait la tenue d'un collégien bien éduqué des années cinquante, chemise impeccable et pli au pantalon. Un visage rose et des cheveux blonds et frisés. On aurait toujours dit, même au terme des nuits les plus orageuses, qu'il sortait des mains de sa mère. Ce qui ne l'empêchait pas de brûler d'un feu intérieur dont l'ardeur se lisait dans ses yeux. Jean-Michel fit sa connaissance en s'inscrivant au programme Perspectives-Jeunesse.

Jean-Michel et Bert œuvraient au sein d'un projet qui s'était donné pour mission de restaurer une ancienne école du centre-sud de Montréal pour la reconvertir en maison des associations populaires du quartier. Le parrain de l'entreprise n'y mettait jamais les pieds. Ses délégués se montraient complaisants. Jean-Michel et Bert prirent près d'un mois pour abattre une cloison qui séparait deux classes. Les interrupteurs pendouillaient au bout de leurs fils. Les deux jeunes gens attendirent le passage des électriciens avant de poursuivre leur œuvre en toute sécurité. Entre-temps, ils buvaient de la bière à la taverne voisine en faisant des plans pour changer la société. Malgré leurs différences — le débraillé de Jean-Michel offensait la tenue de Bert — une solide amitié s'établit entre eux.

— Tu ne vois pas qu'ils sont en train de nous avoir?

proclamait Bert Leduc. Pourquoi tu penses qu'ils nous paient à ne rien faire? C'est une façon de nous faire rentrer dans le système.

Depuis son congédiement du Jardin botanique, Jean-Michel avait vécu d'expédients. Il savait que Bert disait vrai mais il ne lui serait jamais venu à l'esprit de remettre en question la chance qu'il avait de passer l'été tranquille. Pourtant Bert insistait.

— Tu sais pourquoi ils font ça? Pour nous fermer la gueule. Ils sont en train de réussir à part ça.

Jean-Michel se donnait bonne conscience en se disant que Bert retrouverait dès septembre le confort du foyer. Le père de Bert enseignait la chimie au Cégep d'Ahuntsic. Comme bon nombre d'éducateurs du système public, il avait inscrit son fils au collège Brébeuf, l'une des plus prestigieuses maisons d'enseignement privé de Montréal. La contradiction n'échappait pas à Bert. Il adoptait le comportement du chat, sauvage au dehors et câlin à l'intérieur. Pour prouver à son compagnon que lui aussi ne se soumettait qu'en apparence, Jean-Michel invita Bert à l'accompagner au *Mouton noir*. Ce fut un triomphe pour Jean-Michel car, ce soir-là, Pierre Vallières lui-même prêchait aux disciples de Marc Bouvier.

Vallières ressemblait à un professeur d'université, barbiche à la Lénine et veste repliée sur le bras. Il portait la cravate et se coiffait comme un bourgeois. Il sortait des bouts de papier de ses poches. Il jouait avec ses mains sur la table. Il commençait déjà à prendre l'habitude de regarder par-dessus son épaule. Jean-Michel ne le quitta pas des yeux de la soirée. Une souffrance infinie se lisait déjà dans le regard du prophète de la révolution.

Pierre Vallières n'avait pas encore publié son célèbre *Nègres blancs d'Amérique* qui dénoncerait à la face du monde la situation de colonisés des francophones du Québec, mais il en extirpait des chapitres entiers de son cœur en s'adressant à ces jeunes gens qui l'écoutaient avec religion. Vallières

LE COUP DE VENT

travaillait à la Confédération des syndicats nationaux. On savait qu'il avait dirigé la grève à *La Presse*. On le respectait parce qu'il avait côtoyé Trudeau pendant quelques mois à *Cité Libre*. Plus tard, il ferait la grève de la faim devant le siège des Nations unies à New York, en compagnie de Charles Gagnon. Les Américains les jetteraient tous deux en prison. Ils seraient relâchés quelques mois plus tard mais la police canadienne leur sauterait dessus à son tour. Ramenés illégalement au Canada par les autorités policières, ils passeraient trois autres années en prison. Mais surtout, on pressentait que c'était Vallières qui remettrait le FLQ sur pied. La première vague était passée. Des dizaines de bombes avaient déjà éclaté. Le veilleur de nuit O'Neil avait été tué. Une douzaine de gars en prison. René Lévesque répétait qu'il fallait rejeter le fédéralisme mais... *autant que possible, sans fusils ni dynamite*. Le FLQ ripostait en citant une phrase prononcée par Chénier en 1837: *Certains des nôtres seront tués, vous prendrez leurs fusils*. En écoutant Vallières, ce soir-là, Jean-Michel et Bert sentaient le cœur des Patriotes battre dans leur poitrine. Vallières les interpellait.

— Vous êtes-vous déjà demandé ce que c'est l'illégalité? C'est tout simplement la légalité des opprimés.

Jean-Michel et Bert se regardaient du coin de l'œil et se touchaient du coude. Vallières enchaînait.

— La guérilla, ce n'est pas une invention cubaine, russe ou chinoise. Les Iroquois s'en servaient au dix-septième siècle contre les Français. Seulement au Québec, ça ne peut pas prendre la même forme qu'à Cuba ou en Chine. Au Québec, il n'y a pas de populations isolées. Pas question de former des petits États dans l'État. Au Québec, il faut tout libérer en même temps.

Un autre jour, Marc Bouvier leur fit rencontrer Michel Chartrand. Celui-là était beaucoup plus connu. Il avait maintes fois exposé ses idées de bouillant syndicaliste à la télévision. Chartrand ressemblait à ses idées: brut, carré, tranchant. Un

215

nez d'aigle, une moustache de mousquetaire, les cheveux en vagues comme la mer et des cailloux dans la bouche quand il parlait. Démosthène québécois. Il retroussait ses manches. Il mettait les coudes sur la table. Il se penchait vers les jeunes. Il parlait fort.

— Calvaire! les petits gars! arrêtez de vous *pogner* le cul puis faites quelque chose! Je le connais moi, Trudeau! Pensez-vous qu'il passe son temps à boire de la bière comme vous autres? *No sir!* C'est un velimeux! Il se couche tard puis il se lève de bonne heure. Il est en train de se préparer à vous *câlisser* un grand coup de poing dans la face. Restez pas la bouche ouverte. Il va vous pisser dedans.

Bert lui demanda:

— Qu'est-ce qu'on peut faire?

Chartrand répondit:

— Fessez dedans!

Jean-Michel insista.

— Vous, qu'est-ce que vous faites?

Chartrand rugit.

— *Bout de viarge!* Toi, quand t'auras fait le commencement du quart de ce que j'ai fait, tu pourras me poser des questions.

Et Chartrand se leva et sortit en interpellant les autres clients du *Mouton noir.*

— Vous devriez leur faire attention à ces jeunes-là. Ils vous préparent des surprises.

Bouvier trotta derrière lui. On entendait encore le fameux tribun gueuler dans le portique.

— Tu leur diras, à tes enfants de chœur, que la révolution ça ne se fait pas autour d'un verre de bière.

En sortant du *Mouton noir,* ce soir-là, Jean-Michel et Bert savaient qu'ils ne passeraient pas le reste de leurs jours à boire de la bière.

Tous les Eaton's, Morgan's, Simpson's, Ogilvy's et autres grands magasins à rayons de Montréal crachaient leur *Speak White!* à la face de leurs clients francophones. Donald Gordon, le président du *Canadian* National, avait publiquement humilié les Canadiens français — il n'aurait jamais employé le mot *Québécois* — en déclarant qu'ils étaient incompétents pour accéder à la hiérarchie supérieure de l'entreprise qu'il dirigeait. McGill University, Loyola College, deux coups de poing à l'estomac des Québécois dont les impôts subventionnaient les établissements d'enseignement supérieur unilingues anglais. Le visage de la deuxième plus grande ville française du monde se couvrait de crachats.

Un jeudi, Jean-Michel et Bert ne se présentèrent pas au chantier de leur projet Perspectives-Jeunesse. Ils avaient mieux à faire. Le Rassemblement pour l'indépendance nationale avait annoncé un *sit-in* chez Eaton's. Les organisateurs de la manifestation ne pouvaient savoir que des éléments radicaux, au nombre desquels il fallait compter Jean-Michel et Bert, avaient noyauté leurs troupes pour donner à l'événement une tournure dramatique. Il y avait plus de mille jeunes Québécois dans l'établissement. La consigne du RIN était claire: on obstruait les allées en s'y asseyant et on laissait la police démêler l'imbroglio. Jean-Michel et Bert ne s'y rallièrent évidemment pas. Le premier, Bert apostropha une vendeuse.

— Où sont les toilettes?

Comme de raison, la vieille femme leur répondit en anglais.

— Sorry, I don't speak French.

Le temps d'échanger un clin d'œil, Jean-Michel et Bert avaient ouvert leurs braguettes pour pisser sur un étalage de gants et de foulards. La vendeuse s'enfuit en poussant des cris aigus. Un peu plus loin, au rayon des sous-vêtements pour dames, les deux drôles se mirent des soutiens-gorge sur la tête. Ils enfilèrent des petites culottes par-dessus leurs *jeans*. L'arrivée d'un important renfort de police mit bientôt fin à ce carnaval. Jean-Michel et Bert jetèrent leurs sous-vêtements à la tête des vendeuses avant de s'asseoir dans les allées comme les autres en criant.

— En français! En français!

Il y eut quelques dizaines d'arrestations. Tous membres du RIN. Ni Jean-Michel ni Bert ne furent inquiétés. Le temps de se faire matraquer, un samedi d'octobre, sur les Plaines d'Abraham à Québec, où Sa Majesté la reine Élisabeth II d'Angleterre avait eu l'outrecuidance de venir se promener, et Bert réintégra ses études au Brébeuf pendant que Jean-Michel s'installait pour l'hiver dans le confort de l'assurance-chômage. Bert avait arraché à son père l'autorisation d'occuper un appartement à proximité du collège. Jean-Michel l'y rejoignit. Les mêmes filles, quelques grammes de marijuana, une caisse de bière pour tous et l'aspiration commune à faire basculer ce vieux monde sur une orbite nouvelle.

Étudier et chômer laissent beaucoup de loisirs. Les deux jeunes gens se retrouvèrent, une nuit, dans une carrière à Stuckley-Sud, près de Waterloo, dans les Cantons de l'Est. Une nuit de cinéma avec des cris de chouettes et des éclairs de lampes de poche. Un troisième complice les accompagnait, Fernand, dont la barbe rousse et frisée devait leur porter chance. Fernand fit le guet à l'entrée. Jean-Michel et Bert s'avancèrent dans la carrière.

Des grues, des camions et des béliers mécaniques dormaient dans tous les coins. La clôture qui ceinturait l'endroit semblait destinée à contenir les élans de ces mastodontes. Au fond du chantier, de grandes baraques dressaient leurs silhouettes. Jean-Michel et Bert savaient que la plus longue faisait office de bureau. Adossée à la précédente, une plus petite tenait lieu de réserve à outils. La troisième, en appentis à l'ensemble, constituait la réserve d'explosifs. Un grillage cadenassé l'entourait.

À l'aide des fortes pinces qu'ils avaient apportées, ils ne

mirent pas longtemps à pratiquer une ouverture dans ce grillage. Bert s'y engouffra le premier. Jean-Michel le rejoignit. Des caisses d'un épais carton goudronné s'empilaient. Elles étaient si lourdes qu'ils ne purent les soulever. Ils en ouvrirent une pour découvrir un alignement de gros tubes recouverts de carton fort. Chacun de ces bâtons de dynamite suffirait à faire voler les baraques en éclats. Jean-Michel et Bert savaient qu'ils ne risquaient pas de les faire exploser en les manipulant. Ils les emportèrent avec beaucoup de précautions vers l'endroit où Fernand les attendait. Ils transportèrent ainsi quatre ou cinq brassées de dynamite. Soudain, les phares d'une automobile éclairèrent la cour. Jean-Michel et Bert se précipitèrent derrière un bulldozer. Un gardien de nuit descendit de voiture. Ils se tapirent dans l'ombre, sans respirer, pendant que le gardien entrait dans le bâtiment principal en y faisant de la lumière.

L'éclat de l'ampoule dessinait des carreaux démesurés sur les ténèbres de la cour. La silhouette du gardien traversait cet écran et s'étirait même au-delà. La nuit semblait dispenser ses réserves ultimes de silence. Impossible de bouger sans signaler sa présence. Jean-Michel et Bert se regardaient dans le noir en se demandant quelle attitude adopter. Au bout d'un moment, Jean-Michel ramassa une pierre de la grosseur du poing qu'il lança de toutes ses forces par-dessus le toit de la baraque principale. Par le plus heureux des hasards, la pierre rebondit sur un baril vide qui résonna comme un gong dans la nuit. Le gardien sortit en coup de vent, un bâton à la main, et disparut derrière le bâtiment. Jean-Michel et Bert purent alors s'enfuir à toutes jambes. Dans l'auto de Fernand qui les ramenait à Montréal, ils s'étonnaient encore de la déconcertante facilité avec laquelle ils avaient perpétré leur méfait.

Six mois plus tard, ils commettaient un hold-up. La semaine qui précéda le coup, Jean-Michel ne dormit pas beaucoup. Pour sa part, Bert continua de fréquenter le collège.

Au retour de ses cours, il trouvait Jean-Michel allongé sur un divan, les mains derrière la tête, le regard vague.

— Cesse de penser à ça, lui conseilla Bert. Plus tu y penses, pire c'est.

— C'est plus fort que moi, répondit Jean-Michel. J'en ai la chiasse.

Bert ne se moquait pas de Jean-Michel. Il n'éprouvait lui-même aucune appréhension devant le geste qu'ils allaient commettre mais il respectait l'inquiétude de son compagnon. Pour le réconforter, Bert se soumit chaque soir, à l'instigation de Jean-Michel, à une révision complète du scénario que leur avait remis Bouvier. La veille du jour prévu, Fernand et Jacquot les rejoignirent. Le matin du hold-up, le gros Pierre vint garer devant l'appartement une Renault 12 verte qu'il avait volée quelques heures plus tôt, puis il repartit à pied. Jean-Michel était mécontent. Les hold-up qu'il avait vus, dans les films, se commettaient toujours à bord de grosses Chevrolet.

Les banques ouvraient à dix heures. C'était un jeudi, le jour de la paie à l'université. La bande devait dévaliser la Banque de Montréal, sur la Côte-des-Neiges, un peu en biais de *Chez Vito*, à proximité de l'Université de Montréal. Les quatre jeunes gens quittèrent l'appartement quelques minutes avant dix heures. Le trajet leur parut interminable. Comme toujours, Fernand conduisait. Bert et Jean-Michel avaient chacun un .38 dans leurs poches. Un bas de nylon pour se mettre sur la tête. Chacun un sac de voyage d'Air Canada. Une forte odeur de sueur envahit la Renault. Jean-Michel avait des crampes dans le ventre. Il aurait voulu que le film ralentisse. Il regardait en avant, bien droit, sans bouger. Bert échangeait des sarcasmes avec Jacquot. Fernand immobilisa la Renault devant la banque. Jean-Michel, Bert et Jacquot enfoncèrent leurs bas de nylon sur leurs têtes et descendirent en même temps. Fernand les attendit derrière le volant.

À compter de ce moment, Jean-Michel n'éprouva plus

aucune peur. Il n'en eut pas le temps. Tout se déroula trop vite. Il y avait trois clients dans la banque. Un vieux et deux jeunes. Les trois malfaiteurs entrèrent en courant. Jean-Michel cria:

— C'est un hold-up!

Les clients se comportèrent exactement comme les victimes dans les films. Ils se couchèrent docilement par terre. Les deux caissières emplirent les sacs que leur tendait Jacquot. Jean-Michel et Bert tenaient tout le monde en joue. Au moment de quitter la banque, Jean-Michel avait l'impression de venir d'y entrer. Le gérant avait déclenché l'alarme. Les trois grimpèrent dans la Renault et Fernand fonça vers l'est. Personne ne les suivit. Jean-Michel se dit qu'un hold-up était beaucoup plus facile à commettre qu'il ne le croyait. Le vol avait rapporté trente mille dollars. À partir de ce jour, Jean-Michel et Bert entrèrent véritablement dans la clandestinité. Ils avaient de quoi subvenir à leurs besoins.

Le printemps suivant, Marc Bouvier entraîna ses guérilleros dans un village désert du nord de la Mauricie, où il comptait leur transmettre les rudiments de la formation du combattant. L'aventure avait commencé par une marche forcée dans les bois. Le train qui reliait la Haute-Mauricie à l'Abitibi les avait déposés en pleine forêt, dans la désolation des épinettes rabougries. Ayant tiré sur sa réserve de congés de maladie et d'heures supplémentaires accumulées, Bouvier s'absentait de Radio-Canada pour de prétendues vacances en Jamaïque. En fait de paradis exotique, il se trouvait confronté, pour la première fois de sa vie, aux éléments immuables. Aucune prise intellectuelle sur les moustiques et la pente rude d'un sentier. La boussole pour toute philosophie. Le froid de la nuit comme seul calendrier.

Le groupe abordait l'expédition avec un esprit des plus

positifs. Ayant été élevé à la campagne, Fernand proposait par anticipation à ses compagnons sa connaissance des ressources de la nature. La solide constitution du gros Pierre ne lui faisait rien craindre. On doutait certes un peu de l'endurance du petit Jacquot. Il se révélerait des plus résistants. Bert franchissait les obstacles les plus difficiles sans froisser son pantalon. Quant à Jean-Michel, il envisageait l'exercice comme une corvée à effectuer avant de passer enfin aux choses sérieuses. Deux autres apprentis terroristes les accompagnaient. Ils vécurent l'expérience sans laisser de traces et se dissocièrent du groupe dès leur retour à Montréal.

Bouvier leur avait annoncé une marche de trente-deux kilomètres. Chargés de leurs tentes, sacs de couchage, provisions et fourbis paramilitaires, ils n'en franchirent que la moitié avant la tombée de la nuit. La lenteur de leur progression les déconcerta. En temps normal, on avançait au rythme de cinq kilomètres à l'heure. En un peu plus de six heures, ils auraient normalement dû atteindre leur destination. Au moment de faire halte pour la nuit, l'estimé de Bouvier les situa à plus de dix kilomètres de ce point. Il fallait mettre ce retard sur le compte de la forêt où subsistaient en mai, à cette latitude, des plaques de neige dont la fonte transformait les ruisseaux en rivières et les baissières en fondrières.

On dressa le campement au bord d'un lac. Trois tentes et un feu. Fernand s'activait à la popote. Ils mangèrent comme des ours. Cela ne suffit pas à les rasséréner. Ils se regardaient, piteux, mouillés et boueux. Jean-Michel et Bert jouaient aux dés à la lueur d'un fanal. Bert l'emporta.

Une brume montait du lac. Une lune comme personne n'en avait jamais vue. Ronde et toute proche, à portée de bras. La forêt oppressante prenait naissance sur les talus des autoroutes, le long des rives du Saint-Laurent. Elle tenait au chaud les villages blottis dans les vallées des Laurentides. Elle montait à l'assaut du plateau. Elle s'étiolait sur le roc primaire crevé de lacs. Elle mourait aux confins de la toundra où régnait le gel permanent. La forêt, vaste fourrure sur le dos du pays. En ce printemps de 1968, huit hommes étourdis de malaise découvraient la démesure du Québec.

Les trois tentes qu'ils avaient dressées sur la berge du lac leur semblaient constituer un abri bien fragile contre toutes les menaces de la nuit. Un loup, un ours peut-être, déchirerait-il la toile pour s'en prendre à eux? Des cris, des hurlements, des hululements perçaient le silence. Le vol feutré des oiseaux de nuit agitait l'air. Et le lac soufflait toujours son haleine humide. Ils dormirent les uns contre les autres, comme une portée de chiots.

Ils n'atteignirent le village abandonné qu'en fin de matinée le lendemain. Vingt maisons et une dizaine de bâtiments divers, hangars, étables et garages. Une rivière coulait à ses pieds. Une rue le traversait, qui butait sur la forêt à chacune de ses extrémités.

L'existence d'un tel village, au bout du monde, vous rendait mal à l'aise, comme si vous aviez surpris quelqu'un en train de faire ses besoins. Il ne pouvait s'agir que d'un gros jouet abandonné par un enfant distrait. En vérité, l'établissement avait été aménagé, au début du siècle, pour abriter les ouvriers affectés à la construction d'un barrage hydro-électrique. L'entreprise menée à terme, on l'avait tout simplement déserté. La nature le digérait depuis.

Il commençait à pleuvoir. L'alignement des maisons de bois se décomposant depuis une soixantaine d'années, en bordure d'une rue envahie d'arbustes, les vitres cassées, certaines fenêtres placardées, les toitures éreintées conféraient à l'endroit un caractère sinon d'épouvante, du moins de mystère. Le tout avait pris une teinte grise, depuis le bois des maisons jusqu'au maigre gravier qui subsistait encore dans la rue. Le vert effronté des épinettes ricanait dans les ruines de certaines maisons effondrées. L'ensemble présentait l'aspect d'un cimetière dont les monuments auraient eu la taille de demeures véritables.

Ils s'installèrent dans l'une des maisons qui avaient le moins souffert, au centre du village. Ils ouvrirent toutes grandes les fenêtres pour en chasser l'humidité. Il n'y avait pas de poêle. Ils en confectionnèrent un en découpant une ouverture dans un baril d'huile à chauffage. Il leur fallut visiter quatre autres habitations avant de trouver de quoi assembler les éléments d'un tuyau pour évacuer la fumée. Le bois, ils le pilleraient à même les ruines.

Il ne subsistait aucun mobilier dans ces demeures désertées, tout juste çà et là un lambeau de rideau ou la pelure d'un papier-tenture à grosses fleurs roses. Sur le plancher de bois brut d'une cuisine, quelqu'un avait peint les arabesques d'un tapis imaginaire. Jean-Michel sentait l'odeur de soupe ancienne. Il entendait les rires des petites filles qui avaient joué à la poupée dans ces lieux. Cela le troublait.

Outre l'indispensable chauffage et l'approvisionnement en eau qu'il fallut assurer en effectuant des allers et retours à la rivière, aucun soin ne fut apporté à l'aménagement. Ils étendirent leurs sacs de couchage sur des litières de branches de sapin. Ils mangèrent sur leurs genoux. Les détritus, principalement des boîtes de conserve, s'accumulèrent près du perron. Ils firent leurs besoins en pleine nature, au gré de leur fantaisie ou de l'urgence. Une lampe à pétrole noircissait le bois auquel elle était suspendue.

Bouvier dirigea l'établissement comme un camp militaire. Levés avant le jour, ses commandos commencèrent par dresser des palissades et creuser des fossés. Ils tendirent des câbles entre des arbres, au-dessus de ravins profonds. Ils durent ensuite utiliser ces aménagements pour grimper, sauter, ramper et progresser à la force des poignets au-dessus du vide. N'eussent été leurs vêtements disparates, leur barbe et leur chevelure, on les eût pris pour une section de Marines américains à l'entraînement avant leur départ pour le Viêt-nam.

Jean-Michel suait et soufflait. La marche forcée l'avait

déjà brisé. Tous ces exercices le rompirent, cependant que Bert ne perdait jamais sa fraîcheur. Le sang montait au visage de Fernand à tel point qu'on craignait de le voir éclater. Dérisoirement suspendu à un câble, le gros Pierre lâchait prise et s'effondrait. Jacquot, pantin comique, exécutait les manœuvres avec une relative aisance. Quant à Bouvier, il n'avait pas jugé bon de prêcher par l'exemple.

Après trois ou quatre jours de ce régime, les hommes adoptèrent un principe simple qui gouverna dorénavant leur conduite: je suis seul contre tous les autres. Un soir, après un repas frugal, Bouvier déploya une carte du ministère fédéral des Mines et des Ressources. Il s'agissait de subdiviser les environs du village en territoires que chacun devrait défendre avec les moyens qu'il jugerait appropriés.

Ils réinventèrent donc la guerre primitive. Jean-Michel régnait sur une pente abrupte. Bert protégeait un piton rocheux. Fernand patrouillait la berge de la rivière. Le gros Pierre défendait le sentier. Jacquot guettait aux abords du village. Les deux autres se querellèrent pour la possession d'une clairière.

Couchés sur la glaise ou montés dans un arbre, les mains écorchées et les yeux brûlés de sueur, ils sautaient comme des cerfs par-dessus des troncs pourris, ils investissaient des buissons, ils creusaient des fosses qu'ils recouvraient de branches et de feuilles mortes. Ils jouaient à la guerre comme le font instinctivement les enfants.

En fin d'après-midi, Jean-Michel se retrouva prisonnier de Bert. L'affrontement les avait amochés tous deux. Jean-Michel boitait. Bert saignait du nez sur sa chemise. Attaché au tronc d'un arbre comme dans les westerns, Jean-Michel sentait la rage monter en lui. Bert le couvrit de sarcasmes. On ne délivra Jean-Michel qu'à la nuit tombée. En soirée, autour du poêle, Bouvier tira les leçons de l'expérience avant de les inviter à se réconcilier. Mais Jean-Michel n'adressa pas la parole à Bert pendant les heures qui suivirent.

Le lendemain, Bouvier commença pourtant à manier les leviers qui allaient transformer son petit groupe en une mécanique cohérente. Rien de ce qu'ils entreprirent, à compter de ce jour, ne put être accompli sans le concours de leurs forces conjuguées, dresser un mât dans la cour, jeter un pont de cordages sur la rivière ou relayer des messages à l'aide de miroirs aux quatre coins de la forêt.

Jean-Michel déplorait que l'expédition prît des allures de grand jeu scout, quand ils trouvèrent un inconnu dans la cuisine, à leur retour d'une marche à la boussole. Ils ne surent rien d'autre de lui que son prénom, Roger. Il était visiblement d'origine française. De ses connaissances et de son enseignement, on déduisit qu'il avait fait la guerre d'Algérie. Grand, musclé, le cheveu court, rasé de frais, il arborait une de ces combinaisons de mécaniciens d'aviation comme on en voyait dans les films. Jamais un mot de trop, le ton net et précis, pas de sourires superflus. Bouvier et lui se connaissaient de toute évidence. Sous sa direction, le groupe s'initia d'abord au maniement des armes.

Roger avait apporté deux fusils de calibre .12 à canon tronçonné ainsi qu'un pistolet .38. Il commença par leur faire la démonstration de sa compétence. Coup sur coup, il toucha une bouteille ou une boîte de conserve lancée à l'improviste, dans n'importe quelle direction, par l'un ou l'autre de ses élèves. Leur tentative de l'imiter se solda par un gaspillage inconsidéré de munitions.

Il fabriqua des cibles sur lesquelles ils s'exercèrent. Le soir, l'épaule leur faisait mal. Roger leur enseigna à démonter, graisser et assembler leurs armes. Avec un inégal bonheur, ils acquirent ainsi les rudiments d'un art dans lequel aucun n'excellerait jamais. Le plus rude fut l'apprentissage du maniement de la dynamite. Jean-Michel et Bert échangèrent un sourire en découvrant les bâtons de carton fort qu'ils avaient eux-mêmes dérobés. Ils déchantèrent quand il leur fallut les amorcer et relier le détonateur à la minuterie. Les effets dévastateurs de la dynamite les consternèrent. Les arbres se fendaient, les roches volaient en éclats, l'eau montait à des centaines de mètres dans les airs.

La dernière semaine de leur séjour dans ce camp fut consacrée à l'apprentissage et à la répétition minutieuse des étapes devant conduire à un enlèvement. Tour à tour, l'un d'eux se cachait dans l'une des maisons du village et les autres devaient le retrouver, le réduire à l'impuissance et le ramener à leur quartier général à l'insu de Roger et de Marc Bouvier, déambulant dans le village comme des bourgeois. Après quelques jours de ce régime, ils filaient comme des ombres et maîtrisaient leur proie sans trop de bavures.

Le chemin du retour leur sembla moins long qu'à l'aller. Ils n'en auraient pas supporté davantage. Des myriades de moustiques venaient d'éclore. Leurs piqûres déformaient leurs traits. Une famille d'Indiens attendait le train au bord de la voie, en un lieu que rien ne désignait spécifiquement pour un arrêt. Le groupe se joignit à eux. Ils apprirent qu'en Haute-Mauricie, il suffit de se poster dans un endroit dégagé pour que le convoi vous cueille au passage. Les Indiens s'étonnèrent de la présence de cette troupe de jeunes gens étranges, à cette latitude. Pour détourner leur attention, les guérilleros inventèrent des histoires de chasse qu'ils racontèrent en anglais à ces fils de la forêt.

De retour à Montréal, Jean-Michel ne savait plus marcher sur le béton des trottoirs. Son grand pas élastique détonnait dans la cohue pressée. Il jetait des regards furtifs à Bert qui ne le quittait plus. Ensemble, ils repéraient d'éventuels agresseurs. Ils ne s'aventuraient jamais dans un lieu clos, ruelle ou restaurant, sans avoir au préalable identifié au moins une issue.

En même temps, ce qu'ils lisaient dans les journaux les transportait d'exaltation. Les étudiants dressaient des barricades dans les rues de Paris. Prague se soulevait. Une grande agitation enfiévrait les campus américains. Robert Charlebois décollait. *Des hélices, Astro-jet, Whisper-Jet, Clipper-Jet, Turbo, à propos, j'sus pas rendu chez Sophie.* Jean-Michel et Bert rêvaient du grand soir. Il survint plus vite et surtout plus brutalement qu'ils ne l'avaient escompté.

Jean-Michel tenait dans ses bras les restes de son ami. Bert n'avait plus de visage. Il lui manquait un bras. Le sang sortait d'un grand trou qu'il avait dans la poitrine. Le mur de brique devant lequel il se trouvait ne savait rien de ce qui venait de se passer. Un éclair, une déflagration, puis le bruit avait enfoncé un bâton d'une oreille à l'autre dans la tête de Jean-Michel. Après, le bâton était resté là. Jean-Michel ne savait pas s'il vivait encore. Il prit Bert dans ses bras et attendit.

En quittant l'appartement de Bert, un doux soir de septembre 1968, Jean-Michel et son compagnon avaient conscience de franchir un pas décisif. Le cœur leur battait fort dans la poitrine. La bombe qu'ils transportaient dans un sac de voyages d'Air Canada, constituée de deux bâtons de dynamite reliés à un détonateur et à une minuterie, contribuerait à accoucher l'ordre nouveau au Québec. Ils s'y préparaient depuis trop longtemps pour ne pas se réjouir de passer enfin aux actes. Non pas qu'ils aient été à l'abri du trac qui s'empare des plus grands artistes avant de monter en scène. Mais ils s'en défendaient en se bousculant comme des écoliers.

La cible avait été déterminée quelques jours plus tôt au cours d'une réunion à l'appartement de Bouvier. Jacquot avait été désigné pour exécuter la mission en compagnie de Jean-Michel. Ce dernier avait exigé et obtenu la substitution de Jacquot par Bert. Se fondant sur leurs expériences lors du camp d'entraînement en Haute-Mauricie, il avait fait valoir que Bert et lui constituaient une équipe naturelle qu'il ne fallait pas fractionner au moment de l'épreuve. Bouvier s'était rallié d'autant plus facilement que Jacquot ne se montrait pas enthousiaste à la perspective de passer à l'action. De retour à leur appartement, Jean-Michel et Bert avaient célébré l'événement en vidant une caisse de bière.

La bombe devait être déposée contre un mur de l'usine Breuvages Bélanger de Saint-Henri. On y embouteillait des eaux gazeuses. L'entreprise était de taille moyenne. Elle employait quatre-vingts ouvriers. Elle était dirigée par Daniel Gélinas, le gendre de Cyrille Bélanger, le fondateur. Tous deux Québécois d'origine. Leur relative prospérité leur était montée à la tête. Ils exploitaient leurs compatriotes de la façon la plus éhontée. Une grève y sévissait depuis huit mois. La cellule Papineau du FLQ avait décidé d'en faire un exemple. Il s'agissait de démontrer que le FLQ sanctionnait les abus de tous les exploiteurs capitalistes, fussent-ils Québécois.

En quittant l'appartement de Bert ce soir-là, Jean-Michel et son compagnon empruntèrent les autobus du service de transport en commun comme deux honnêtes citoyens qui vont tranquillement à leurs petites affaires. Le sac reposait à leurs pieds sous la banquette. Ils le sentaient vivre de sa force tranquille. Ils descendirent bien avant leur destination et traversèrent à pied un quartier de brique sale, maisons basses, entrepôts et petites usines d'une époque révolue. Celle des Breuvages Bélanger n'était pas gardée malgré le conflit qui y perdurait. Jean-Michel et Bert avaient effectué une reconnaissance des lieux quelques jours plus tôt. Ils avaient repéré un ancien soupirail qui avait été muré avec des briques. C'était l'endroit idéal pour déposer l'engin. En refermant l'ouverture avec de la terre et des pierres, ils s'assureraient que l'explosion ferait s'écrouler le mur qui la surmontait.

Ils se querellèrent comme deux gamins pour déterminer lequel des deux procéderait à la délicate opération d'amorcer la bombe. Ils durent se résoudre à tirer au sort. Bert l'emporta. Jean-Michel se posta à l'angle de la ruelle et du bâtiment pour faire le guet. D'où il se trouvait, il ne pouvait pas voir Bert mais il entendait chacun de ses gestes. Le temps ralentit. Jean-Michel s'impatienta. Il s'avança dans la ruelle pour voir où Bert en était. L'explosion de la bombe le surprit dans sa course. Et maintenant, Jean-Michel tenait dans ses bras les restes de son ami.

Ni temps ni lieu. Un vaste effroi. Jean-Michel prit peu à peu conscience de ce qui s'était passé. Bert avait effectué une fausse manœuvre. Il était mort à présent, ou peut-être mourait-il en ce moment même dans ses bras. Une femme en robe de nuit s'avança dans la ruelle, s'arrêta interdite et repartit en courant. Jean-Michel ne la vit pas. Une pensée lui traversa l'esprit. Fuir. Il ne put s'y résoudre. Il resta là, à bercer le cadavre déchiqueté de Bert. Il n'entendit pas les sirènes des voitures de police. Le bâton de silence que la déflagration avait enfoncé dans ses oreilles l'en empêchait. Les gyrophares des voitures de police emplirent la ruelle. Jean-Michel ne sut jamais ce qui s'était passé par la suite.

Condamné à deux ans de détention pour possession d'explosifs et attentat à la propriété privée, Jean-Michel purgea sa peine dans un mutisme absolu. Il se confina dans la bibliothèque où les autres détenus ne venaient pas le regarder sous le nez. Son intérêt pour les livres n'était pas aussi désintéressé qu'on aurait pu le croire. On lui avait appris qu'une bonne conduite pouvait écourter la peine des détenus et qu'une des meilleures façons d'en faire la preuve consistait à se plonger dans les études.

Jean-Michel ne recevait pas de visites. Du courrier à l'occasion. Les lettres étaient signées Robert Dupuis. Jean-Michel ne connaissait personne de ce nom. Il en déduisit que ses camarades de la cellule Papineau avaient trouvé ce moyen pour communiquer avec lui. Le prétendu Robert Dupuis n'ignorait pas que le courrier destiné aux détenus était passé à la loupe par les autorités pénitentiaires. L'interlocuteur de Jean-Michel ne traitait donc jamais que de banalités, échos de la vie courante et nouvelles du temps, derrière lesquels pouvaient se lire des renseignements sur la progression du mouvement. Un jour, Dupuis fit parvenir à Jean-Michel un gros livre relié, fort usagé par ailleurs, *The Story of Mankind* par H. G. Wells, que son destinataire retourna plusieurs fois entre ses mains, perplexe, avant de constater que sous la vieille toile rouge de sa reliure, le carton d'une des couvertures semblait plus épais que l'autre. Jean-Michel décolla facilement la feuille de papier qui en recouvrait l'intérieur pour y découvrir la première page de la plus récente livraison de *La cognée*. Ce qu'il y lut le mit hors de lui. L'article s'intitulait *Message à la famille d'Albert Leduc*. Jean-Michel relut vingt fois ce qu'il considéra comme une lâcheté de la part de la rédaction de la feuille révolutionnaire.

Maintenant que la presse, la télévision et la radio ont cessé de se gaver de sensationalisme à même la mort de votre fils; maintenant que les esprits se sont un peu calmés, nous osons vous demander pardon, en son nom, d'avoir cru trop fort aux notions de liberté et de décence.

Nous habitons un pays qui ne nous appartient pas, en locataires indésirables. Où l'entêtement de vivre dans sa langue est un crime. Où il faut à son tour exploiter le plus petit que soi pour réussir. Et où nous sommes condamnés au recul, à l'abandon, à la prostitution de notre volonté.

C'est pour ces motifs qu'Albert, sans doute, s'est fâché avec toute l'ardeur et la générosité dont sa jeunesse était seule capable. Et qu'il a agi. Votre fils est mort au combat en quelque sorte, à l'âge où d'autres rêvent d'aventures et d'une vie qui embrase tout entier.

Pourtant, nous n'y sommes pour rien. Nous ne le connaissions même pas. Il n'entre pas dans nos méthodes de mobiliser des adolescents, du moins pas au stade où nous en sommes rendus dans ce pays qui est devenu le vôtre. Quelles explications vous donner? Il est facile d'entrer au FLQ, de se croire au FLQ, de se réclamer du FLQ. Quelques copains, une cellule d'amis politiques, et puis...

Oui, comme vous devez le regretter.

Jean-Michel admit que le procédé était habile. En se désolidarisant de Bert et partant de lui-même, le FLQ détournait l'attention de ce qui restait de la cellule Papineau. La démarche se justifiait d'un point de vue stratégique. Elle était insupportable moralement. À compter de ce jour, Jean-Michel sut qu'il ne luttait plus exclusivement au nom du FLQ. Il entendait bien, à sa libération, rejoindre les rangs de ses camarades mais, tout en souscrivant aux lointains idéaux du Front de libération du Québec, Jean-Michel emploierait le reste de ses jours à venger la mémoire des deux hommes qui avaient marqué sa vie. En ce qui concernait Bert, sa fin aussi héroïque qu'inutile parlait d'elle-même. Le cas de son père était beaucoup plus complexe. Alfred Bellerose était certes mort par la faute de l'Anglo-American, de façon aussi évidente que s'il avait été assassiné avec une arme à feu, mais l'absence de toute rébellion de sa part semblait rendre ce meurtre moins odieux. Jean-Michel retourna la question dans sa tête pendant des nuits entières. Pour s'en libérer, il se résolut à écrire à son père décédé une lettre qui ne lui parviendrait évidemment jamais.

Mon cher Alfred,

c'est bien la première fois que je t'appelle Alfred. Tu ne nous as pas habitués à te parler à cœur ouvert, encore moins à avoir un peu de familiarité avec toi. À vrai dire, tu ne nous as jamais habitués à te parler tout simplement. Je t'en ai voulu longtemps pour ça. Mais je n'ai pas l'intention de te laisser gâcher ma vie même après ta mort.

J'ai donc essayé de comprendre ce que voulait dire ton silence. Parce que c'est ça qui caractérise ta vie, ton silence. Tu as fermé ta gueule toute ta vie, quand tu étais petit devant ton père, plus tard à l'école, ensuite à l'usine. Tu as fermé ta gueule même devant la mort. Je t'en ai voulu pour ça, même que je t'ai méprisé. Aujourd'hui, si je suis en prison, c'est à cause de ton silence. Mais moi je n'ai pas l'intention de me taire. J'ai même décidé de parler à ta place.

Non, tu n'étais pas un lâche. Plutôt une victime. J'ai compris ça en lisant les livres d'histoire dans lesquels on raconte le temps de Duplessis. Tu sais, celui qui se vantait de faire manger les évêques dans sa main? Tu n'en as jamais parlé mais je suis sûr que tu as voté pour lui toute ta vie. C'est lui le coupable. Lui et les évêques qu'il faisait manger dans sa main. Ensemble, ils ont écrasé le Québec pour mieux le vendre aux Américains. Duplessis se faisait réélire. Les évêques s'assuraient que leurs fidèles venaient à la messe chaque dimanche. Tout était pour le mieux dans le meilleur des mondes. Et toi tu fermais ta gueule.

Tu vois, Alfred, maintenant que j'ai compris ça, tout s'explique. Si je finis comme Bert, au moins je saurai pourquoi.

J'avais besoin de te dire toutes ces choses, même si je sais bien que tu ne les liras jamais, pour pouvoir gagner le combat que tu as perdu sans même t'en apercevoir. En attendant qu'on se retrouve dans un monde meilleur, si ça existe, je veux que tu saches que je te pardonne tout ce que tu ne m'as pas dit. Moi, je vais parler pour toi. Avec mes poings.

Ton fils pour l'éternité,

Jean-Michel Bellerose.

Jean-Michel fut libéré après huit mois de détention. Malgré les réticences de Marc Bouvier qui craignait que la police ne le file, Jean-Michel réintégra la cellule Papineau. Son expérience semblait l'avoir mûri. Il était devenu taciturne. Il parlait de moins en moins, sinon pour réclamer qu'on passe à l'action au plus vite.

Lucie ignorait cet épisode du passé de son compagnon. Il s'était déroulé pendant qu'elle élevait des chèvres en

Gaspésie, à une époque où elle se faisait un point d'honneur de ne pas lire les journaux. Encore moins de regarder la télévision. Après le récit que Jean-Michel venait de lui faire, la jeune femme observa les anses des îles aux Sables engourdies de brumes. Il importait plus que jamais de survivre. Mais *Le loup de mer* tardait à revenir.

À dix heures, Bruno avait fini de charger ses emplettes dans le bateau. Trois grandes caisses en carton pleines de conserves. Six cruches d'eau. Du pain, du fromage, du jambon, du tabac, de la bière. Deux gros flacons de gin également. Bruno avait fait provision d'alcool pour son réchaud. De bougies aussi. Il avait dépouillé les lits de son chalet de leurs couvertures pour les emporter avec lui. Avant le départ, il ne lui restait plus qu'à faire le plein de carburant diesel. Il alla donc accoster *Le loup de mer* au quai de chez Ken, le restaurateur-pompiste dont l'établissement se dressait à proximité du pont donnant accès à l'île.

Bruno s'impatientait. La météo annonçait des vents forts. Il ne craignait rien pour Jean-Michel et Lucie. Ces deux-là reposaient comme dans un cocon au fond de leur anse des îles aux Sables, mais il arrivait parfois que des bateaux de la taille de celui de Bruno soient malmenés dans le grand chenal du fleuve. Aussitôt le réservoir empli, Bruno tourna donc la proue de son *Loup de mer* en direction du nord-ouest. Il n'avait pas fait cent mètres qu'un premier raté ralentit la course du piston dans le cylindre. Une vingtaine d'autres détonations et Bruno jura.

— Le diable a encore chié sur moi!

Bruno connaissait assez son *Loup de mer* pour savoir de quoi il s'agissait. Le carburant reposait dans un ancien réservoir à eau chaude suspendu à la cloison de la cabine, d'où il descendait par gravité dans le moteur. Au moment de

pomper le carburant dans le réservoir, il arrivait que l'agitation du liquide détachât de fines particules de rouille qui
obstruaient le filtre placé à l'entrée de la chambre de combus-
tion. S'il ne siphonnait pas son carburant pour nettoyer la
cuve, Bruno finirait la journée penché sur son moteur, en
panne dans la houle ou, s'il était plus chanceux, amarré aux
branches d'un saule, sur la berge d'une île déserte. Tout cela
par gros temps. Il décida donc de faire demi-tour et de rentrer
chez lui pour réparer l'avarie. Une chose l'agaçait cependant.
Pour procéder à cette opération, il devrait faire appel à la
compétence de Ti-bé. Bruno ne se faisait pas d'illusions sur
les dispositions de son encombrant voisin.

Déjà, le matin, en s'éveillant derrière la barricade de
caisses de bière, dans le réduit de l'oncle Harry, Ti-bé éprouvait
une gêne à l'endroit de Bruno. Le doute le rongeait. Quand
il buvait trop, Ti-bé n'avait pas toute la mémoire de ce qu'il
pouvait avoir dit. Il leva donc vers Bruno des yeux qui
n'exprimaient rien. Cela n'arrangea pas les choses. Pour se
donner une contenance, Ti-bé décapsula une bouteille de
bière. Il resta penaud, les jambes pendantes au bord du lit de
l'oncle Harry, comme un vivant regret. Bruno ne lui adressa
pas la parole. Il ne se pressait pas non plus. Il savait que les
épiceries n'ouvraient pas avant neuf heures. Il fumait comme
si le sort de la journée eût dépendu des volutes de sa fumée.
L'oncle Harry avait disparu. Il revint à huit heures avec deux
tasses de café qu'il s'était procurées à la cuisine de l'hôtel.
Bruno avala le sien bouillant pendant que Ti-bé feignait de
boire ce café qui ne lui disait rien pour ne pas indisposer son
hôte. Vers huit heures vingt, Bruno se leva. Ti-bé l'imita. Les
deux hommes quittèrent l'endroit en remerciant l'oncle Harry
de son hospitalité. Pas un mot n'avait encore été échangé
entre Bruno et Ti-Bé. Celui-ci suivit Bruno comme un petit
chien dans les allées de l'épicerie. Il s'empressa de porter les
cartons dans le coffre de la voiture. Pendant le trajet du retour
vers les îles, le petit homme ne souffla mot non plus, appuyé

contre la portière. Il aida Bruno à charger ses provisions dans le bateau. Bruno ne desserra pas les dents. Au moment de partir, il dit simplement:

— Rentre les défenses puis lâche le câble.

Ti-bé ne pouvait pas se contenter de si peu. Il s'efforça de tout dire dans le peu de temps qu'il lui restait.

— Je dirai rien, annonça-t-il.

— Jusqu'à la prochaine fois que tu prendras un coup, marmonna Bruno.

— Je dirai rien, répéta Ti-bé. Ils me couperaient en petits morceaux que je ne dirais rien.

Bruno n'y comptait pas trop. Il s'était éloigné sans un regard en arrière. Et maintenant, il était forcé de demander l'aide de son compagnon pour nettoyer le réservoir à carburant. Ti-bé se montra empressé. Leurs quatre mains volèrent comme des papillons. Il fallut d'abord trouver le bout de tuyau souple que Bruno réservait à ces transvasements, transporter un réservoir portatif dans le bateau, le disposer sous le premier, insérer le tube dans le réservoir principal et, s'agenouillant, aspirer avec la bouche le lourd carburant diesel, s'en emplir le nez et les papilles d'une gorgée puante avant d'insérer promptement l'extrémité du tuyau dans le réservoir secondaire pour y laisser s'écouler le liquide. Le tout répété à trois reprises, jusqu'à ce que la manœuvre soit couronnée de succès. Bruno et Ti-bé crachaient une salive lourde de relents de diesel.

Ils s'employèrent ensuite à desserrer des écrous, à dégager le filtre, à le rincer en versant dessus un peu de diesel propre sacrifié à cette fin, à faire de même avel leréservoir principal en y laissant couler une quantité importante de carburant qu'on recueillait dans une bassine, à replacer le filtre et à refaire les raccords avant de passer tout le diesel récupéré à travers un bas de nylon pour emplir de nouveau le réservoir principal. Cette tâche accomplie, ils se relevèrent en mettant les mains sur les reins. Le cockpit puait. Il était près de onze heures.

À la première tentative, le moteur se mit en route un instant avant d'étouffer. Il refusa par la suite de démarrer. Les deux hommes se regardèrent, écœurés. Bruno prononça le verdict fatidique.

— L'injecteur!

Ti-bé s'y connaissait quelque peu, à force de regarder le travail des mécaniciens dans les garages où il traînait son désœuvrement. Il se pencha sur le moteur, une clé à la main. Il entreprit de desserrer l'écrou qui retenait la boîte de l'injecteur, sur le flanc du moteur. De crainte de le voir casser le tuyau de cuivre qui s'y attachait, lequel avait maintes fois été plié et déplié dans des circonstances similaires, Bruno écarta Ti-bé pour achever la besogne. Il retira soigneusement l'injecteur qu'il défit de son amarre, dérisoire aiguille de cuivre dont dépendait l'impulsion de son moteur. Bruno retourna l'objet dans sa main avant de le fourrer dans sa poche.

Restait à dégager l'infime saleté qui en obstruait la tige creuse. Bruno savait d'expérience qu'il était illusoire de penser y parvenir en soufflant dedans. Il fallait recourir à l'air comprimé qu'on trouve dans les garages. Le temps de monter dans la Pontiac, de rouler jusque chez Gérard Saint-Aubin, d'échanger les indispensables civilités relatives au temps et aux événements, puis de procéder au nettoyage de l'injecteur avant de revenir sur l'île, remettre la pièce en place, une autre heure s'était écoulée. Quand tout fut terminé, le moteur du *Loup de mer* reprit son train poussif de gros halètement monocylindrique. Ne restait plus à Bruno qu'à congédier Ti-bé.

— Bon, faut que j'y aille.

L'opération avait fait oublier à Ti-bé le malaise qui l'habitait depuis le matin. Il se ressaisit en s'efforçant de donner à son visage un air de gravité qui ne lui convenait pas.

— Avec un temps de même, ça va brasser. Essaie de ne pas trop te faire mouiller.

Le vent, en effet, avait forci. Des creux d'un mètre

devaient agiter le chenal du fleuve.

— C'est pas le vent qui me fait peur, dit Bruno. Tu sais de quoi je veux parler.

Ti-bé montra toutes ses dents jaunes.

— Saint-Sicroche! je voudrais bien voir qui c'est qui m'empêcherait de donner un coup de main à mon voisin! Un gars a bien le droit d'aller à la chasse!

Et il poussa vigoureusement *Le loup de mer* pour le dégager du quai. Il était midi et demi.

Depuis deux semaines, l'univers de Jean-Michel et de Lucie rétrécissait. Il s'était d'abord réduit à la cabine du *Loup de mer* et à son cockpit couvert de joncs. Les jeunes gens avaient appris à vivre sans gestes et à espérer sans objet. Maintenant qu'ils n'avaient plus de toit, la chaloupe ne les protégeait de rien. Ils n'avaient pas mangé depuis la veille. Vers midi, il leur sembla qu'il faisait plus froid. Le vent se leva. Leurs sacs de couchage ne suffisaient plus à les réchauffer. Et Bruno qui ne revenait pas...

La décision de quitter le couvert des anses des îles aux Sables n'avait fait l'objet d'aucun débat. Chacun l'avait arrêtée pour soi depuis un bon moment. Rien n'expliquait le retard du *Loup de mer,* si ce n'étaient de graves ennuis. Une seule pensée: fuir pendant qu'il en était encore temps. Il ne fallait pas attendre que le vent atteigne les proportions de la tempête. Faute de nourriture, leurs forces fondraient. Jean-Michel et Lucie savaient qu'ils n'auraient pas le courage d'affronter une seconde nuit sans abri.

Ils ignoraient où ils se trouvaient. Ils se souvenaient simplement qu'en mettant le cap sur les îles du nord, *Le loup de mer* avait franchi un bras du fleuve plus large que les autres. Il suffirait de le rejoindre et de le traverser en direction du sud pour regagner Sorel.

Quand la chaloupe déboucha des anses des îles aux Sables, le vent et le courant l'emportèrent au large. Debout à l'arrière, Jean-Michel tentait vainement de la diriger à l'aide d'un aviron tronqué. Les vagues battaient le flanc de la chaloupe et leur écume embarquait. Assise sur le banc du milieu, Lucie s'y accrochait des deux mains. Elle regardait l'eau flacoter sur ses bottines. Déjà le bas de son pantalon était mouillé.

Ils atteignirent rapidement le bras principal du fleuve. Ils surent tout de suite qu'ils n'avaient rien à faire à cet endroit à bord d'une embarcation de cette taille. Le vent soulevait des vagues d'un mètre. L'embarcation roulait. L'eau montait par-dessus le franc-bord. Pour alléger la barque, Jean-Michel jeta les sacs de couchage imbibés. À genoux, Jean-Michel et Lucie évacuaient l'eau avec leurs mains.

Ballottée, la chaloupe dérivait. Les saules de la pointe est de la dernière île aux Sables agitèrent leurs branches aux feuilles jaunies. Au-delà, le fleuve enflait pour former le lac Saint-Pierre, une petite mer intérieure qui ne se résorbait qu'une cinquantaine de kilomètres en aval.

Le vent, les nuages et l'eau ne formaient plus qu'une masse grise. La barque filait de travers. Elle s'emplissait plus vite que Lucie et Jean-Michel ne pouvaient la vider. Une vague la souleva et la renversa. Jean-Michel et Lucie se débattirent dans l'eau glacée. La coque nageait entre deux eaux. Jean-Michel et Lucie s'y accrochèrent, de part et d'autre de ses flancs, les bras tendus et les mains jointes.

QUATRIÈME PARTIE

Le coup de minuit

«Je vais vous dire le temps commence la nuit.
Si vous attendez encore un peu, il est trop tard,
La nuit se retourne et se noie dans la mer
Et les mains sans nuit sont condamnées à
Toutes les portes, à toutes les routes...»

François Charron

Il était près de treize heures quand *Le loup de mer* parvint au fleuve. Un temps de tous les diables. Seuls les chasseurs les plus endurcis affrontaient pareille tourmente. Le vent du nord-est creusait la surface de l'eau et la soulevait en houle serrée qui se rebiffait contre le courant. Hautes d'un mètre, les vagues portaient des crêtes d'écume que les habitants des îles de Sorel désignaient sous le nom de moutons. Comme il se dirigeait au nord, *Le loup de mer* les recevait sur le flanc.

La coque du bateau roulait. L'une après l'autre, les vagues lui imprimaient un fort mouvement de bâbord à tribord. Le cockpit s'inclinait béant jusqu'au ras de l'eau. La plus sûre façon d'emplir. Les caisses de nourriture, les couvertures, les bouteilles d'alcool et les casseroles ballottaient sur les banquettes de la cabine. Bruno savait qu'un bon navigateur, fût-il pressé, ne doit jamais s'exposer ainsi. Il se résigna donc à fuir la vague en remontant le grand chenal en direction du sud-ouest. C'était s'éloigner de sa destination. Bruno n'ignorait pas qu'il faut parfois faire semblant d'aller ailleurs pour arriver quelque part.

Sous cette nouvelle allure, les moutons soulevaient *Le loup de mer* par l'arrière et lui précipitaient la proue dans le prochain creux. C'était lutter contre deux forces opposées, le flot du courant et l'action du vent qui en contrariait le cours. La plage avant s'inondait. Deux rigoles couraient sur les plats-bords. Le bateau se redressait ensuite et montait à l'assaut de la vague suivante. *Le loup de mer* dansait sur place plus qu'il n'avançait.

Bruno pensait à Lucie et à Jean-Michel. Ils devaient grelotter d'impatience dans la chaloupe, au fond d'une anse des îles aux Sables. Le ventre creux. Lourds d'attente. Un reste de rage comme une aigreur à l'estomac. Qu'avait-il donc lui-même à leur proposer? Une précaire survie à laquelle l'hiver viendrait bientôt mettre un terme. L'arche de Noé avait fini par aborder la plus haute montagne. Qu'adviendrait-il alors?

Pour détourner son attention de cette pensée désagréable, il songea à Ti-bé et à son innocence. Bruno ne parvenait pas à se rassurer complètement sur ce que ferait son voisin. Les gens de son espèce ne portaient pas le mal en eux, bien qu'ils pussent commettre les pires atrocités au nom du bien.

Et lui-même, à quoi s'exposait-il? Depuis le jour où la glace du fleuve avait cédé sous lui, entraînant le cheval et le traîneau dans le gouffre, il n'avait cessé de lutter pour survivre à tous les assauts de la vie. Les cicatrices avaient formé une croûte épaisse sur sa peau. Une rude écorce enserrait son âme. Il continuait d'avancer pour ne pas mourir. Encore eût-il aimé savoir où il allait.

Une seule issue au cul-de-sac des anses des îles aux Sables: la prison. Bruno ne la supporterait pas. Et d'abord, dans quoi s'était-il engagé? Comme toujours depuis sa prime jeunesse, il n'avait rien fait d'autre que de se tenir debout quand les circonstances exigeaient que l'homme fût grand. Au Canada français, la règle était d'abattre tout ce qui dépassait la taille moyenne. Quand un homme avait atteint sa pleine grandeur, on disait qu'il avait dû monter sur la tête de ses semblables pour y parvenir. Se soumettre, c'était se condamner à vivre parmi les nains. Mais n'eût-il pas mieux valu trottiner au ras des poches des Anglais? Il était toujours loisible aux plus malins d'y dérober quelques pièces. Bruno n'avait pu s'y résoudre. Il en payait le prix aujourd'hui. Non pas au détriment de ses conditions matérielles de vie. Mais, Bruno commençait à être fatigué de prendre en pleine figure les intempéries du destin.

Le loup de mer avait atteint le point d'où il lui serait possible de revenir vers les anses des îles aux Sables en affrontant les vagues de face. Bruno tourna la roue et s'arc-bouta pendant le moment où le bateau offrit le flanc à la houle. Il ne lui restait plus qu'à effectuer à rebours le trajet qu'il venait de parcourir, mais cette fois sur la rive nord du fleuve, pour pénétrer enfin dans les échancrures abritées où l'attendaient son neveu et Lucie. Avec un retard si considé-rable, comment l'accueilleraient-ils? Bruno se promit de ne pas riposter à la colère de Jean-Michel et à la détresse de Lucie. Il les présumait trop fragiles pour cela.

Il était plus de quatorze heures quand *Le loup de mer* pénétra dans l'anse des îles aux Sables. Dans cette baie tranquille, l'eau avait perdu son agitation. Sur la pointe des pieds derrière sa roue, Bruno cherchait à voir au-delà du rideau de joncs. Déjà, le bruit de son moteur devait annoncer son arrivée. Par fantaisie plus que par nécessité, il souffla dans sa vieille corne de brume. Il franchit les derniers détours du dédale liquide. Il atteignit l'endroit où il avait laissé son neveu et sa compagne. Personne.

La chaloupe et ses occupants avaient disparu. Par acquit de conscience, Bruno examina les berges végétales. Il savait que Jean-Michel n'avait pu enfoncer sa barque là-dedans. Mais où étaient-ils donc passés? Il jura.

— Calvaire de Dieu!

Deux seules hypothèses possibles. La première terrifiait Bruno. Des policiers avaient-ils découvert les fugitifs et les avaient-ils emmenés? La seconde ne le rassurait pas davan-tage. Lassés d'attendre, Jean-Michel et Lucie avaient-ils tenté de regagner la terre ferme à bord de leur fragile embarcation? Vu le temps, Bruno savait qu'ils avaient peu de chances d'y parvenir.

La solitude, un homme digne de ce nom apprend à s'en faire une épouse. Cela revient à s'étreindre soi-même pour se consoler. Mais l'inquiétude. À cinquante ans, Bruno ne connaissait pas encore de remède à ce sentiment.

Au moment où la vague avait saisi la chaloupe par le flanc pour la vider de ses occupants, Jean-Michel et Lucie étaient déjà mouillés de la tête aux pieds. Le vent glaçait leurs vêtements sur leur dos. En tombant à l'eau, ils eurent d'abord l'impression d'un réconfort. L'élément liquide leur sembla tiède. Ils n'eurent cependant pas le loisir de jouir longtemps de cette sensation. Agrippés côte à côte au flanc de la chaloupe, ils avaient toutes les peines du monde à ne pas lâcher prise sous les coups de boutoir des vagues. Ils se regardaient sans avoir encore pu se parler. La précarité de leur situation disait tout. Mais il leur apparut bientôt qu'ils ne tiendraient pas longtemps dans cette position. À chaque mouvement de la chaloupe, ils étaient engloutis sous des trombes d'eau et le bord immergé de l'embarcation leur glissait des mains. Ils comprirent bien vite qu'ils n'avaient d'autre salut qu'en ménageant leurs énergies.

Jean-Michel tenta de se hisser sur la chaloupe renversée. Elle ballottait tellement qu'il n'y put tenir. Il retomba lourdement. Ses vêtements imbibés pesaient des tonnes. En frottant la plante d'un pied sur le talon de l'autre, il parvint à retirer ses chaussures qu'il imagina descendre lentement vers le fond comme des poissons.

Déjà, leurs doigts s'engourdissaient. Ils n'en auraient bientôt plus la maîtrise. C'est Jean-Michel qui mit au point leur stratégie de survie. Toujours en s'accrochant au rebord de la chaloupe, il la contourna de façon à faire face à Lucie.

— Monte, cria-t-il entre deux vagues.

Lucie mit un certain temps à comprendre ce qu'on attendait d'elle.

— Donne-moi tes mains, insista Jean-Michel.

Il ne leur fut pas facile de hisser la partie supérieure de leur corps sur le flanc de la barque mais, dès que leurs mains se rejoignirent, Jean-Michel agrippa les poignets de Lucie. Équilibrant ainsi de leur poids l'épave flottante, ils purent goûter un premier instant de repos.

Leur posture n'offrait rien de confortable mais elle exigeait moins d'efforts. Seul inconvénient, le vent avait recommencé à glacer leurs vêtements. Pour se réchauffer, ils agitaient leurs pieds dans l'eau.

— Qu'est-ce qu'on va faire? demanda Lucie.

— Je ne sais pas, répondit Jean-Michel. Peut-être que le courant va nous entraîner au bord.

Du ras de l'eau où ils étaient, ils ne pouvaient pas juger de leur position. Tout au plus se souvenaient-ils qu'au moment où la barque s'était renversée, ils longeaient une grande île couverte d'arbres. Ils ignoraient fort heureusement qu'au-delà s'ouvrait l'échancrure béante du lac Saint-Pierre. Aussi Jean-Michel et Lucie ne perdirent-ils pas tout espoir. Du moins pas dans un premier temps.

Rien n'est plus étranger à l'homme que l'élément liquide. La sensation des pieds qui battent vainement dans l'abîme provoque une détresse irrépressible. Jean-Michel et Lucie luttaient, chacun de son côté, pour ne rien laisser voir à l'autre de la panique qui s'était emparée d'eux. Pour bien marquer sa détermination, Jean-Michel se mit à chanter.

Non ce n'était pas le radeau
De la Méduse ce bateau.
Qu'on se le dise au fond des ports,
Dise au fond des ports.
Il naviguait en Père Peinard
Sur la grand-mare des canards
Et s'appelait «Les copains d'abord»
Les copains d'abord.

La chanson de Brassens lui était remontée à la tête sans qu'il ait eu à la choisir. Lucie s'efforça bien de l'accompagner un instant mais, outre qu'elle n'en connaissait pas les paroles, ses lèvres bleuies de froid ne laissaient déjà plus passer qu'un maigre souffle. Jean-Michel poussa donc seul sa mélodie jusqu'au moment où des convulsions commencèrent à agiter les bras de sa compagne. Elle se débattait comme si elle avait voulu se défaire de l'emprise de Jean-Michel. En même temps, sa tête ballottait d'un côté à l'autre.

— Je ne veux pas mourir, criait-elle. Je ne veux pas mourir.

Maladroit dans sa précipitation, Bruno entreprit de sortir *Le loup de mer* à reculons des anses des îles aux Sables. Les flancs du bateau effleuraient les joncs. Le gouvernail touchait le fond. Bruno crachait dans l'eau. Il embrayait de l'avant et dégageait son *Loup de mer* avant de reprendre sa reptation à reculons.

Parvenu en eau libre, il fit demi-tour et fonça droit devant lui, sans savoir où il allait. Un seul espoir: que Lucie et Jean-Michel se soient échoués sur les berges marécageuses de l'une ou l'autre des îles où le hasard avait pu les pousser. Car, avec ce vent, Bruno savait qu'ils n'avaient pu regagner la rive sud.

À la roue de son *Loup de mer,* Bruno dansait une gigue d'impatience. Il explorait des baies, des prairies de joncs et l'abord des saules solitaires. Nulle trace de Lucie et de Jean-Michel. Pourtant, dès qu'il fixait son regard à l'horizon, il découvrait un nouvel endroit où la chaloupe pouvait se dissimuler.

Plus vaste que les autres, l'île de Grâce barrait le fleuve de sa masse. Bruno se prit à espérer encore. Si Jean-Michel et Lucie avaient eu la présence d'esprit de remonter patiemment les canaux du nord, à l'abri du vent du large, avant de se lancer à l'assaut du chenal principal, leur dérive avait nécessairement dû les porter sur l'île de Grâce. Il s'en approcha aussi vite que le lui permettait le gros temps.

Une mer de joncs prolongeait l'île de Grâce à sa pointe nord-est. Des canards s'envolèrent. Bruno soupçonnait que le tumulte du vent emportait le bruit de son moteur loin de l'île, privant ainsi ceux qu'il cherchait d'un indice qui leur révélerait sa présence. Il les devinait là, fondus dans les joncs, attendant la fin de la bourrasque pour reprendre leur traversée. Il se résolut donc à sillonner les herbes marines avec son *Loup de mer*.

Ce n'était pas chose facile. La coque du bateau couchait les joncs sur lesquels elle finissait par monter, enlisée aussi sûrement dans la matière végétale qu'une voiture dans la neige. L'hélice s'essoufflait à brasser les herbes qui s'enroulaient autour de son arbre. Bruno augmentait la puissance du moteur et *Le loup de mer* faisait un saut de crapaud, se libérant de l'embûche pour retomber dans une autre. Derrière, la désolation des joncs fauchés montrait l'ébauche du canal que le bateau ouvrait. Bruno forçait autant que son moteur. Il était si occupé à son ouvrage qu'il n'entendit pas le grondement d'une embarcation qui approchait. Quand il tourna la tête pour voir de quoi il s'agissait, une grande barque à fond plat, sur les flancs rouges de laquelle s'inscrivaient en lettres blanches les mots *Garde côtière*, l'abordait déjà par derrière.

Deux hommes montèrent à bord du *Loup de mer,* deux membres de la Police provinciale. Leur uniforme brun-beige clamait l'autorité. Deux autres, vêtus de marine, étaient restés dans la vedette à fond plat.

Bruno regardait ses visiteurs en écartant les bras du corps, comme pour leur signifier qu'ils n'avaient rien à redouter de sa part. Illusoire soumission. L'un des deux policiers l'interrogea.

— Où tu vas comme ça?

— À la chasse.

— Qu'est-ce que tu cherches dans ces broussailles-là?

— Une place pour passer la nuit.

Le policier hocha la tête. Son collègue le rejoignit. Bruno jugea opportun de protester de l'innocence des honnêtes citoyens.

— En temps de guerre, il n'y a pas d'honnêtes citoyens, lui répliqua le second policier avant de s'incliner pour pénétrer dans la cabine.

Les trois cartons de nourriture, tout l'attirail de cuisine et de couvertures criaient à l'insolite. Le policier passa la tête dans l'ouverture de la porte de la cabine.

— Viens voir ça, Julien.

Les deux hommes en uniformes farfouillèrent sous les banquettes et dans l'espace où Bruno rangeait l'ancre et ses cordages, à l'avant du bateau. Ils revinrent dans le cockpit après avoir tâté une dernière fois les boîtes de biscuits et les conserves de soupe.

— T'en as pour un mois là-dedans! fit observer, incrédule, le premier policier.

— C'est une vieille habitude, marmonna Bruno, quand je pars à la chasse, j'aime pas revenir tous les deux jours chercher à manger.

De toute évidence, les deux policiers n'étaient pas au fait des pratiques sur lesquelles les chasseurs de canards réglaient leur activité, mais cette abondance de provisions ne leur en paraissait pas moins suspecte.

— T'as ton permis de chasse? s'enquit le premier des deux.

Bruno s'empressa d'exhiber le précieux document dont s'empara le deuxième policier avant de sauter dans la vedette des gardes-côtes où il décrocha le microphone d'une radio.

— P.-36 à Sorel, c'est pour une vérification.

Pendant ce temps, l'autre policier scrutait les traits de Bruno comme pour y déceler les mensonges que ce visage ne pouvait manquer de lui dissimuler. Bruno jugea le moment venu de lui faire part de la visite dont il avait été l'objet la veille.

— Deux de vos hommes sont déjà venus me voir hier soir.

— Ah oui? Qu'est-ce qu'ils voulaient?

— Ils cherchaient mon neveu.

— Où est-il, ton neveu?

— Je ne sais pas. Je ne l'ai pas vu depuis cinq ans. C'est écrit dans une déclaration que j'ai signée.

Le premier policier fronça les sourcils pour faciliter sa réflexion.

— Pourquoi ils sont allés te voir si c'est ton neveu qu'ils cherchaient?

— Je ne sais pas. Paraît qu'ils l'ont vu à Sorel. Ils ont pensé qu'il pourrait me rendre visite.

— Qu'est-ce qu'il a fait ton neveu? demanda le policier.

Bruno haussa les épaules.

— Des affaires de FLQ je suppose, dit-il en tournant la tête.

Le second policier remonta dans le cockpit du *Loup de mer.*

— Jette ton ancre, annonça-t-il, on t'emmène.

Le bruit d'un hors-bord se fit entendre à ce moment. Les policiers levèrent la tête pour voir qui venait. Au premier coup d'œil, Bruno reconnut la chaloupe des chasseurs qui étaient venus l'importuner alors qu'il se trouvait seul en compagnie de Lucie, quelques jours plus tôt. Les deux hommes paraissaient encore plus éméchés que la fois précédente.

— Vous avez trouvé des FLQ? demanda l'un d'eux aux policiers.

— C'est pas de vos affaires, répondit le deuxième policier.

— On le connaît ce gars-là, renchérit celui que Bruno avait déjà entendu désigner du nom de Marcel. Il fait rien de mal. Il chasse le canard.

— Oui, insista l'autre, c'est un gars qui chasse pendant des semaines tout seul dans son bateau. On l'a vu ça ne fait pas deux jours.

— Il était seul? demanda le premier policier.

Les deux chasseurs échangèrent un regard complice.

— Bien sûr qu'il était seul. Je viens de vous le dire. Il chasse toujours seul.

Les policiers hésitaient. Il était près de seize heures et ils patrouillaient le fleuve depuis le matin par ce temps impossible. Cependant, la radio fonctionnait toujours à bord du bateau de la Garde côtière et l'un des policiers y monta pour échanger quelques paroles avec le quartier général. Pendant ce temps, son collègue mettait la main sur l'épaule de Bruno pour le pousser vers l'embarcation policière, sous les yeux effarés des chasseurs. L'intervention du deuxième policier, qui était resté accroché au microphone de sa radio, mit un terme à ce scénario.

— Attends, Guy. Ç'a l'air qu'un de nos oiseaux serait sur le traversier qui vient de partir de Saint-Ignace. Il faut qu'on soit à Sorel dans dix minutes, pour l'attraper. Pas le temps de s'occuper de celui-là.

Le premier policier se tourna promptement vers Bruno.

— Rembarque dans ton bateau, puis compte-toi chanceux.

Bruno s'exécuta sans discuter pendant que les policiers s'activaient à la manœuvre. Le grondement des deux moteurs hors-bord du puissant bâtiment des gardes-côtes emplit le marécage. Bruno entendit qu'on l'interpellait:

— Ris pas trop vite dans ta barbe. On va revenir.

Et la vedette laboura le marécage. Assis dans le cockpit, Bruno la regarda s'éloigner. Comme chaque fois qu'une émotion violente l'assaillait, des pointes de douleur apparaissaient dans ses bras. Quand le bateau de la Garde côtière eut disparu, Bruno se tourna vers les chasseurs de canards dont la barque frappait le flanc de son *Loup de mer*. Les deux chasseurs ne comprenaient rien à ce qui venait de se dérouler sous leurs yeux.

— Entre chasseurs, on se protège, déclara le premier. Un peu plus ils te prenaient pour un FLQ. Un gars de ton âge!

Bruno s'empressa de leur signaler la disparition de Lucie. Il n'eut d'autre ressource que de les informer également de l'existence de Jean-Michel.

— Comme ça, s'amusa le plus gros des chasseurs, tu profites de la blonde de ton neveu pendant qu'il est parti?

Mais Bruno n'avait pas le cœur à ces conversations d'ivrognes.

— Ils doivent être quelque part à la dérive, dit-il. Il faut que j'y aille avant que la nuit tombe.

— T'en fais pas, ironisa le plus gros des chasseurs en tapotant la capote de son moteur, avec notre soixante-quinze forces, on va les retrouver bien avant toi.

— Celui qui trouve la fille, il la garde, conclut Marcel dans un rire hilare.

Et la chaloupe des chasseurs vira dans un grondement de moteur. Les vagues brassèrent les joncs comme une soupe.

Lucie grelottait. Les dents lui claquaient dans la bouche. Ses cheveux détrempés recouvraient son visage, n'y laissant entrevoir que deux yeux chargés d'angoisse. Depuis un moment, elle avait desserré sa prise sur les avant-bras de Jean-Michel et ce dernier devait déployer toute sa force pour la retenir. La jeune femme ne se défendait plus. Elle toussait parfois pour rejeter l'eau de ses poumons. Muette la plupart du temps. Pourtant, quelques minutes plus tôt, elle criait encore.

— Je ne veux pas mourir.

Jean-Michel lui répétait sans cesse la même chose.

— On va s'en tirer. On approche du bord. On n'en a plus que pour quelques minutes.

Mais lui-même ne croyait plus à ce qu'il disait. Aucun indice ne l'autorisait à penser que la barque renversée dérivait vers la rive. Il n'avait d'ailleurs pas de repères pour en juger. Des chasseurs les apercevraient-ils? Fort peu probable. La chaloupe flottait entre deux eaux. Leurs silhouettes courbées ne devaient être visibles qu'à très faible distance. Et la nuit ne tarderait pas. Jean-Michel commençait à penser qu'ils ne survivraient pas jusqu'au matin.

Peu à peu, Lucie avait semblé s'apaiser. Ses protestations de détresse avaient faibli. Elle répétait toujours, mais à voix basse, ses *Je ne veux pas mourir* qu'elle prolongeait de sanglots. Bientôt, elle n'émit plus qu'une lamentation couverte par le fracas des vagues. Puis, elle se mit à grelotter. Jean-Michel s'en réjouit. L'organisme de Lucie avait déclenché ce mécanisme pour lui conserver sa chaleur. Jean-Michel n'avait pas encore pris conscience que ces tremblements exigeaient une dépense d'énergie considérable. Quand Lucie serait à bout de forces, elle ne lutterait plus et s'éteindrait aussi sûrement qu'une bougie au bout de sa cire.

Jean-Michel se souvint d'avoir lu quelque part, sans doute dans un journal, que des chasseurs avaient déjà vécu un drame semblable au leur. À la tombée de la nuit, leur chaloupe avait été renversée par les vagues. Ils avaient fait comme Lucie et Jean-Michel, s'accrochant l'un à l'autre par-dessus la coque immergée. On les avait repêchés au matin. Celui des deux qui avait survécu retenait un cadavre par les poignets.

Jean-Michel s'étonna de ne pas souffrir du froid autant que sa compagne. Sans doute sa robuste constitution physique faisait-elle la différence entre lui et elle. Mais pour combien de temps? Et surtout pourquoi souffrir en vain toute la nuit, s'il fallait mourir au petit matin? Jean-Michel sentit monter en lui la rage qui l'habitait déjà dans son enfance.

— Je ne veux pas mourir pour rien! hurla-t-il.

Son cri le ressaisit. Il leva les yeux sur Lucie. La jeune femme ne l'avait pas entendu. Elle ne semblait plus appartenir à ce monde. Le regard fixe. Ses poignets, que Jean-Michel tenait dans ses mains, étaient devenus tout raides.

— Ne meurs pas, Lucie! cria Jean-Michel.

C'est l'écho d'une autre voix qui lui répondit.

— Tenez bon! On arrive.

Jean-Michel crut d'abord à une hallucination. Le grondement du moteur qu'il entendait provenait peut-être aussi de son délire. Mais ils étaient sauvés. Jean-Michel ne le comprit qu'au dernier moment. Une barque approchait. Un homme se tenait à l'avant, cependant que son compagnon manœuvrait la manette des gaz d'une main ferme. Les deux hommes avaient les traits tendus. Il s'agissait d'éviter que l'embarcation, ballottée par les vagues, ne heurte les naufragés.

— On arrive, répéta l'homme.

Et il tendit la main à Jean-Michel. Celui-ci ne relâcha pourtant pas sa prise des poignets de Lucie.

— Occupez-vous d'elle en premier. Si je la lâche, elle coule.

Les deux hommes manœuvrèrent pour contourner la chaloupe renversée. Celui de l'avant agrippa Lucie par les aisselles et tira. Jean-Michel ouvrit les mains. Il tomba dans l'eau sur le dos. S'enfonça profondément. L'eau noire luttait contre lui. Quand il refit surface, Lucie était déjà dans la chaloupe de leurs sauveteurs. Mais Jean-Michel avait toutes les peines du monde à se tenir à flot en attendant qu'on vienne le secourir. Ses membres raidis par le froid ne lui obéissaient plus. Les deux hommes durent combiner tous leurs efforts pour le hisser à son tour.

— Sacrement! s'exclama le premier, qu'est-ce qui vous est arrivé?

— Vous auriez pu y rester, enchaîna l'autre.

— On ne peut pas vivre longtemps dans de l'eau froide de même, poursuivit le premier.

Il n'y avait ni couverture ni sac de couchage dans la barque des chasseurs. Ceux-ci se dépouillèrent de leurs parkas pour en couvrir Jean-Michel et Lucie qu'ils firent allonger sur le fond mouillé et boueux. Lucie ne bougeait pas plus qu'une morte.

Ils transbordèrent Lucie de la chaloupe au *Loup de mer* comme un cadavre. Assis sur la banquette de l'embarcation des chasseurs, Jean-Michel les observait comme au cinéma. Il n'avait pas froid. Il avait grelotté à son tour, allongé près de Lucie au fond de la barque, pendant que leurs sauveteurs cherchaient la silhouette du *Loup de mer* dans la pénombre. Maintenant, il n'éprouvait plus qu'une grande lassitude. Bruno et l'un des chasseurs s'occupaient de Lucie dans la cabine. L'autre se tourna vers lui.

— Qu'est-ce que t'attends pour venir te chauffer?

Jean-Michel mit un certain temps à comprendre qu'on s'adressait à lui. Il se dressa. La barque battait du flanc contre *Le loup de mer*. Il tituba. Pour se retenir, il posa la main sur le rebord de la barque. Les deux coques s'entrechoquèrent, coinçant sa main. Jean-Michel la retira, surpris de ne pas éprouver de douleur. Le chasseur le rattrapa au moment où il allait tomber à la renverse.

— T'es pas encore bien solide sur tes pattes.

Et il le guida vers la cabine en le tenant aux épaules. Cinq heures. Le noir d'un jour sans lumière véritable. La cabine débordait de gestes et de paroles. Dans l'étroite allée qui séparait les deux banquettes, Bruno et le premier chasseur se penchaient sur Lucie. Jean-Michel constata que la jeune femme était déjà enfouie dans un sac de couchage sur lequel on avait étalé deux autres couvertures. Lucie avait le visage blanc, les cheveux en détresse.

— Poussez-vous, dit celui qui se prénommait Marcel. Ce gars-là a le droit de se chauffer, lui aussi.

Le premier chasseur s'écarta et Jean-Michel se laissa choir sur l'autre banquette.

— Commence par ôter ton linge mouillé, lui recommanda Marcel, puis entre dans ton sac de couchage. Comme ça, tu vas reprendre ta chaleur.

Dans sa dérive, *Le loup de mer* prenait les vagues de travers. Le petit bateau ballottait comme un bouchon mais personne ne semblait s'en apercevoir. Suspendu au plafond de la cabine, le fanal oscillait entre les têtes. Jean-Michel se dévêtit et laissa ses vêtements à ses pieds dans l'allée. Marcel, qui se tenait près de la porte, les jeta dans le cockpit. Quand il fut à son tour dans son sac de couchage, Jean-Michel ferma les yeux. Un frisson le parcourut. Il venait de se retrouver subitement dans l'eau, accroché aux poignets de Lucie. Il ouvrit les yeux et les fixa au plafond. Le ronron des conversations l'apaisa.

— Faudrait lui faire boire du gin chaud.

— Tu crois qu'elle nous entend?

— Moi je te dis qu'il faudrait les emmener à l'hôpital tous les deux.

— La fille a l'air pire que le gars.

— Du gin. C'est du gin qu'il lui faut.

— Pourquoi elle n'ouvre pas les yeux?

— J'en ai du gin, dans le coffre, à ta main gauche.

— Essuie-lui les cheveux. As-tu une serviette?

— Prends mon chandail de laine.

Jean-Michel retrouva son souffle. Trop court pour former des paroles. Trop vif pour ne pas mesurer la gravité de la situation. La tête pleine d'eau. Il tourna les yeux vers Lucie. Une morte. Il se regarda à son tour. Deux gisants, elle et lui, sous des monceaux de couvertures, chacun sur sa banquette. Accroupis comme des singes dans l'allée, Bruno et les chasseurs complotaient.

— Faudrait les emmener à l'hôpital, redit le gros.

— Ça va aller, répondit Bruno. Laisse-leur le temps de se réchauffer.

— Moi, intervint Marcel, j'ai pas confiance.

— Moi non plus, renchérit le gros. Faut que tu les emmènes à l'hôpital tout de suite.

— Moi, je dis que ce n'est pas nécessaire, insista Bruno.

Le gros s'essuya le nez dans la laine de son chandail.

— Qu'est-ce qui se passe ici? laissa-t-il éclater. Veux-tu bien me dire quel jeu tu joues? Des gars de ton âge qui passent des semaines entières à la chasse avec des filles de vingt ans, moi j'ai jamais vu ça.

Il désigna Jean-Michel tout en poursuivant.

— Puis des chasseurs comme celui-là, j'en ai jamais vu non plus. Vous chassez quoi au juste, tous les trois?

Bruno leva des yeux désemparés sur ses interlocuteurs.

— Ben oui! C'est quoi ça, renchérit Marcel, la police court après toi! Si on n'était pas arrivés, ils t'emmenaient. T'as fait quelque chose de pas correct?

— Tu vas nous dire ce qui se passe, reprit le premier.

Les deux chasseurs encadraient Bruno dans l'allée, l'un devant et l'autre derrière. Leur position accroupie accentuait le sifflement de leur respiration. Ils puaient l'alcool. Bruno les regarda tour à tour.

— C'est vrai, dit-il, ça peut avoir l'air bizarre, mais il n'y a rien de grave là-dedans. Je vais tout vous expliquer. Mon neveu, c'est un séparatiste. Il milite dans le Parti québécois. Un gars a droit à ses idées. Mais là, à cause des mesures de guerre, la police est en train d'arrêter tous ceux qui ont déjà participé à des manifestations. Même les plus régulières en faveur du Parti québécois. Moi, je ne pense pas comme lui, mais je ne vais tout de même pas le laisser aller en prison parce qu'il a des idées dans la tête...

— Le Parti québécois puis le FLQ, c'est la même chose, trancha le gros.

— Pas du tout! s'indigna Bruno. Le Parti québécois, c'est un parti démocratique, reconnu par la loi. Il ne faut pas tout mélanger.

— Puis elle? demanda Marcel en désignant Lucie du menton.

— C'est pareil, expliqua Bruno. Elle a participé à des manifestations.

— C'est à cause de toute cette jeunesse-là que le pays est à l'envers! tonna le gros. J'aurais jamais pensé qu'un gars comme toi serait du bord de la jeunesse.

— Je ne suis du bord de personne, protesta Bruno. Mais je n'ai pas envie non plus qu'ils aillent en prison. Le mieux à faire, dans ces cas-là, c'est de se faire oublier.

— En attendant, reprit Marcel, la fille va mourir si tu ne l'emmènes pas à l'hôpital.

— Vous avez raison, admit Bruno. Je ne pensais pas que c'était si grave mais là, je m'en rends compte. On perd du temps. Laissez-moi faire. Retournez dans votre chaloupe. Je m'occupe d'eux autres.

Et Bruno fit mine de se redresser. Marcel, qui était près de la porte, sortit à reculons dans le cockpit. Bruno l'imita. Le gros les suivit. Le vent n'avait pas faibli. La coque du *Loup de mer* roulait d'un bord à l'autre. Les trois hommes ne pouvaient tenir debout sans s'accrocher d'une main à l'une ou l'autre des parties du bateau. Les chasseurs hésitaient cependant. Le gros fit enfin signe à son collègue de retourner dans la barque en même temps qu'il adressait à Bruno les dernières menaces qu'il lui réservait.

— Toi, déclara-t-il, c'est pas clair, ton affaire. Là, on s'en va. Mais on va revenir. On te retrouvera. Puis tu nous expliqueras ce qui s'est passé. Pour le moment, occupe-toi d'elle. Fais-la soigner le plus vite possible. Mais on n'a pas fini avec toi. On a ton portrait.

Et il monta dans sa barque sans quitter Bruno des yeux. Marcel la détacha en silence pendant que le gros mettait le moteur en marche. Ils s'éloignèrent sans se retourner. Bruno peina un long moment avant de réussir à démarrer son monocylindre. Les pétarades le réconfortèrent. Bruno orienta la proue du *Loup de mer* au nord-est. Il ne savait pas encore où il allait.

La maison ne semblait pas bien grande. L'étage devait être un grenier inhabité. Un projecteur, fixé sous la corniche, éclairait l'herbe entre la route et la demeure. Une allée de gravier y conduisait. La lueur de la lampe se reflétait dans des flaques d'eau. Une clôture de perches semblait ceindre la propriété. Deux hangars derrière, presque aussi gros que la maison. Un chien aboyait mais on ne le voyait pas.

Depuis près d'une heure, Jean-Michel et Bruno portaient tour à tour Lucie sur leur dos. Ce n'était pas chose aisée. Jean-Michel n'avait pas encore recouvré toutes ses forces. Pire encore, sa main qui s'était trouvée coincée entre la barque des chasseurs et *Le loup de mer* avait enflé et le faisait souffrir. Il ne pouvait pratiquement plus l'utiliser. Pour sa part, Bruno ployait sous le fardeau. Sans cesse, il faisait passer Lucie d'une de ses épaules à l'autre. Chacun progressait ainsi de cent mètres avant de déposer la jeune femme dans les bras de l'autre. Ils suaient et soufflaient sans échanger de paroles. La nuit s'était établie. Ils savaient qu'ils étaient sur la route au bruit que faisaient leurs pas sur le gravier. Ils bifurquaient parfois vers le talus. Lucie ne semblait pas consciente de ce qui lui arrivait.

Bruno avait pris la décision de chercher du secours pendant qu'ils naviguaient. Il en avait informé Jean-Michel. Celui-ci n'avait pas réagi. À la nuit tombée, *Le loup de mer* avait abordé la rive nord. Une côte sauvage, une berge abrupte puis un taillis de saules au-delà duquel ils avaient trouvé la trace d'un sentier. Peu à peu la piste unique s'était subdivisée, marquée par le passage ancien de voitures égarées dans ce désert. Un quart d'heure plus tard, ils marchaient sur une mauvaise route. Plus loin, ils avaient accédé à un chemin de gravier. Mais aucune habitation en vue.

Jean-Michel et Bruno savaient qu'ils n'avaient d'autre possibilité que de frapper à la porte de la première maison qu'ils apercevraient. Il fallait que Lucie retrouve sa chaleur. Ils ne voulaient pas se demander comment on les accueillerait. Encore moins réfléchir aux conséquences que cette démarche pourrait avoir sur leur sort. Et maintenant, au terme d'une progression laborieuse, ils approchaient d'une habitation isolée. L'aboiement du chien les inquiétait. La femme qui leur ouvrit poussa un petit cri en apercevant Lucie.

— Mon Dieu! Vous avez eu un accident? demanda-t-elle.

— Ils sont tombés à l'eau tous les deux, répondit Bruno en désignant Lucie et Jean-Michel de la tête.

— Entrez vite, ordonna la femme. Mettez-la dans le fauteuil près du poêle.

La pièce, de dimensions modestes, semblait faire office à la fois de cuisine, de salle à manger et de séjour. Un double fluorescent, fixé au plafond, en fouillait tous les recoins. Un poêle à bois au fond, face à la porte. La table de formica et ses chaises de cuirette au centre. L'évier et les armoires à droite. À gauche, sous une vaste baie vitrée donnant sur la route, deux fauteuils recouverts de couvertures bigarrées. Entre les deux, sur un pouf, un petit chien blanc et obèse, à poil ras, montrait les dents.

Avant de quitter *Le loup de mer,* Jean-Michel s'était évidemment revêtu de vêtements secs puisés dans le sac de Bruno. Sa main lourde de douleur ne lui avait pas facilité la tâche. Il avait dû s'accommoder de sous-vêtements longs, d'un pantalon que Bruno réservait aux travaux de peinture et d'un chandail troué aux coudes. Un imperméable vert kaki là-dessus. Des bottes noires en caoutchouc. Le moment venu d'habiller Lucie, il ne restait plus rien. Il apparaissait évident aux deux hommes qu'ils devraient porter la jeune femme jusqu'à destination. Le sac de couchage dans lequel elle reposait la tiendrait au chaud. Ils l'avaient donc ligotée comme une momie dans ce duvet. Dès que Jean-Michel eut déposé Lucie dans le fauteuil devant son poêle, la femme entreprit de la délivrer.

— Mon Dieu! elle est pas habillée.

La femme se tourna vers Bruno.

— Allez dans ma chambre, dans la garde-robe, j'ai une grande robe de chambre en ratine. Apportez-moi ça avec les chaussettes de laine grises qu'il y a dans le premier tiroir du bureau.

Pendant que Bruno s'exécutait, la femme s'était agenouillée devant Lucie, lui caressant le visage et les cheveux.

— Pauvre petite poulette! Qu'est-ce qui t'est arrivé? Ç'a pas d'allure, ça! Je vais m'occuper de toi.

À dire vrai, Lucie ressemblait à une morte. Les yeux clos mais surtout la peau blanche et flasque. On sentait que la vie ne circulait plus que faiblement en elle, tout à l'intérieur, là où c'était indispensable, abandonnant les extrémités au désastre. Elle ne semblait pas respirer. Elle vivait pourtant.

— Ça fait longtemps qu'elle est comme ça? demanda la femme à Jean-Michel.

— Pas loin de deux heures.

— Elle n'a pas repris sa connaissance?

— Je ne pense pas.

Bruno revint avec les accessoires qu'on lui avait demandés.

— Retourne-toi, ordonna la femme à Jean-Michel.

Elle finit de dénouer le câble fin qui ceinturait Lucie. Elle entreprit ensuite de l'extirper de son sac de couchage. Chaque mouvement déplaçait la malade. Sa tête retombait sur sa poitrine. Ses bras pendaient de chaque côté du fauteuil. Bruno avait eu pour premier réflexe de se retourner lui aussi pour laisser la femme à sa besogne intime. Mais cette dernière protesta.

— Qu'est-ce que vous attendez pour me donner un coup de main?

Il sembla à Bruno que la peau de Lucie avait la consistance de celle des morts. Les chaussettes enfilées, on lui jeta la robe de chambre sur le dos puis Bruno prit Lucie dans ses bras, sa tête pendante sur son épaule.

— Mettez-la sur mon lit dans ma chambre. Toi, le jeune, va ouvrir les couvertures.

Emmitouflée jusqu'au menton, Lucie semblait dormir. La femme et les deux hommes faisaient cercle autour du lit. Le plafonnier n'émettait qu'une faible lueur. Ils parlaient à voix basse comme au salon funéraire.

— D'où vous venez? demanda la femme.

— Sorel, répondit Bruno. C'est mon neveu puis sa blonde. Ils voulaient que je les emmène à la chasse. Je les ai laissés dans la chaloupe pendant que j'allais voir plus loin, avec le bateau, s'il n'y aurait pas une meilleure place pour le canard. Ils ont essayé de me rejoindre avec la chaloupe. Le vent les a chavirés.

— Comment vous vous appelez? continua la femme.

— Cournoyer, répondit encore Bruno. Elle, je ne sais pas. Son prénom, c'est Lucie.

— Moi, déclara la femme, je m'appelle Yvette. Yvette Dumoulin. Mon mari travaille au moulin à papier à Trois-Rivières, de quatre heures à minuit.

Elle se pencha sur le lit.

— Mais elle, la pauvre petite poulette, je ne sais pas comment on va faire pour la sortir de là. Faudrait l'emmener à l'hôpital.

Bruno fronça les sourcils.

— Attendons encore un peu, dit-il. Il faut lui laisser le temps de se réchauffer.

— Se réchauffer avec quoi? s'offusqua madame Dumoulin. Quand il n'y a plus de bois dans le poêle, il ne chauffe plus. Elle a besoin d'un docteur, c'est certain. Je vais appeler le docteur Trudel.

Une heure plus tard, Lucie vivait toujours de sa petite vie réduite. Son état ne semblait cependant pas s'aggraver. Aucun signe d'amélioration non plus. Jean-Michel et Bruno étaient restés à son chevet pendant que madame Dumoulin leur préparait une collation.

— Venez manger, annonça-t-elle plus tard.

Ils se retrouvèrent devant une table garnie comme pour un réveillon. Du poulet, des pommes de terre, des betteraves marinées, des cornichons, des olives, du pain et du café. Une tarte aux pommes réchauffait doucement dans le four dont la porte était entrouverte. Madame Dumoulin s'attabla devant eux pour les regarder manger. Jean-Michel dévorait à belles dents. Bruno pignochait dans son assiette. Il la repoussa bientôt et se leva.

— J'ai pas faim, dit-il. Excusez-moi.

— Minute, l'interrompit madame Dumoulin. Je voudrais juste tirer quelque chose au clair. Vous m'avez dit tantôt que vous vous appelez Cournoyer tous les deux.

Bruno fit signe que oui. Jean-Michel éleva les mains de chaque côté de la tête pour rejeter ses cheveux en arrière. Il avait gardé ce réflexe même s'il était maintenant tondu ras. Madame Dumoulin se leva pour aller quérir un exemplaire du *Nouvelliste*, enfoncé avec d'autres dans un porte-journaux près d'un des fauteuils. Elle revint l'étaler sur la table.

— C'est pas ce qu'ils disent dans le journal, fit-elle observer. Vous, je ne sais pas, dit-elle à l'intention de Bruno, mais lui, en tout cas, ajouta-t-elle en désignant Jean-Michel, il se nomme Bellerose. La petite poulette, elle s'appelle Courchesne. C'est écrit.

Jean-Michel bondit sur ses pieds. Bruno l'imita, impassible. En première page, sous l'en-tête du journal, un titre gros comme le poing :

LES MEMBRES DE LA CELLULE
PAPINEAU IDENTIFIÉS

Dans le corps de l'article étaient disséminées des photos de Jean-Michel, Lucie, Fernand et le gros Pierre. Dans le cas de Jean-Michel, il était évident que le cliché provenait des services d'identification judiciaire. Son séjour en prison avait laissé des traces. La photo de Lucie avait sans doute été prise au cours d'une manifestation à laquelle elle avait participé. On avait agrandi sa tête parmi d'autres. Cela se voyait au grain de la photo et à son manque de netteté. Le gros Pierre et Fernand ne bénéficiaient pas d'un meilleur traitement. Jean-Michel et Bruno ne disaient mot. Froid dans le dos et les mains moites. Jean-Michel n'arrivait pas à avaler la bouchée de poulet qu'il avait encore dans la bouche.

— Je vois que vous n'avez pas pris connaissance du journal ces jours-ci, fit observer madame Dumoulin. Assoyez-vous, je vais vous le lire.

Bruno et Jean-Michel regagnèrent leur place comme des élèves dociles. Madame Dumoulin chaussa ses lunettes pour déchiffrer l'article.

Les forces conjointes des services policiers chargés de résoudre la crise du FLQ ont annoncé hier — c'était hier, mardi le 27 octobre, précisa madame Dumoulin — *qu'elles étaient parvenues à identifier certains membres de la cellule Papineau. On se souvient que ce groupuscule avait tenté de s'emparer de monsieur Denis Leclerc, le principal conseiller du premier ministre Bourassa, la veille de l'enlèvement du diplomate britannique James Richard Cross. Les autorités policières ont en effet révélé que des mandats d'arrestation ont été émis contre quatre personnes sur qui pèsent des accusations de complot d'enlèvement. Ce sont Jean-Michel Bellerose, 25 ans, Lucie Courchesne, 23 ans, Fernand Genest, 24 ans, et Pierre Boyer, 24 ans.*

Madame Dumoulin leva les yeux de son journal. Jean-Michel était debout. Il couvait sa main gauche dans le creux de sa main droite.

— Faut qu'on s'en aille d'ici, décréta-t-il.

Bruno tourna lentement la tête vers la chambre.

— Lucie? demanda-t-il.

Jean-Michel hésita. Il en avait soudain assez d'être constamment poussé au fond des culs-de-sac de l'histoire. Il réfléchissait visiblement à l'hypothèse de sacrifier Lucie pour assurer leur salut à tous deux. Il ne semblait pas s'y résoudre. Porter encore la jeune femme sur leur dos? Si madame Dumoulin prévenait la police, ils ne fuiraient pas bien loin. Bruno secoua la tête en signe de dénégation. Ce fut madame Dumoulin qui dénoua l'impasse.

— Je vais vous le dire, moi, ce que vous allez faire. J'ai pensé à ça. Pour commencer, on va attendre le docteur.

— Nous deux, on se cachera pendant qu'il sera là, annonça Jean-Michel.

— Non, objecta madame Dumoulin. Ça n'aurait pas l'air normal. Il se demanderait comment elle a fait pour venir ici toute seule. Non, moi je vous le dis, il faut faire comme si tout était normal. Le docteur vient, il soigne la petite poulette puis il s'en va. Peut-être qu'il va lui faire une piqûre qui la remettra sur pied? Tout ce que je veux, c'est que vous partiez avant minuit.

— Pourquoi minuit? demanda Jean-Michel.

— Mon mari va revenir de travailler vers minuit et demi, expliqua madame Dumoulin. J'aimerais autant qu'il ne vous voie pas.

Jean-Michel et Bruno se regardèrent sans rien dire. Le cœur leur battait à tout rompre dans la poitrine. Cette fois, c'est Bruno qui brisa le cercle d'angoisse.

— Et vous, demanda-t-il en s'adressant à madame Dumoulin, qu'est-ce que vous allez faire?

— Oh! moi, répondit cette dernière, j'ai appris à me taire. J'ai passé ma vie à couvrir les mauvais coups de mes garçons.

Le chien se dressa soudain. Debout sur le pouf, il regardait dehors en aboyant vers la route où parurent bientôt les phares d'une automobile. Madame Dumoulin s'efforça de faire taire la bête tout en se dirigeant vers la porte. Le bruit d'une portière d'automobile qu'on referme. Le docteur Trudel parut. Il avait environ cinquante ans, un chapeau gris à l'ancienne sur la tête, un grand manteau boutonné et des couvre-chaussures qu'il laissa sur le tapis d'entrée. Sa sacoche de médecin à la main.

— Qu'est-ce qu'elle a, votre nièce? demanda-t-il à madame Dumoulin.

— Elle est allée à la chasse avec mon beau-frère de Sorel puis son neveu. Ils sont tombés à l'eau. La petite n'a pas l'air de s'en remettre.

Le médecin jeta un regard blanc sur Bruno et Jean-Michel tout en se dirigeant sans attendre vers la chambre.

Ils entouraient de nouveau le lit où reposait Lucie. Le docteur Trudel lui tenait le poignet en regardant sa montre.

— Le pouls est à peine perceptible, dit-il. Vous avez été chanceux qu'elle ne vous claque pas dans les mains.

— Ça va aller maintenant? demanda Bruno.

— Il est encore trop tôt pour le dire, répondit le médecin, mais les chances sont meilleures. Je lui fais une injection et on la transporte à l'hôpital.

Bruno toussota dans son poing. Il s'avança vers le médecin pendant que celui-ci pratiquait son injection.

— Vous ne pouvez pas l'emmener à l'hôpital.

— Et pourquoi donc?

Bruno parut en peine de trouver une réponse.

— Elle est plus forte qu'elle en a l'air, finit-il par déclarer. C'est une fille solide. Une bonne nuit de repos va la remettre sur pied.

— Qu'est-ce que vous diriez si elle vous mourait dans les bras? bougonna le médecin.

— Il n'est pas question qu'elle meure, repartit Bruno. Vous êtes là pour vous en occuper.

— Savez-vous que si ça tourne mal, ronchonna le médecin, c'est moi qui vais être blâmé?

Mais Bruno n'entendait pas céder. Il enfila l'un derrière l'autre tous les arguments qui lui vinrent à l'esprit.

— Écoutez, docteur, pas besoin d'hôpital. Vous êtes capable de la soigner ici. Qu'est-ce qu'ils vont faire de plus à l'hôpital? Pensez-vous qu'il va y avoir une infirmière au pied de son lit toute la nuit? Nous autres, on va rester près d'elle. Dites-nous ce qu'il faut faire. On va s'en occuper.

Le docteur Trudel tourna ses sourcils broussailleux vers madame Dumoulin. Cette dernière opinait de la tête.

— Pourquoi l'emmener à l'hôpital si ce n'est pas nécessaire? finit-elle par dire.

Le docteur Trudel bougonna deux ou trois phrases incompréhensibles avant de décréter:

— Bon, d'accord. Mais si l'eau chaude ne donne pas de résultats, je l'hospitalise.

Ils transportèrent Lucie à la salle de bains, d'où le docteur chassa Bruno et Jean-Michel. La jeune femme pesait de tout son poids comme sous l'effet de l'ivresse. Ils lui avaient appuyé la tête sur des serviettes posées sur le rebord de la baignoire. Elle avait ouvert les yeux pendant qu'on la déplaçait mais elle ne semblait pas avoir conscience de ce qui lui arrivait. Elle reposait dans une eau tiède sans que les effets de ce traitement se fassent encore sentir. Le docteur avait retiré sa veste et retroussé les manches de sa chemise. Madame Dumoulin avait mouillé sa robe et ne semblait pas s'en soucier. Ils n'avaient pas assez de leurs quatre mains pour soutenir Lucie. En même temps, le médecin et la dame Dumoulin conversaient à voix basse.

— Curieux, ça, ce chavirage, commença le docteur.

— Sortir par un temps de même, c'est pas prudent, admit la dame Dumoulin.

Le docteur grommela quelque chose pour lui-même avant d'ajouter:

— Curieux, ces deux-là.

Et il fit un signe de la tête en direction de la cuisine.

— Je ne les crois pas une minute, ni l'un ni l'autre, précisa le médecin. Ils n'ont pas des têtes de chasseurs. Voulez-vous bien me dire pourquoi il ne veut pas qu'on l'emmène à l'hôpital?

— Il pense que l'hôpital, c'est un endroit pour mourir. Lui-même, il n'est jamais allé chez le docteur. Il a peut-être l'air malcommode comme ça mais c'est un bon diable.

Le médecin échangea un long regard avec madame Dumoulin qu'il connaissait depuis trente ans. Jamais il ne l'avait vue mentir de cette façon.

— Taisez-vous donc, dit-il, plutôt que de me mentir en pleine face.

Le visage de madame Dumoulin se fit penaud. Le médecin la laissa languir un bon moment avant de conclure.

— Je suis médecin, pas policier. Mon devoir c'est de soigner les gens, pas de les mettre en prison. Je ne sais pas ce qu'ils ont fait ceux-là, bien que par les temps qui courent, il ne faut pas chercher loin pour comprendre. On va commencer par s'occuper d'elle. Après, on verra...

Lucie montrait déjà des signes encourageants. Sa peau reprenait une légère teinte rosée. À quelques reprises, elle bougea les mains et les pieds. Elle ouvrit et ferma les yeux. Des bribes de mots s'échappèrent de sa bouche. Madame Dumoulin se pencha sur elle.

— Ça va aller mieux, ma poulette.

Lucie la regardait comme l'enfant cherche à reconnaître les traits de sa mère à la naissance. Le médecin finit par se redresser.

— Occupez-vous d'elle, dit-il, je vais aller leur parler.

Il trouva Jean-Michel et Bruno qui complotaient à la cuisine. Ils firent silence à son arrivée. Le docteur s'approcha d'eux. Jean-Michel s'écarta d'un pas. Bruno affronta le médecin sans sourciller.

— Je pense que ça va aller, dit le docteur Trudel. La première phase est passée. La température interne commence à remonter.

— Elle est sauvée? demanda Bruno.

— Disons que le pire est passé. Il peut y avoir des complications.

— Quelles sortes de complications?

— La température interne du corps va remonter lentement, d'un ou deux degrés par heure. À mon avis, vous en avez pour quatre ou cinq heures avant que ce ne soit rétabli. Mais attention! À mesure que la température interne va remonter, il y a des risques de dilatation des extrémités. Vous connaissez ça, les pieds gelés quand on revient de la patinoire? C'est la même chose mais en beaucoup plus grave. Ça peut entraîner des fibrillations ventriculaires. De l'arythmie. Laissez-la dans la baignoire encore une heure. Dans l'eau tiède. J'ai dit tiède, pas bouillante. Après, vous la transporterez dans le lit et vous la couvrirez de toutes les couvertures que vous pourrez trouver dans la maison. N'ayez pas peur d'en mettre trop. Veillez seulement à ce qu'elle respire bien. De temps en temps, mettez la main sur son cœur. S'il a l'air de battre trop vite, donnez-lui ça.

Le docteur se pencha sur sa sacoche d'où il sortit un petit flacon contenant des comprimés.

— Donnez-lui un comprimé. Si les fibrillations persistent, c'est l'hôpital. Compris?

— Compris, répondit Bruno en prenant le flacon des mains du médecin.

Celui-ci remit son manteau qu'il avait laissé sur le dossier d'une chaise.

— Vous direz à madame Dumoulin que j'ai été obligé de partir.

Bruno fit un pas en direction du docteur.

— Combien on vous doit? demanda-t-il.

Le médecin regarda longuement Bruno dans les yeux avant de répondre.

— Êtes-vous bien certain que vous voulez que je remplisse une formule d'assurance-maladie, avec votre nom et votre adresse dessus?

— Je peux vous payer en argent si vous préférez, proposa Bruno.

Le médecin hocha la tête.

— Je n'en veux pas de votre argent, dit-il en appuyant sur chacun de ses mots. Je ne veux rien avoir à faire avec des gens comme vous.

Et il remit ses couvre-chaussures sous la menace du chien qui grondait à ses pieds.

— Je repasserai demain matin de bonne heure, dit le docteur Trudel avant de sortir. D'ici là, essayez de ne pas faire d'autres bêtises.

Lucie revivait. La tête inclinée, elle fixait son regard sur l'épaule de madame Dumoulin. Le motif fleuri de sa robe la fascinait.

— Ça va mieux, ma poulette?

Lucie ne reconnaissait pas cette voix. Elle n'avait jamais vu non plus le carrelage rose tendre qui entourait la baignoire. La lumière l'éblouissait.

— Où est-ce que je suis? demanda-t-elle.

— T'es tombée à l'eau, répondit madame Dumoulin. Ils t'ont emmenée ici.

— Je me sens comme quand on a trop bu la veille.

— Le docteur a dit qu'il n'y avait plus de danger.

— Qu'est-ce que je fais dans le bain? demanda Lucie.

— Tu te réchauffes, expliqua madame Dumoulin. T'avais presque plus de vie dans le corps.

Lucie ferma les yeux. La dernière chose dont elle se souvenait, c'était de s'être agrippée aux poignets de Jean-Michel par-dessus la barque renversée. Et soudain la menace recommença de peser sur elle.

— La police? s'affola-t-elle.

— Oublie ça, la rassura madame Dumoulin. Ici, t'es en sécurité. Il ne t'arrivera rien.

— Je veux les voir, réclama Lucie.

— Qui?

— Jean-Michel et Bruno.

— T'es toute nue, fit observer madame Dumoulin.

— Je veux voir Bruno, insista Lucie.

— Celui-là, fit observer madame Dumoulin, il a l'âge de regarder sans voir. Essaie de te tenir toute seule une minute, je vais le chercher.

Le temps que madame Dumoulin sorte et que Bruno prenne sa place à côté de la baignoire, Lucie était retombée dans sa léthargie. Bruno la tira de sa torpeur en prenant sa tête entre ses mains. Elle ouvrit de nouveau les yeux. Pour la première fois depuis longtemps, l'homme qui se penchait sur elle ne cherchait pas à lui prendre ce qu'elle ne pouvait pas donner. Bruno lui sourit.

— Ça va mieux?

— J'ai failli mourir, répondit Lucie.

En guise de réponse, Bruno plongea la main dans l'eau et la laissa glisser sur le ventre de la jeune femme. Remonta sur le sein. La maison silencieuse les renvoyait à eux-mêmes.

— Tu m'aimes? demanda Lucie.

— Bien sûr que je t'aime, voyons!

— Je veux dire, tu m'aimes pour vrai?

L'émotion de Bruno le chavira. Il se défendit en bougonnant.

— J'ai deux fois ton âge. Tu n'y penses pas?

Lucie inclina la tête en signe d'affirmation. Bruno résistait.

— Qu'est-ce qui te fait croire que je peux t'aimer?

— Tu es tout seul, comme moi.

Et Lucie ajouta après un certain temps:

— Si on en sort, jure-moi que tu m'aimeras.

Une chaleur envahit Bruno. Depuis Arlette, peut-être, il n'avait plus aimé. Mais lui-même, avait-il seulement déjà été aimé? Sa femme la première, et les autres par la suite, ne les avait-il pas séduites simplement pour se convaincre de sa virilité? Et voici qu'une jeune femme toute frêle, nue dans sa baignoire, réclamait son amour.

— Moi, je t'aime, dit Lucie.

— Ce n'est pas possible.

Lucie émit une plainte chaude.

— Tu ne veux pas que je t'aime?

— Je veux trop, répondit Bruno, et ça me fait peur.

— Après ce qui m'est arrivé, dit faiblement Lucie, je n'ai plus peur.

— Et Jean-Michel? demanda Bruno.

— Jean-Michel, il ne pense qu'à lui. Il ne me voit même pas. Il est incapable de m'aimer. Toi, tu peux.

— Tu ne trouves pas que je suis trop vieux?

— Tu n'es pas vieux. Et puis, justement, c'est parce que tu es vieux que tu peux m'aimer.

Bruno inclina la tête jusqu'à toucher du front les cheveux mouillés de Lucie. La jeune femme se mit à parler à voix basse comme s'il lui importait de se débarrasser au plus tôt du passé pour faire place à la vie nouvelle.

— Moi, je n'ai jamais été aimée. Même quand j'étais petite. Surtout quand j'étais petite. Mon père ne savait pas le faire. Ma mère n'avait pas le temps. À quinze ans, j'ai découvert l'amour et je ne m'en suis pas privée. Je laissais les garçons faire ce qu'ils voulaient. Ils en profitaient, ça tu peux me croire. Et j'aimais ça, il faut que tu le saches. Mais chaque fois, j'étais déçue. Je ne trouvais jamais ce que je cherchais.

— L'amour ne tient pas toujours ses promesses, admit Bruno.

Lucie renchérit, un rien d'agressivité dans la voix.

— Ceux qui m'ont le moins aimée, c'est ceux qui m'ont dit le plus qu'ils m'aimaient.

— Moi aussi, dit Bruno d'une voix songeuse, comme s'il prolongeait sa réflexion à voix haute, je rêve souvent que je suis dans les bras d'une femme.

Lucie sourit. Bruno en fut embarrassé.

— Tu sais, quand on s'éveille le matin, qu'on dort encore un peu, juste entre deux eaux, on s'aperçoit parfois qu'on a passé la nuit entre les bras d'une femme qu'on ne connaît pas et on reste longtemps dans son lit pour ne pas perdre la chaleur qu'on a ramassée pendant la nuit. Cette chaleur-là, on en a besoin pour vivre. On la prend où on peut.

— Je sais, enchaîna Lucie.

— Moi, poursuivit Bruno, je commence à penser qu'on ne rencontre pas souvent l'amour dans la vie. C'est pour ça que je continue à le chercher dans les rêves.

— Tu n'y crois plus? demanda Lucie.

— Je ne me décourage pas. Je cherche. Puis je chercherai jusqu'à la fin de mes jours.

La tête de Bruno pesa plus lourd sur celle de Lucie.

— Tu n'as plus besoin de chercher, dit-elle.

Lucie bougea lentement la tête. Le visage de Bruno glissa sur les cheveux mouillés. Leurs bouches se trouvèrent. Ils échangèrent leur souffle. Mais la vie, à leur insu, continuait de soulever ses poussières avec son balai. Les yeux fermés, ils entendirent des bruits de pas. Ils ne se défirent pas de leur étreinte. Madame Dumoulin mit sèchement la main sur l'épaule de Bruno. Sa voix sévère les sépara.

— Eh bien! vous en avez des façons de ressusciter les morts!

Et elle chassa Bruno à grands gestes et à grands cris.

— Dehors! Vous avez assez profité d'elle comme ça! Maintenant qu'elle va mieux, je suis capable de m'occuper d'elle toute seule.

Après avoir séché Lucie, ils l'étendirent sur le lit, sous quatre couvertures. La tête sur deux oreillers blancs. Les cheveux enroulés dans une serviette d'un rouge vif. Ses yeux vivaient dans son visage. Le front bombé. Malgré son évidente faiblesse, elle ne semblait pas présenter les symptômes contre lesquels les avait prévenus le docteur Trudel. Le chien s'entêtait à se coucher à ses pieds, sur le lit.

Madame Dumoulin avait renvoyé Bruno et Jean-Michel à la cuisine. L'heure avançait et il importait de remettre Lucie sur pied avant minuit. C'est pourquoi madame Dumoulin s'efforçait de la convaincre d'avaler quelques gorgées de café chaud. Sans résultat. Le café coulait au coin de ses lèvres. Elle hochait la tête en signe de refus. Elle s'assoupit un moment avant de réclamer de nouveau Bruno.

— Je vais aller te le chercher, convint madame Dumoulin, mais je ne veux pas que vous recommenciez vos folies de tantôt. Tu ne te rends pas compte?

Deux minutes plus tard, Bruno était assis sur le bord du lit et Lucie avait repris ses confidences.

— Je le sais pourquoi, dit-elle, l'amour est si difficile à trouver. Quand j'avais dix-sept ans, je me suis fait avorter et cet enfant-là, c'était la clé de l'amour. J'ai jeté la clé. L'amour avec.

Bruno grogna pour dissimuler son malaise. Lucie abordait des territoires sur lesquels il n'avait jamais mis les pieds. Plus encore, il ne se sentait pas le droit d'intervenir dans le champ privilégié de la féminité. C'est Lucie qui le tira de sa confusion.

— Ça te fait quoi de savoir que je me suis fait avorter?

Bruno replongea dans son brouillard.

— De la peine pour toi.

— Il est tout petit, le bébé, enchaîna-t-elle, c'est juste

une boule de chair rouge pas encore formée. Et puis tu ne le vois pas. Mais il laisse derrière lui un vide immense, comme si tu étais toute creuse en dedans.

— Ça n'a pas dû être facile de prendre cette décision, fit observer Bruno.

— Il n'y avait pas d'autre solution, répondit Lucie. Le gars était totalement irresponsable. Je ne me sentais pas la force d'avoir un enfant toute seule.

— T'en as parlé à quelqu'un?

— Au médecin du collège. C'est lui qui m'a envoyée rencontrer un collectif de femmes qui s'occupaient de ces questions. Elles ont été correctes avec moi. Pas de pressions dans un sens ou dans l'autre. Pas de jugement non plus. Elles me parlaient comme si j'étais un être normal. Elles m'ont remis des documents que j'ai relus pendant une semaine. Le temps pressait. Avant trois mois, c'était relativement facile. Après, ça devenait compliqué. Je suis retournée les trouver pour leur annoncer que j'avais pris ma décision. Là non plus, pas de commentaires. Rien que des faits. Elles m'ont donné une adresse et un numéro de téléphone. L'une d'elles m'a recommandé de me faire accompagner d'une amie.

— L'avortement, c'est illégal, fit observer Bruno. Ça se passe où?

— Chez le gynécologue, mais après les heures de bureau. Il était cinq heures de l'après-midi. Mon amie est restée dans la salle d'attente. Je suis entrée dans la salle d'examen du médecin. Une petite pièce froide avec une table et des étriers pour les pieds. Il y avait une infirmière. Le médecin n'avait pas trente ans. J'évitais de les regarder. Ils m'ont posé des tas de questions sur mon état de santé puis je me suis étendue sur la table, les jambes dans les étriers.

— J'aurais pas voulu me voir à ta place, fit observer Bruno.

— Je fermais les yeux. Je me disais que dans quelques minutes, ce serait fini. Je savais qu'il n'y avait pas d'autre façon d'en sortir.

— Ça fait mal? demanda Bruno.

— Horriblement mal. Ça se pratique sans anesthésie. Trop dangereux, probablement. Peut-être que les anesthésistes ne veulent pas se mêler de ça. J'ai fermé les yeux puis j'ai enfoncé mes ongles dans le bras de l'infirmière pour ne pas crier. Il me semblait que je n'avais pas le droit de crier. Ça a duré dix minutes. Quand ç'a été fini, l'infirmière m'a aidée à me rhabiller. Je suis allée à la salle de toilette et je me suis effondrée. L'infirmière est venue me relever. Ils m'ont étendue dans une chambre tranquille. La fenêtre était ouverte. Il y avait de l'air qui entrait. Ça m'a fait du bien. Le gynécologue était inquiet. Il craignait probablement une hémorragie. Il venait prendre ma tension toutes les cinq minutes. Au bout d'une demi-heure, ils sont allés chercher mon amie dans la salle d'attente et ils m'ont annoncé que je pouvais partir.

— Tu te sentais comment?

— Moins faible que je l'aurais imaginé.

— Je veux dire, dans ton cœur.

— Triste et soulagée. Mon amie m'a racompagnée à la maison en autobus. Elle m'a laissée à la porte. Il était six heures du soir. Mon père et ma mère étaient à table. Ils m'ont saluée sans lever la tête de leur assiette. Au beau milieu de la salle à manger, je me suis aperçue que du sang coulait sur ma jambe. Je me suis sauvée aux toilettes puis je suis venue rejoindre mes parents. J'avais faim. On aurait dit que la vie voulait continuer malgré moi.

— Ça a duré combien de temps?

— Trois ou quatre jours.

Lucie se tut. La nuit berçait un enfant jamais né. La jeune femme chercha la main de Bruno sur les couvertures. Celui-ci se pencha pour embrasser Lucie sur le front. Elle leva les yeux sur lui.

— Moi, enchaîna Lucie, je veux qu'un jour ils sachent que j'ai vécu et que j'ai aimé. Je veux qu'ils sachent que mon histoire d'amour, toutes mes petites histoires d'amour, c'était ça l'Histoire avec un grand «H».

— Quoi qu'il arrive, poursuivit Bruno, tu peux compter sur moi.

— Tu sais ce que ça veut dire? demanda Lucie.

— Si je ne le savais pas, je ne le dirais pas, répondit Bruno avant de se lever pour retourner à la cuisine où madame Dumoulin réclamait sa présence.

— C'est pas que je veux vous jeter dehors, fit observer madame Dumoulin, mais il est pas loin de onze heures. Il commence à être temps que vous pensiez à partir.

Jean-Michel et Bruno étaient assis à la table de la cuisine, en face de madame Dumoulin. On entendait crépiter le bois dans le poêle. Le chien devait dormir sur le lit de Lucie. Depuis longtemps, ils n'avaient pas connu le réconfort d'une maison chaude. Bruno aurait aimé passer des jours et des nuits à remettre du bois dans le poêle et à rêvasser dans une chaise berceuse. Jean-Michel aurait voulu fendre du bois toute la journée et marcher sur la route déserte. Lucie aurait conversé avec madame Dumoulin devant l'évier.

— J'aime autant vous le dire tout de suite, poursuivit madame Dumoulin, s'il vous trouve ici, la première chose qu'il va faire, c'est d'appeler la police.

Jean-Michel contemplait sa main gauche dont les doigts bleus et enflés palpitaient sur la table.

— C'est pas un mauvais diable, mon mari, continua madame Dumoulin, mais quand il a une idée dans la tête, il ne l'a pas ailleurs. J'aime autant pas vous dire ce qu'il pense du FLQ. Une chose est certaine, s'il vous voit ici, il ne vous laissera pas repartir. Vous vous sauveriez, il vous courrait après. Il est comme un chien de chasse. Quand il a flairé un gibier, il ne le lâche pas.

— Vous avez raison, dit Bruno. On s'en va.

Jean-Michel bondit sur ses pieds.

— Minute! Je veux savoir ce que t'as dans la tête, avant de partir.

Madame Dumoulin les interrompit.

— Je vous laisse régler vos affaires ensemble. Moi, je vais aller habiller la petite. Je devrais être capable de lui trouver quelque chose parmi mon vieux linge.

Elle se dirigea vers la chambre en traînant ses pantoufles de laine sur le linoléum usé. Jean-Michel regarda longuement en direction de la porte de la chambre avant de se rasseoir.

— J'ai réfléchi, dit Jean-Michel.

— Moi aussi, répondit Bruno en écho.

— On n'ira pas loin avec elle, poursuivit Jean-Michel.

Le visage de Bruno se couvrit de rides.

— Tu veux la laisser ici?

— Non, s'offusqua Jean-Michel. Prends-moi pas pour ce que je ne suis pas. Mais il faut être réaliste. Pour ce que j'ai l'intention de faire, je ne peux pas l'emmener avec moi. Elle n'a pas assez de forces pour ça.

— Et moi? demanda Bruno.

— Justement, tu vas t'occuper d'elle.

Le ton de Jean-Michel durcit.

— T'aimes ça t'occuper d'elle! Tu vas avoir ta chance.

Bruno observait son neveu en feignant de ne pas comprendre. Jean-Michel poursuivit.

— Tu penses que je ne vois pas ce qui se passe entre vous deux? T'es toujours à quatre pattes devant elle. Si tu t'éloignes une minute, elle te réclame. Penses-tu que je ne le sais pas ce qui s'est passé entre vous deux pendant que j'étais parti à Montréal? Prends-moi pas pour un cave.

Bruno bégaya comme un adolescent. Jean-Michel enchaîna.

— J'aurais jamais pensé ça de toi. Mais là, ce n'est plus le temps de faire des sentiments. Faut sortir de là. Pour ça, il n'y a qu'un moyen. Tu pars avec elle de ton côté. Moi du mien. Vous deux, vous restez cachés aussi longtemps qu'il faudra. S'ils finissent par vous attraper, c'est moins grave parce que Lucie en a moins lourd que moi sur le dos.

— Et toi? demanda Bruno.

— Moi? Je vais aller jusqu'au bout.

Bruno comprenait très bien à quoi Jean-Michel faisait allusion. De façon réaliste, il ne voyait pas d'autre issue à l'impasse dans laquelle son neveu s'était placé. Il se refusait pourtant à envisager cette solution ultime. Il allait s'y objecter quand madame Dumoulin revint de la chambre en compagnie de Lucie. La jeune femme ressemblait à un personnage de Mardi gras avec sa robe fleurie trop courte pour elle, ses collants roses et son manteau de drap gris. Elle avançait en mettant prudemment un pied devant l'autre comme si elle était en train de réapprendre à marcher. Madame Dumoulin la fit asseoir au bout de la table.

— Elle va mieux, la petite poulette, fit-elle joyeusement. Je veux que vous preniez bien soin d'elle, tous les deux. Où c'est que vous voulez aller?

— On retourne au bateau, répondit Bruno.

— Au bord du lac? Vous ne pouvez pas la forcer à marcher jusque-là. Elle va perdre toutes les forces qu'elle a commencé à reprendre. Je vais demander à mon voisin d'aller vous reconduire.

Madame Dumoulin s'empara du téléphone avant que Bruno et Jean-Michel n'aient eu le temps de protester. D'ailleurs, Bruno venait de mettre la main sur la main meurtrie de Jean-Michel par mégarde. Ce dernier la retira et l'enfouit dans sa poche.

— Ti-Loup? commença madame Dumoulin. C'est Yvette. J'ai de la visite là. Oui, mon beau-frère de Sorel, avec ma nièce puis son chum. Tu pourrais pas aller les reconduire à leur bateau au bord du lac? C'est ça. On t'attend.

Elle raccrocha et vint se placer derrière Lucie, posant les mains sur les épaules de la jeune femme.

— Il va arriver dans cinq minutes, dit-elle.

— Il est capable de se taire au moins? demanda Bruno.

— Je m'arrange avec lui, répondit madame Dumoulin.

— Et le docteur? fit observer Jean-Michel. Il a dit qu'il reviendrait demain matin.

— Celui-là, je ne pense pas qu'il dise grand-chose. Le pire, ça va être de m'arranger pour qu'il ne réveille pas mon mari. Je vais me lever de bonne heure puis j'irai l'attendre au bord de la route. Je lui dirai que la petite était correcte. Je ne pense pas que ça aille plus loin.

Jean-Michel s'était mis à feuilleter une pile de journaux qu'il avait déployés sur la table devant lui. Pendant ce temps, madame Dumoulin et Bruno essayaient de convaincre Lucie d'avaler un peu de café. La jeune femme faisait preuve de bonne volonté. Elle posait les lèvres sur le rebord de la tasse. Elle rejetait la tête en arrière. Elle avalait quelques gouttes de café comme un oiseau. Bruno et madame Dumoulin se réjouissaient de ce succès comme des exploits d'un enfant. Soudain, une exclamation de Jean-Michel les fit sursauter tous trois. Le chien surgit de la chambre en aboyant.

— Sacrement! Je le savais!

— Qu'est-ce qui se passe? demanda Bruno en tournant la tête.

— Écoutez bien ça.

MORT D'UN PRÉSUMÉ FELQUISTE

Un présumé membre de la cellule Papineau du FLQ a été retrouvé sans vie, hier soir, dans son appartement de la rue Queen-Mary à Montréal. La police a confirmé qu'il s'agissait de Jacques Thibodeau, 25 ans.

Comme c'est le cas depuis l'instauration des mesures de guerre, la police s'est montrée avare de détails mais, selon des voisins, le présumé terroriste se serait pendu. Interrogé, l'un des colocataires de l'immeuble a admis que Jacques Thibodeau ne fraternisait jamais avec ses voisins et qu'il ne semblait pas avoir occupé son appartement depuis le début d'octobre.

Un officier du centre de commandement conjoint des forces de crise a reconnu que le nom de Jacques Thibodeau figurait bel et bien sur la liste des suspects recherchés relativement à la tentative d'enlèvement de Denis Leclerc, le principal conseiller du premier ministre Bourassa. On sait que quatre autres personnes soupçonnées d'avoir participé à cet enlèvement raté sont toujours en fuite. Ce sont Jean-Michel Bellerose, Lucie Courchesne, Pierre Boyer et Fernand Genest.

D'autres informations, dont nous ne pouvons divulguer la source, donnent à penser que Jacques Thibodeau aurait agi depuis de nombreuses années comme informateur de police. Il va sans dire que nous n'avons pu obtenir confirmation de cette rumeur auprès des autorités policières.

— Je le savais, poursuivit Jean-Michel, qu'il y avait quelque chose de pas correct. Pourquoi, vous pensez, il n'y avait pas la photo de Jacquot et de Marc Bouvier dans le journal? Hein? Jacquot, où c'est qu'il est allé quand il s'est sauvé de la cachette? On le sait à présent.

— Pourquoi il n'a pas dénoncé Bouvier? demanda faiblement Lucie.

— Les pédés, ils se tiennent, entre eux.

La mâchoire de Jean-Michel durcissait. Ses sourcils se hérissaient. Il renversa sa chaise en se levant.

— Il n'y a plus de temps à perdre. On a assez niaisé comme ça.

Bruno bondit vers lui.

— Pas trop vite! On est trois dans le même bateau. On va décider ensemble ce qu'on va faire. Pour commencer, on retourne au *Loup de mer*. Puis ramasse ta chaise pour ne pas faire peur au gars qui va arriver d'une minute à l'autre.

Le chien aboyait.

Le loup de mer était amarré sous un bosquet de saules. La berge se dressait devant eux dans les ténèbres. Bruno avait navigué au jugé pendant une petite demi-heure avant de diriger la proue de son bateau vers la rive. Ils devaient se trouver à proximité de l'embouchure de la rivière du Loup. Peu après minuit. Ils avaient le reste de la nuit pour décider ce qu'ils feraient. Bruno avait le sentiment de tout reprendre à neuf, depuis le moment où son neveu avait frappé à sa porte une quinzaine de jours plus tôt. Il lui semblait qu'à plus d'un point de vue, la situation s'était détériorée. Cette impression se dissipait quand il regardait Lucie, assoupie sur la banquette sous un sac de couchage. Alors, il savait qu'il était de nouveau habité par une femme.

La main de Jean-Michel le faisait souffrir. La douleur irradiait jusque dans son coude. En conséquence, il adoptait une attitude rigide, ménageant ses mouvements et ne tournant le torse qu'en bloc pour ne pas modifier la position de son bras gauche. Il était assis sur la banquette, à côté de Bruno. Le fanal sifflait devant eux. Les deux feux du réchaud à alcool brûlaient en émettant une lueur bleutée. Ils parlaient à voix basse pour ne pas éveiller Lucie.

— S'ils veulent la guerre, dit Jean-Michel, ils vont l'avoir.

— Avant de partir en guerre, intervint Bruno, faudrait d'abord compter nos troupes.

— Je n'ai besoin de personne, précisa Jean-Michel. Juste d'un fusil.

Bruno mordilla le tuyau de sa pipe.

— Tu veux faire quoi au juste? demanda-t-il.

On sentait bouillir la voix de Jean-Michel malgré sa retenue.

— Sacrement! Faut-il te faire un dessin? Le docteur, le mari de la bonne femme Dumoulin, son voisin qui est venu nous mener au bateau, les chasseurs qui nous ont sortis de l'eau, on a tout ce monde-là sur le dos.

— La police aussi, renchérit Bruno. Avant-hier, ils sont venus me voir sur l'île aux Fantômes. Hier, ils m'ont arrêté sur le fleuve pendant que je vous cherchais. On ne peut plus revenir à Sorel. Maintenant qu'ils le connaissent, ce n'est pas prudent non plus de rester dans le bateau.

— Tu vois? ragea Jean-Michel. En plus de tout ça, il y a des centaines de personnes en prison. Laporte est mort. Les gars de la cellule Chénier doivent être cachés quelque part comme nous autres. Ceux de la cellule Libération détiennent toujours l'Anglais mais je ne comprends pas pourquoi ils ne sont pas déjà partis pour Cuba. Moi, en tout cas, le gouvernement m'a fait clairement savoir qu'ils ne me laisseraient pas partir. Trudeau jubile. Bourassa fait dans sa culotte. Puis le peuple ne fait rien.

— Écoute bien, commença Bruno en mettant les coudes sur ses genoux, il y a six millions de Québécois. Là-dessus, il faut commencer par soustraire un million d'Anglais. Des cinq millions de francophones qui restent, il y en a quatre millions qui dorment en permanence. L'autre million suit ce qui se passe comme les séries éliminatoires du hockey. Il en reste cent mille peut-être, qui se sentent concernés. Sur les cent mille, quelques centaines, pas plus, sont prêts à se mettre les mains dans la merde pour changer quelque chose. Mais ils ne bougeront pas tant qu'il y aura les chars de l'armée dans les rues de Montréal. C'est fini, Jean-Michel. Pour le moment du moins. Faut que tu te fasses une raison.

Jean-Michel se dressa sous la douleur et la rage.

— Vois-tu, poursuivit Bruno, je me suis aperçu d'une chose. On ne change pas le monde. Il évolue de lui-même, comme une force sur laquelle les hommes n'ont pas beaucoup de prise.

— Tu ne vas pas te mettre à me faire la morale!

— C'est pas de la morale. Moi aussi, avant de comprendre, j'essayais de changer le monde.

— Laisse-moi te dire que ça n'a pas donné grand-chose.

Bruno ne releva pas le ton méprisant de la remarque de Jean-Michel.

— Maintenant, continua Bruno, si ça t'intéresse, je pense que j'ai découvert pourquoi il y aura de moins en moins de révolutions dans le monde. Les gens sont trop individualistes. Ils ne sont même plus capables de se regrouper pour faire la guerre. Tandis qu'avant, jusqu'aux années mil neuf cent, personne ne pouvait rien faire tout seul sur la terre. Il fallait être dix pour couper le foin puis le ramasser, trois ou quatre pour piquer une courtepointe, deux pour fabriquer le beurre, quatre ou cinq pour s'occuper des animaux de la ferme. Un homme ou une femme tout seuls ne pouvaient rien.

— Moi, je me suis toujours arrangé pour dépendre de personne.

— La religion travaillait dans le même sens. Toi, je suis sûr, ça doit faire pas mal de temps que tu n'es pas allé à l'église. Je ne t'en fais pas reproche. Je n'y vais plus, moi non plus, depuis longtemps. Mais j'ai gardé en mémoire pas mal de leçons. Essaie de te souvenir. La communion des saints, ça te dit quelque chose?

Jean-Michel haussa son épaule valide.

— L'Église nous enseignait que tous les fidèles faisaient partie d'un grand corps mystique. On appelait ça la communion des saints. Les pensées de chacun, les mauvaises actions, le bien et le mal circulaient de l'un à l'autre, exactement comme les microbes dans l'air. Chaque fois que tu faisais une bêtise, chaque fois que quelqu'un commettait un mauvais coup, tous les autres s'en ressentaient. Ça affaiblissait tout le grand corps. Dans l'autre sens, si tu voulais vivre plus heureux, tu n'avais qu'à bien te comporter et ça donnait de la santé à tout le monde.

— Tu crois à ça, toi, ces folies-là?

— C'est la science qui a tout bouleversé, dit encore Bruno. Un gars tout seul, avec une moissonneuse-batteuse, il peut couper son foin. Il n'a besoin de personne pour le mettre dans la grange. Puis les autres, ceux qui travaillent dans les usines, dans les manufactures, tu penses que c'est différent parce qu'il y a cent personnes qui travaillent autour d'eux? Pas du tout. Chacun fabrique son petit morceau tout seul, avec son robot. À force de regarder dans les microscopes, la science a cassé la vie en petits morceaux.

— Couper du foin ou fabriquer des *skidoos,* il y a toujours quelqu'un qui t'exploite.

— Et puis Dieu, il a pris son trou comme tous les autres. On n'avait plus besoin de lui pour tout expliquer. La science a pris sa place.

— C'est encore mieux que vos histoires de bonhomme Sept-Heures.

— Je ne me fie pas plus au bon Dieu qu'aux déclarations des grands savants, précisa Bruno. Seulement, à partir du moment où un gars n'a plus peur de rien ni de personne, il est tout seul. C'est ça qui a changé le monde.

— Tu voudrais revenir au Moyen Âge?

— Il vient à peine de commencer, le Moyen Âge.

— Tu peux bien parler jusqu'à demain matin, siffla Jean-Michel, ça ne changera rien au fait que tu n'as pas levé le petit doigt pour transformer le monde. Tous ceux de ton âge, vous vous êtes contentés de prendre le monde tel qu'il était quand vos pères vous l'ont donné, puis de nous le refiler après l'avoir sali encore un peu plus.

Bruno secoua la tête.

— En 1950, tu n'arrivais même pas à te faire servir en français, dans les grands magasins de Montréal. Savais-tu qu'en 1947, les démographes prévoyaient qu'en 1971, les Canadiens français dépasseraient les Canadiens anglais en nombre au Canada? C'est dans deux mois, 1971! Puis les Canadiens français sont en train de dépérir partout, même au Québec.

— Le Canada bilingue, c'est de la foutaise, affirma Jean-Michel. C'est un gadget à Trudeau pour mieux nous étouffer.

Il n'y a qu'un seul pays français en Amérique du Nord, c'est le Québec. S'ils veulent rester Français, les autres, qu'ils viennent nous rejoindre.

Bruno refusa de s'engager plus avant sur ce terrain. En son temps, il s'était battu pour la survivance française en Amérique. Il avait payé de ses deniers pour financer les écoles françaises au Manitoba. Il craignait d'avoir échoué dans cette tentative désespérée.

— Où veux-tu en venir? s'insurgea Jean-Michel.

— À une chose toute simple, répondit Bruno. Que tu le veuilles ou non, on est dans le même bateau tous les trois.

— Tu peux bien dire tout ce que tu voudras, gronda Jean-Michel, moi je sais que je suis tout seul pour faire ce que j'ai à faire. Je ne compte sur personne. Même pas sur toi.

Et il s'allongea sur la banquette, repoussant Bruno avec ses pieds. Ce dernier s'assit dans le passage, le dos appuyé sur la porte de la cabine. Il savait qu'il n'aurait pas trop du reste de la nuit pour mettre sa conscience en harmonie avec ce qu'il allait faire.

Ils s'éveillèrent avant l'aube. Une profusion d'oiseaux jacassaient dans les saules. L'eau du lac flacotait sur la coque du *Loup de mer*. Bruno le premier puis Jean-Michel sortirent dans le cockpit. Une lueur verdâtre soulevait l'horizon à l'est. Jean-Michel pissa par-dessus bord. Bruno bourra la pipe de son père dans l'air vif. La lueur du briquet mit un masque sur son visage. Il leva les yeux vers Jean-Michel tout en soufflant sa fumée à grosses bouffées.

— Alors? demanda-t-il.

Jean-Michel soutenait son avant-bras gauche avec sa main droite. Il se retourna d'un bloc.

— Je n'ai pas changé d'idée depuis hier. Tu dis qu'on n'est pas loin de Louiseville? Tu vas m'y conduire. Lucie et toi, vous resterez dans le bateau. Je veux dire, vous partirez ensemble. Vous ne vous occuperez plus de moi. Vous changerez de cachette. Vous attendrez que j'aie fini ce que j'ai à faire. Quand tout sera réglé, je m'arrangerai pour vous faire signe. C'est quoi la radio de Sorel?

— CJSO.

— Écoutez CJSO. Vous entendrez parler de moi d'une manière ou d'une autre.

Bruno toussa. La fumée du matin lui raclait la gorge. Jean-Michel sortit de la poche de ses *jeans* son paquet de tabac Drum et le carnet de papier à cigarettes. Il les tendit à Bruno.

— Tu veux m'en rouler une? Je n'y arrive pas d'une seule main.

Tout en s'exécutant, Bruno profita de la situation pour pousser Jean-Michel dans ses retranchements.

— Qu'est-ce que tu veux faire à Louiseville avec une seule main?

Jean-Michel se tut. Il regardait la tache verte, à l'horizon, virer au bleu tendre. Bruno insista.

— Tu ne seras même pas capable de tenir ton fusil.

Jean-Michel continua de fixer l'horizon.

— Quand ce sera le temps, dit-il, je m'arrangerai bien pour me servir de mes deux mains.

— Pour faire quoi? demanda Bruno en tendant la cigarette à Jean-Michel. Qu'est-ce que ça peut te donner de jouer les Che Guevara en plein Louiseville?

Bruno tendit son briquet allumé en direction de Jean-Michel. Celui-ci se pencha sur le feu.

— Rassure-toi, dit-il en avalant une profonde bouffée de fumée de cigarette, je n'ai pas l'intention de tirer partout comme un imbécile, même si j'en aurais bien envie. Non. Je vais simplement faire ce que le gouvernement me demande. Ça a l'air qu'ils ne discuteront pas avec moi tant que je n'aurai pas d'otage. Je vais leur en trouver un.

— Qui?

— Je ne sais pas encore. Le maire, le curé, le premier que je rencontre avec une grosse bedaine puis une cravate.

À ce moment, des coups se firent entendre en provenance de la cabine. Lucie frappait sur la cloison avec son pied. Bruno pénétra dans la douce chaleur de l'habitacle. La lueur de l'est, vaguement rosée à présent, teignait les hublots. Lucie était assise sur sa banquette, le sac de couchage remonté aux épaules. L'épreuve de la veille avait marqué son visage. Elle tourna la tête avec lenteur vers Bruno. Le silence les protégeait. Ils auraient voulu passer le reste de l'éternité à se regarder sans rien dire. Ils craignaient l'irruption de Jean-Michel dans la cabine. Bruno parla le premier.

— Tu te souviens de ce qu'on s'est dit hier?

— Je m'en souviendrai jusqu'au dernier instant de ma vie.

— Eh bien, enchaîna Bruno, je ne retire pas un mot de ce que j'ai dit.

Il l'embrassa sans attendre et ressortit dans le cockpit où Jean-Michel l'accueillit avec un haussement d'épaules.

— Comment elle va?

— Pas forte, mais ça va aller.

Lucie les rejoignit quelques minutes plus tard. Elle hésitait dans la lumière. Bruno la fit asseoir à ses côtés sur la banquette. Devant Jean-Michel, ils évitaient de se regarder.

— Qu'est-ce qui se passe? demanda Lucie. Vous êtes en train de décider ce qu'on va faire?

— Tu le sais aussi bien que moi, grogna Jean-Michel. Il nous faut un otage. Je m'en occupe.

— Et moi, insista Lucie, qu'est-ce que je fais là-dedans?

Du regard, Jean-Michel quêta le soutien de Bruno.

— On a discuté tous les deux. Il vaut mieux que tu restes avec lui.

Une plume d'émotion chatouilla Lucie. Elle dissimula son trouble en remontant son sac de couchage sur ses épaules.

— Pourquoi?

— Après ce qui est arrivé hier, tu n'aurais pas la force...

Lucie secoua lentement la tête de gauche à droite.

— Non, dit-elle. Tu te rappelles quand on surveillait le *big boss* de l'Anglo-American ensemble? Tu m'as demandé: as-tu toujours envie de continuer? Je t'ai répondu: je finis toujours ce que j'ai commencé. Je n'ai pas changé.

Jean-Michel était contrarié. Son visage se rembrunit. Bruno allait intervenir. Lucie poursuivit.

— Je le sais bien comme toi qu'il n'y a pas d'autre solution. Il faut prendre un otage. Tu as besoin de moi pour ça. Et d'abord, sais-tu seulement qui tu veux prendre en otage?

— Moi, je le sais, déclara solennellement Bruno.

— Qui? demandèrent en même temps Lucie et Jean-Michel.

Bruno se fit mystérieux pour tourner la situation à son avantage.

— Ça fait un bout de temps que j'y réfléchis. Tous les ministres sont protégés, c'est bien évident, mais sûrement pas les ministres de l'ancien gouvernement. Il y en a un qui habite à Louiseville. Je le connais. René Guay.

Jean-Michel émit un sifflement d'admiration. En effet, l'ancien procureur général du gouvernement de l'Union nationale incarnait à lui seul tout l'esprit réactionnaire d'un régime encore plus honni que celui sous lequel vivait à présent le Québec. Jean-Michel durcit le seul poing qu'il lui restait.

— Alors? demanda Bruno.

Lucie prit la main de Bruno dans la sienne.

— Toi, dit-elle, tu en as déjà fait beaucoup plus qu'on pouvait t'en demander. Je ne veux pas que tu te compromettes davantage. Ça servirait à quoi? Emmène-nous à Louiseville puis retourne dans les îles de Sorel. S'ils viennent te poser des questions, tu leur diras que tu ne nous as jamais vus.

Bruno était contrarié. On ne quitte pas une femme au moment où on vient de lui déclarer son amour. Il mâchouillait sans ménagement le tuyau d'ambre de sa pipe d'écume.

— Non, dit-il. Je vais avec vous.

C'est Jean-Michel qui trancha.

— Emmène-nous à Louiseville. On verra rendus là.

Le loup de mer progressait dans la lumière oblique du matin. Bruno tourna la tête. Malgré sa fatigue, Lucie s'entêtait à rester debout à ses côtés, devant les châssis du pare-brise. Jean-Michel s'interposa.

— En arrivant à Louiseville...

— Quoi que tu fasses aujourd'hui, l'interrompit Bruno, j'aimerais que tu penses à ton ancêtre Hyacinthe.

Jean-Michel regarda son oncle comme s'il lui avait parlé latin.

— T'as déjà entendu parler d'Hyacinthe Bellerose? demanda-t-il.

Jean-Michel fit la moue.

— Moi, les histoires d'arrière-petits-cousins, ça ne m'a jamais dérangé.

— Pourtant, cet homme-là est plus important que ton propre père.

Cette fois, Jean-Michel porta carrément le regard vers le large. Il avait la tête à tout autre chose qu'à ces observations sur ses origines.

— Que tu le veuilles ou non, poursuivit Bruno, tu marches exactement sur ses traces, sans même savoir qu'il a existé. Il a fait partie du FLQ bien avant toi.

Jean-Michel piqua un coup d'œil de curiosité du côté de Bruno.

— Oui, insista l'oncle, le soulèvement des Patriotes de 1837, t'as entendu parler de ça?

Jean-Michel haussa les épaules. Pour lui, l'histoire commençait à la révolution tranquille de 1960. Mais Lucie s'immisça dans la conversation.

— Veux-tu dire que Jean-Michel a un ancêtre parmi les Patriotes?

Bruno fit fièrement signe que oui.

— C'est mon ancêtre à moi aussi, fit-il observer.

Mais l'oncle se rembrunit car, à travers Lucie, il n'était pas encore parvenu à rejoindre Jean-Michel. Ce dernier cachait toujours sa main meurtrie dans sa poche et feignait d'observer avec beaucoup d'intérêt le soleil sur l'eau du lac. Alors, Bruno résolut de livrer à Lucie des confidences que Jean-Michel ne pourrait manquer d'entendre.

— Il vivait au Port-Saint-François, pas très loin de l'endroit où je suis né. Il en avait assez d'être mangé par la misère, écrasé par les Anglais, étouffé par les siens. Il est parti dans les Bois-Francs avec une fille du village. Le malheur les a rejoints. Sa femme est morte du choléra.

— On pourrait faire un film avec ça, intervint Lucie.

— Attends, tu n'as encore rien entendu. Il est revenu enterrer sa morte au Port-Saint-François mais, parce qu'il disait tout haut ce que tout le monde pensait tout bas, la misère qu'il avait avalée, l'injustice qu'il n'avait pas digérée, son père, les voisins, tout le monde lui a fermé la porte au nez. Il s'est retrouvé dans la cabane d'une Indienne, à l'orée du village. Plutôt une Métisse. Ma mère m'a toujours dit qu'on la nommait Marie-Moitié. Je ne sais pas si c'est vrai. Toujours est-il qu'un soir, on frappe à la cabane de la Métisse. C'étaient les fanfarons de l'époque, les coqs du village. Ils demandent à Hyacinthe: «Tu viens avec nous?» «Où donc?» «Bouter les Anglais dehors. Ça fait assez longtemps qu'ils nous mangent la laine sur le dos.» Paraît que mon Hyacinthe, il a jeté un coup d'œil rapide du côté de sa Marie-Moitié, et qu'elle lui a fait signe que oui. Vois-tu, Lucie, je te regarde et je me demande si l'Indienne d'Hyacinthe, c'était pas ton ancêtre à toi.

Lucie sourit. Elle rêva un instant à une femme qui serait

moitié elle et moitié la femme d'Hyacinthe Bellerose.

— J'aurais aimé la connaître, dit-elle.

— Mais ça n'a pas marché comme prévu, poursuivit Bruno. Les gars étaient mal organisés. Pas d'armes, et les chefs se sauvaient quand ça devenait trop dangereux.

— Ça n'a pas beaucoup changé, fit observer Lucie.

— Hyacinthe, il s'est retrouvé dans l'église du Port-Saint-François avec une bande de bons à rien. L'armée anglaise est arrivée. Il y a eu quelques coups de feu. Un mort ou deux. Hyacinthe a été arrêté. On lui a mis toute la responsabilité de l'affaire sur le dos. Il a été exilé en Australie.

Le récit de Bruno avait séduit Lucie. Elle prit Jean-Michel par les avant-bras et le secoua. Les soubresauts qu'elle lui imprimait avivaient la douleur dans la main et le bras du jeune homme.

— T'entends ce qu'il dit? Ton ancêtre a fait exactement la même chose que toi! Tu vois, tout a du sens!

Mais Jean-Michel remâchait sa mauvaise humeur. Il s'écarta pour se dégager de Lucie.

— Laisse-moi donc tranquille avec ça, jeta-t-il froidement.

Pendant ce temps, Bruno avait abandonné la roue du *Loup de mer* pour aller farfouiller dans la cabine. Il en revint en tenant un vieux canard de bois à la main. L'objet ne paraissait pas inusité dans une embarcation naviguant au pays de la chasse aux canards, mais celui-ci ne présentait rien de la facture des appelants qu'on fabriquait aujourd'hui. Il semblait plutôt avoir été sculpté par un enfant. Et la vie l'avait rogné. Le temps l'avait patiné. Bruno le tendit à Jean-Michel. Celui-ci ne broncha pas.

— C'est Hyacinthe Bellerose qui l'a fait, dit fièrement Bruno. Il s'est transmis dans la famille depuis la révolution de 1837. Mon père me l'a donné en mourant. Je le réservais pour mes enfants. Il est à toi maintenant.

Jean-Michel continua de ne rien entendre. Bruno resta

avec son canard au bout du bras. C'est Lucie qui le prit pour le remettre à son compagnon. Ce dernier saisit enfin l'objet et l'examina avec une lueur d'incrédulité sur le visage.

— On est dans la merde jusqu'au cou, clama-t-il enfin, et vous me racontez des histoires du bon vieux temps! Qu'est-ce que vous voulez que j'en fasse, moi, de votre maudit canard?

Il tenait le canard de son ancêtre par le cou. Il le brandit.

— Hein! Qu'est-ce que vous voulez que je fasse de ça? Que je le casse sur la tête de Bourassa?

De sa main valide, Jean-Michel projeta le canard d'Hyacinthe aussi loin qu'il le put, sur l'eau embrasée du matin. Dépourvu de la quille de plomb qui assure leur stabilité aux appelants, celui-ci piqua du nez et flotta, dérisoire, la tête en bas. C'était tout le passé du Québec qui dérivait sous les yeux de Bruno.

Les abords de la rivière du Loup se signalèrent par l'apparition des flèches de grues et des cheminées des bateaux abandonnés à la rouille dans le bassin du chantier naval. Bruno se sentait malheureux. La perte du précieux canard de bois préfigurait celle de Lucie. Dans quelques minutes, *Le loup de mer* pénétrerait dans l'échancrure de la rivière. Il suffirait d'en remonter le cours pendant une petite demi-heure pour atteindre Louiseville. Et Bruno ne savait plus ce qu'il ferait après.

Il jeta un dernier regard sur l'immensité du lac Saint-Pierre. Peut-être cherchait-il la trace du canard de bois dans le sillage du bateau? Mais ce qu'il aperçut le glaça de stupeur. Au loin, la vedette rouge et blanc de la Garde côtière fonçait vers eux de toute la puissance de ses deux moteurs.

— Bout de Christ!

Jean-Michel et Lucie sentirent l'urgence dans le timbre de sa voix.

— Qu'est-ce qu'il y a?

— C'est les mêmes qu'hier, murmura Bruno. Ils ont reconnu mon bateau.

Et il poussa sans conviction la manette d'accélération de son moteur. En même temps, il faisait non de la tête. Il était en train de prendre l'une des décisions les plus importantes de sa vie. Il s'en expliqua, par bribes, en même temps qu'il exécutait les premières manœuvres de son plan.

— Ils vont nous rattraper.

Jean-Michel insista.

— Approche du bord. Laisse-nous débarquer.

Bruno disparut un instant dans la cabine. Il revint au bout d'un moment, tenant à la main la vieille pipe d'écume de son père. Il la fourra dans sa poche.

— Laisse-nous débarquer, insista Jean-Michel.

Mais Bruno n'entendait que son idée. Il saisit un bout de câble qu'il enroula autour des mancherons de la roue. Simultanément, il approcha *Le loup de mer* de la rive. Il coupa les gaz et sauta sur la berge boueuse. Lucie et Jean-Michel l'imitèrent.

— Aidez-moi à tourner le bateau.

Devant l'étonnement des deux autres, il entreprit seul de virer la proue du *Loup de mer* vers le large. Il attacha ensuite les extrémités du câble qui retenaient la roue à deux taquets d'amarrage. Il poussa aussitôt le moteur au maximum. Il n'eut que le temps de s'écarter. Se gouvernant de lui-même, *Le loup de mer* fonça vers le soleil. Jean-Michel et Lucie n'en croyaient pas leurs yeux.

— Qu'est-ce que tu fais?

Bruno s'expliqua sommairement en les entraînant vers les saules tordus de la berge.

— Ils vont penser qu'on essaie de se sauver. Ils vont suivre le bateau. Ça nous donne le temps de décamper. Vite.

Jean-Michel s'était arrêté. Ce n'était pourtant pas le moment.

— Mais toi?

— Les mesures de guerre, grogna Bruno, tu devrais pourtant savoir ce que c'est. Complicité avec le FLQ. Je n'ai pas plus envie que toi de finir mes jours en prison.

Et il repartit en courant, entraînant Lucie par la main. Jean-Michel les rejoignit derrière une haie de saules. Devant eux, la rive riante de la rivière du Loup leur proposait le spectacle de ses chalets sur pilotis. Une belle fumée ronde montait de la cheminée de l'un d'eux. Quelques moments de course et Bruno s'arrêta à son tour. Il jeta un dernier regard à son bateau livré à lui-même. Une main de fer lui serrait le cœur. En même temps, une autre pensée lui lacérait la poitrine. Quelque part, dérisoirement petit sur le lac Saint-Pierre, le canard d'Hyacinthe avait entrepris la traversée qui le remmènerait en Europe, sur les rives de cette lointaine France que les premiers Bellerose avaient quittée, trois cents ans plus tôt, pour venir nourrir de leur sang la terre d'Amérique.

CINQUIÈME PARTIE

Le coup de cœur

«Je n'ai rien appris
Je n'ai rien compris que cet arbre
Qui s'agrippe à la terre

Et qui dit NON.»

Gatien Lapointe

Ils discutaient derrière le bosquet de saules. Trois conspirateurs penchés l'un sur l'autre. Le chuchotis de leurs voix effrayait les oiseaux réfugiés dans les branches sèches. Jean-Michel s'énervait.

— Pourquoi t'as fait ça? Comment tu penses que tu vas pouvoir t'en aller maintenant?

Bruno mit résolument la main sur l'avant-bras de Jean-Michel. Il n'avait pas l'habitude de toucher ses interlocuteurs. Il le fit pour bien marquer la gravité de la situation.

— Écoute-moi bien une fois pour toutes, dit-il.

Il se tourna vers Lucie pour signifier que ses propos la concernaient également.

— Écoutez-moi, tous les deux. Depuis que Jean-Michel est venu me trouver dans mon chalet et que toi, Lucie, tu l'as rejoint, chaque jour qui passe je mets le pied là où je n'ai pas d'affaire. J'ai fait ça parce que je pensais que c'était mon devoir. Avant-hier, pendant que je me rasais dans mon chalet, des policiers sont venus m'interroger. Ils voulaient savoir si je vous avais vus. J'ai menti et je ne le regrette pas. Hier, pendant que je vous cherchais sur le fleuve, d'autres policiers m'ont arrêté. Il s'en est fallu de peu qu'ils m'emmènent en prison. La nuit dernière, chez madame Dumoulin, trois personnes au moins ont photographié ma face dans leur tête et se disent que je dois être un dangereux révolutionnaire. Tout ça, je l'ai fait pour vous protéger. Je n'ai rien demandé en retour.

Bruno ne regardait plus que Lucie. Il mettait deux ou trois couches de sens sous chaque mot, comme les mères enfilent des vêtements les uns par-dessus les autres à leurs enfants.

— Maintenant que je suis allé trop loin, ne me demandez pas de revenir en arrière. Quand je m'engage, je vais jusqu'au bout.

Jean-Michel baissa la tête pour formuler une question:

— Qu'est-ce que tu vas faire?

C'est Lucie qui répondit.

— Il vient avec nous.

Elle saisit la main de Bruno et le força à se relever. Ils se mirent à courir à grands pas vers la route qui se devinait au loin. Jean-Michel les suivit en supportant sa main gauche de la droite. Il parlait en courant. Les mots gigotaient dans sa bouche.

— C'est justement parce que je tiens à toi que je ne veux pas que tu viennes avec nous. Ce qui va se passer, j'aimerais mieux que tu ne voies pas ça. Puis c'est dangereux. On a une chance sur deux d'y rester. T'en as déjà fait plus qu'on te demandait. Débarque pendant que c'est le temps.

Ni Bruno ni Lucie ne semblaient entendre Jean-Michel. Ils couraient en se tenant par la main comme des enfants. Le souffle coulait en un filet dans la poitrine de Bruno. Il porta la main sur son cœur. Sans ralentir sa course, Lucie se pencha pour embrasser cette main. Bruno sourit et allongea le pas.

L'embouchure de la rivière du Loup présentait l'aspect d'un paisible centre de villégiature. Les chalets s'alignaient de chaque côté de la rive. Leur construction sommaire, planches peintes et toitures de tôle, leurs escaliers raides donnant sur des perrons en terrasse, les pilotis qui les supportaient, tout leur conférait un cachet d'industrieuse naïveté. Des pontons flottant de guingois sur leurs barils, de grosses barques de chasse, des affûts couverts de conifères, des perches dressées en faisceaux, des réservoirs d'essence, des moteurs hors-bord fixés sur des chevalets, le pied dans un seau d'eau, et cette fumée qui montait d'une cheminée, douce comme une odeur maternelle, tout parlait d'insouciance et de temps dépensé gratuitement.

Ils arrivèrent devant le chalet dont la cheminée fumait. Un homme avait dressé une planche brute sur des tréteaux. Il plumait et vidait des canards. Il avait les mains rouges de sang, une plume collée sur la joue pour avoir gratté la repousse de sa barbe. Il avait peut-être soixante ans mais un regard d'enfant sous sa casquette de chasseur. Les trois s'immobilisèrent devant lui. Jean-Michel fit un pas de plus.

— On peut téléphoner?

— J'ai pas le téléphone.

Jean-Michel tourna la tête vers la voiture, une Chrysler d'un modèle récent mais couverte de boue.

— Tu peux nous emmener à Louiseville?

Le bonhomme écarta les bras du corps pour signifier qu'il était désolé.

— J'ai pas le temps.

D'un geste de la tête, il désigna la douzaine de canards qu'il lui restait à dépouiller. Leur cou raide et l'œil rond sur la planche. Lucie intervint.

— C'est urgent.

— Il y a quelqu'un de malade? demanda le bonhomme.

— Sacrement! vociféra Jean-Michel, on ne va pas passer la journée à niaiser ici!

Il se tourna vers le lac comme s'il pouvait voir le bateau de la Garde côtière remorquant *Le loup de mer*. Il aperçut Bruno qui tenait toujours la main de Lucie dans la sienne. Jean-Michel reporta son regard sur le chasseur de canards. Les grosses veines de son cou se gorgèrent de sang. Il empoigna le bonhomme par les épaules et le secoua en l'invectivant.

— Je t'ai dit de nous emmener à Louiseville! Tu comprends pas ça?

Le vieux protesta.

— Lâche-moi! Je t'ai rien fait!

Mais Jean-Michel continua de le bousculer. L'autre cherchait à se dégager. Ce faisant, il posa ses mains rougies de sang sur l'imperméable de Jean-Michel. Des taches brunes apparurent sur le ciré vert. Lucie avait lâché la main de Bruno et s'était approchée. Elle prit le bonhomme par le bras.

— Vite! En dedans! Tes clés! On part.

Ils poussèrent le malheureux dans l'escalier. Il trébucha. On le releva. Il se traîna. On le hissa. La porte battit. Bruno était resté dehors.

Il faisait chaud dans la cuisine. La cafetière sur le poêle. Pendant que Jean-Michel maîtrisait le vieux, Lucie cherchait ses armes de chasse. Elle trouva deux fusils de calibre .12 dans la chambre. Les cartouches sur une tablette dans la penderie. Elle s'en emplit les poches. Elle revint à la cuisine en chargeant les armes. Un fusil sous chaque bras. Le premier avait deux canons. Il se cassait à la hauteur du chien. Lucie inséra deux cartouches et referma l'arme. Le second avait une manette, comme un .22. Lucie la rejeta en arrière pour introduire une cartouche. Le bruit sec de la manette qu'on referme. Elle tendit le fusil à deux coups à Jean-Michel. Pendant ce temps, le vieux cherchait les clés de sa voiture. Peut-être feignait-il de ne pas les trouver. De sa main valide, Jean-Michel lui appliqua une gifle. Le vieux sembla retrouver ses moyens. Les clés pendaient à un clou près de la porte. Ils dégringolèrent l'escalier. La porte était restée ouverte. Dehors, Bruno contemplait les dépouilles des canards.

— T'as pas changé d'idée? demanda Jean-Michel à Bruno.

En guise de réponse, Bruno s'installa le premier sur la banquette arrière de la Chrysler. L'intérieur de la voiture sentait la fumée refroidie. Jean-Michel monta à l'avant avec le bonhomme. Lucie rejoignit Bruno à l'arrière. Le moteur démarra au premier tour de clé. Le chasseur souleva sa casquette pour gratter ses petits cheveux frisés. Jean-Michel lui appliqua une seconde gifle. L'autre rentra la tête dans les épaules et recula la voiture sur la route. Il mit le levier d'embrayage automatique à la position «D». La lourde Chrysler commença à ballotter comme un bateau sur le chemin de terre défoncé.

— Plus vite! ordonna Jean-Michel.

Et il montra le canon de son fusil au conducteur. La peur crispait les traits du bonhomme. Bruno observait Lucie. Celle-ci baisa le bout de ses doigts dont elle effleura la bouche de Bruno. Elle leva ensuite les yeux vers le rétroviseur pour s'assurer que Jean-Michel n'avait pas remarqué son geste.

La route de terre sinuait en bordure de la rivière. De gros saules tordus, qui avaient conservé leurs feuilles, projetaient leur ramure au-dessus de la route. Au passage, des hommes saluaient le conducteur dont ils avaient reconnu la voiture. Mais l'homme ne les voyait pas. Un panache de poussière s'élevait derrière les roues.

Ils parvinrent aux abords de Louiseville. De grands bâtiments industriels plutôt délabrés l'indiquaient. La route bifurqua à gauche après avoir franchi un ponceau. Elle prit bientôt des allures de rue, avec ses maisons de brique et de bois accroupies sur les trottoirs. Du linge séchait. Un homme brûlait des feuilles mortes. À l'angle de la rue principale, un feu rouge les immobilisa. Il était près de neuf heures.

Lucie plongea une fois de plus son regard dans le bleu de celui de Bruno. Derrière la gravité des traits de l'homme se lisait son parfait contentement de se trouver là où il était. Lucie prit sa main dans la sienne et ne la lâcha plus.

Chaque ville, chaque village du Québec, le moindre hameau, le plus petit bourg possédait sa rue Notre-Dame. Louiseville n'y faisait pas exception mais différait de la majorité de ses consœurs en ce qu'elle n'avait pas gratifié sa rue principale de ce nom. La rue qui traversait Louiseville d'est en ouest, prolongeant la route nationale, portait le nom du fleuve, Saint-Laurent. L'invocation de Notre-Dame avait été réservée à une rue secondaire, celle même dont la Chrysler du chasseur venait de déboucher. Une fois croisé le seul feu de circulation de l'agglomération, la voiture s'engagea vers l'ouest dans la rue Saint-Laurent.

— René Guay, tu sais où il habite?

La Chrysler défila devant l'église et le presbytère. Deux édifices imposants. En face, un parc et l'hôtel de ville. C'était l'heure où chacun allait à son travail. Des hommes, des femmes, ronds sous leurs manteaux, déambulaient sur les trottoirs et se saluaient sans se regarder. Un peu plus loin, le bureau de poste était déjà fort animé. Passé ce vendredi, c'était déjà la fin de semaine.

En guise de réponse à la question de Lucie, le bonhomme immobilisa sa voiture devant la maison voisine du presbytère. Une grosse construction de brique rouge flanquée d'une tour octogonale à l'angle gauche de sa façade. Deux grandes portes vitrées à l'avant. Un toit de tôle grise. L'allée était asphaltée. Derrière, on apercevait un garage suffisamment vaste pour abriter deux automobiles. L'opulence ne se dissimulait pas.

— C'est là, prononça le vieux.

— Tu viens avec nous, ordonna Jean-Michel.

Le bonhomme croyait le cauchemar terminé. L'ordre que Jean-Michel venait de lui intimer le glaça de terreur. Il s'accrocha à son volant comme un noyé à une bouée. En même temps, Jean-Michel et Lucie le harcelaient de questions.

— Tu le connais, René Guay?

— À ton avis, il y a combien de personnes dans la maison?

— Il part à quelle heure pour son bureau?

Le bonhomme faisait le dos rond. Il se caparaçonnait dans son mutisme. Jean-Michel lui enfonça brutalement le canon de son fusil dans les côtes. Pour peu, le vieux aurait éclaté en sanglots.

— Réponds.

— Je ne sais pas, moi, combien il y a de monde dans la maison.

— On te demande combien de personnes habitent là-dedans.

— René puis sa femme.

— C'est tout?

— C'est tout.

— Son bureau, il est où?

— Dans la tour.

— Il te connaît?

— J'ai toujours voté pour l'Union nationale, même à la dernière élection, quand il a été battu.

Jean-Michel fit signe à Lucie de descendre. Bruno la suivit de près. En même temps, Jean-Michel enfonçait de plus en plus sèchement le canon du fusil dans le flanc du bonhomme. Celui-ci se résolut à ouvrir la portière. Lucie l'agrippa et le tira dehors. Debout sur l'asphalte, le vieil homme tenait difficilement sur ses jambes. Lucie le prit par le bras et l'entraîna vers la maison. Le fusil, sous son coude gauche, ne passait pas inaperçu. Bruno leur enjamba le pas.

Les passants s'étaient immobilisés. Personne n'aurait osé croiser la trajectoire de ces personnages surgis d'un feuilleton de la télévision américaine. Pendant ce temps, Jean-Michel avait couru jusque sous les fenêtres de la maison. Il se hissa sur la pointe des pieds pour jeter un coup d'œil à ce qui devait être le salon. Lucie, Bruno et le bonhomme le rejoignirent. Jean-Michel empoigna à son tour leur guide et ils progressèrent dans l'allée, le long du gros solage de pierres sur lequel reposait la maison.

Une annexe s'adossait au corps principal de l'habitation. C'était une construction plus récente, ses larges baies vitrées en témoignaient, de même que son revêtement de tôle d'aluminium. Une terrasse à garde-fou de fer forgé en occupait le toit plat. Un perron à deux marches donnait accès à ce qui semblait être la nouvelle cuisine de la demeure.

Courbés plus bas que le niveau des fenêtres pour ne pas révéler leur présence, Jean-Michel, Lucie, Bruno et leur complice récalcitrant parvinrent au pied de l'escalier. Une pause de quelques secondes, le temps pour Lucie et Jean-Michel de s'assurer qu'ils partageaient la même détermination, et ils poussèrent le vieil homme en dissimulant leurs fusils derrière lui.

— Frappe.

Le vieux hésita. Sa main tremblait. Il se pencha en avant pour regarder par le carreau de la porte. Jean-Michel lui coinça le canon de son fusil sous une omoplate.

— Frappe.

L'autre s'exécuta. On entendit le grincement des pattes d'une chaise sur le plancher. Une silhouette s'approcha. Le verrou joua dans le pêne. La porte s'ouvrit. Jean-Michel poussa le vieil homme en avant. Ce dernier se retrouva dans les bras de René Guay.

— Lucien! Qu'est-ce qui t'arrive?

Mais déjà Jean-Michel, Bruno et Lucie avaient investi la place. Leurs fusils parlaient d'eux-mêmes. Assise à la table, une petite femme pas plus grosse qu'une souris tenait un morceau de pain grillé à la main, devant sa bouche. Elle ne se décidait pas à y mordre ou à le déposer. René Guay fit un pas en arrière pour reprendre sa contenance. En même temps, il tourna alternativement la tête vers ses visiteurs.

— Qu'est-ce que vous voulez?

Le ton n'avait encore rien perdu de son assurance. René Guay avait commandé toute sa vie, à sa femme, à ses enfants, à ses électeurs, aux fonctionnaires de son ministère. Une seule conviction: on surmonte tous les chaos avec de la fermeté. Son poste de procureur général du Québec lui avait permis d'exploiter au maximum ses dispositions pour la rigueur. En qualité de député, il votait les lois. Dans ses fonctions de gardien de la sécurité de l'État, il veillait à ce que l'ordre qui en découlait fût appliqué sans compromis. Maintenant qu'il était retourné à la pratique du droit, il avait conservé toute son arrogance.

L'apparence physique de René Guay confirmait d'ailleurs la rigidité de son tempérament. Malgré l'heure matinale, il était vêtu comme s'il devait dîner avec le premier ministre, complet trois pièces bleu foncé, finement rayé, souliers noirs vernis et cravate de soie bleue pour afficher ses convictions politiques. De gros boutons de manchettes, comme on n'en portait plus en 1970, fermaient les manches de sa chemise. Ses cheveux noirs parsemés de gris étaient lissés en arrière. Il n'attendit pas que Jean-Michel ait répondu à sa question avant de la reformuler.

— Qu'est-ce que vous voulez?

— Tu t'en viens avec nous autres.

Et Jean-Michel lui montra son fusil au bout de ses deux poings. Guay se redressa. Pour peu, il se serait levé sur la pointe des pieds.

— Minute, là! Ça ne se passe pas comme ça. Vous savez ce que vous êtes en train de faire?

La femme de René Guay regardait intensément Bruno qui était resté près de la porte. Il ne ressemblait pas aux deux autres. Pour attirer son attention, elle esquissa un mouvement sur sa chaise. Lucie fit un pas dans sa direction, le fusil bien en évidence. La souris se figea. Elle avait toujours son morceau de pain à la main.

— Je t'ai dit de t'en venir avec nous autres! insista Jean-Michel.

Mais l'ancien procureur général opposa un déni entêté à cet ordre. Alors, Jean-Michel se rua sur lui et lui assena un coup de crosse de fusil sur le côté de la tête. Un cri. C'était la souris. Guay s'était effondré. Recroquevillé sur le plancher, il protégeait son oreille avec ses deux mains. Jean-Michel lui administra un coup de pied. Guay gémit mais ne bougea pas.

— Debout! ordonna Jean-Michel.

Et il attrapa le politicien par le bras. Cependant, René Guay s'était agrippé à la patte de la table avec sa main libre. Jean-Michel le tira. Guay ne lâcha pas. La table glissa sur le linoléum. Pour l'inciter à céder, Lucie donna des coups de botte sur les doigts du ministre. Celui-ci ne desserra pas sa prise. Bruno allait quitter sa position pour intervenir quand Lucie glissa son fusil sous son coude. De ses deux mains, elle arracha la table du sol. Son contenu se renversa. Le verre se fracassa. Le café bouillant éclaboussa le plancher. La souris s'écarta en criant. Désarrimé, René Guay laissa Jean-Michel le traîner sur le plancher. Ils parvinrent à la porte. Bruno s'écarta pour laisser la voie libre. René Guay s'accrocha aux jambes de Bruno. Il cria.

— Je vous en supplie, aidez-moi, monsieur!

Mais Bruno se défit de la prise. Guay criait toujours.

— Vous ne m'aurez pas! Annette, appelle la police! Lucien, fais quelque chose!

La vigueur de Jean-Michel eut raison du quinquagénaire. René Guay tenta de se relever au moment où Jean-Michel descendait les deux marches du perron, tirant son prisonnier derrière lui. Guay trébucha et tomba sur l'asphalte de la cour. En se relevant, on constata qu'il saignait du nez. Du sang sur sa chemise blanche.

Maintenant qu'il était dehors et debout, René Guay comprit qu'il était perdu. La panique s'empara de lui. Il appela à l'aide, d'une voix fluette que la peur étranglait.

— Au secours!

Mais déjà, Lucie avait rejoint Jean-Michel. À eux deux, ils soulevèrent leur otage par les bras et l'entraînèrent vers la rue, aussi vite qu'ils le purent. Jean-Michel et Lucie brandissaient leurs fusils de leurs mains libres. Bruno marchait derrière. Le chauffeur qui les avait conduits là le suivait à son tour.

Alertée par les premiers témoins de l'incident, une petite foule se pressait déjà sur le trottoir, devant la demeure du notable. Ceux qui se trouvaient au premier rang s'enfuirent au moment où Guay et ses ravisseurs posèrent le pied sur le trottoir. L'ancien procureur général ne savait que répéter:

— Appelez la police!

Lucie leva la tête pour juger de la situation. Son regard croisa celui de leur conducteur. La jeune femme l'apostropha.

— Toi, va finir de plumer tes canards.

L'autre ne se le fit pas dire deux fois et déguerpit. Le groupe avait rejoint la rue Saint-Laurent. Jean-Michel bifurqua à gauche. Ils coururent en traînant René Guay qui se faisait le plus lourd possible. Bruno était au coude à coude avec Jean-Michel.

— Où tu vas comme ça? demanda Bruno.

— Je ne sais pas encore, répondit Jean-Michel.

— T'aurais aussi bien pu le garder en otage chez lui, insista Bruno.

— Non, répliqua Jean-Michel. Je veux que tout le monde le voie.

La foule les suivait à distance. Ils entrèrent dans la rue Saint-Antoine. C'était une petite rue transversale qui s'ouvrait devant l'église, en direction du sud.

Lucie et Jean-Michel traînaient René Guay comme un cadavre. À deux pas derrière, Bruno entendait dans sa tête la voix de son ancêtre Hyacinthe lui réciter la grande leçon de l'histoire.

On m'a jeté en prison parce qu'on m'a trouvé dans une église avec de pauvres gens qui n'avaient plus de maison. Depuis deux jours, au lieu d'essayer de comprendre pourquoi ils étaient si malheureux, d'autres personnes viennent dans ce tribunal vider toute la haine qu'elles ont dans le cœur. Ce n'est pas ça, la justice. Il y a des lois dans ce pays. Il ne faut pas faire ceci, il faut payer cela. Mais chaque fois qu'on passe à côté, même sans s'en apercevoir, ou parce qu'il n'y a pas d'autre chemin, on tresse un brin de la corde qui va nous pendre. Ce n'est pas ça, l'ordre. Et la terre, elle est à tout le monde. Elle est surtout à ceux qui peinent pour la cultiver. En tout cas, il n'y a pas de raison pour qu'elle appartienne tout entière à ceux qui ont pour métier de regarder les autres travailler. Et Dieu, je ne crois pas qu'il porte un uniforme de soldat et qu'il nous surveille constamment pour nous prendre en défaut. Je ne crois pas non plus que l'amour d'une femme et d'un homme lui soit désagréable. Ça ne peut pas être ça, l'amour de Dieu. Je vais vous la dire, moi, la vérité. Non, ce n'est pas moi qui ai tué le notaire Plessis. Je le jure devant Dieu. Oui, je suis un révolté. Mais je ne suis pas révolté contre les Anglais. Je suis révolté contre la haine, contre la misère, contre l'autorité qui abuse, contre la bêtise. Et je sais que l'injustice sera toujours l'injustice, en français comme en anglais.

Bruno pressa le pas et rejoignit le groupe.

Il y avait cinq ou six clients dans l'épicerie. Personne n'avait encore pris le temps de les compter. Des femmes surtout, avec des enfants. Deux hommes. Le propriétaire, un grand blond dans la trentaine, s'était porté à l'avant de l'établissement en entendant le bruit et les éclats de voix. Sa sœur, une boulotte qui classait des factures dans son petit bureau, l'avait aussitôt rejoint. Un livreur de pain Weston était resté coincé à l'intérieur, les bras chargés de ses caisiers vides. Le boucher était accouru de l'arrière. Deux caissières et un commis en blouse blanche grelottaient de frayeur dans un coin. Personne ne bougeait depuis que le drame avait éclaté à l'intérieur du marché Métro Marcel Bénard, quelques instants plus tôt. Seul René Guay continuait de pousser des cris aigus.

Au débouché de la rue Saint-Antoine, Jean-Michel, Lucie et Bruno s'étaient subitement trouvés devant l'enseigne et les grandes vitrines d'une épicerie de la chaîne Métro, à l'angle de la rue Sainte-Élisabeth. C'était un édifice de construction récente, à un étage, recouvert de tôle beige. Une marquise rouge le couronnait. Un espace de stationnement le bordait. On y voyait une dizaine de voitures et un camion de la boulangerie Weston. Sans hésiter, Jean-Michel dirigea ses pas vers l'entrée de l'épicerie. À mesure que son supplice se prolongeait, René Guay laissait de plus en plus traîner ses pieds sur l'asphalte. Lucie et Bruno le supportaient. Devinant l'intention de Jean-Michel, Bruno se précipita devant eux pour ouvrir. La scène se figea entre les caisses enregistreuses et les vitrines, sous les banderoles annonçant une semaine de promotion des produits Kraft. Tous les clients et le personnel de l'épicerie accoururent, à l'exception d'un commis qui déballait des caisses à la cave. Il ne referait surface qu'une fois le drame dénoué. Pour l'heure, les curieux étaient restés dehors mais un autre cercle de témoins, plongés ceux-là bien malgré eux dans l'action, entouraient deux hommes et une femme qui retenaient de force, sous la menace de leurs fusils, un homme qu'on reconnut bien vite.

— Qu'est-ce que vous voulez? avait fini par demander Marcel Bénard.

— FLQ! avait répliqué sèchement Jean-Michel.

Un début de panique se produisit. Jean-Michel intervint sans attendre.

— Le premier qui bouge, je le descends.

Les clients et le personnel de l'épicerie se figèrent dans leur frayeur. Jean-Michel se tourna vers Bruno.

— Va fermer les portes en arrière.

Bruno s'éloigna entre les étalages.

— Toi, ordonna Jean-Michel au jeune propriétaire, ferme la porte d'en avant.

Marcel Bénard sortit un gros trousseau de clés de la poche de son sarrau blanc et s'agenouilla pour verrouiller la porte vitrée dont la serrure se trouvait au ras du sol.

— Mets du papier dessus, lui ordonna Jean-Michel. Mets-en aussi dans les vitrines.

Bénard sembla hésiter, mais Jean-Michel lui montra son fusil et l'autre s'exécuta. Un grand vieillard dont les mains tremblaient l'aida à déployer et à fixer de larges bandes de papier d'emballage sur la porte et les trois vitrines de l'épicerie. Bientôt, la lumière des fluorescents prit toute sa force. Bruno était revenu en annonçant qu'il avait poussé le verrou de la seule porte qui donnait sur la cour. Le marché Métro était coupé du monde.

Lucie tenait en joue le petit troupeau peureux. Sans arme, Bruno interdisait l'accès aux allées de l'épicerie. Jean-Michel maîtrisait René Guay de sa main saine, en resserrant un tour de poignet dans le tissu du col de son complet. L'ancien procureur général avait perdu ses lunettes. Les cheveux lui retombaient sur les yeux. Ses mains s'agitaient comme des crabes. Sa peur se sentait comme une odeur. Jean-Michel interpella ses otages.

— Vous le reconnaissez?

Personne ne broncha. Jean-Michel répéta sa question.

— Vous le reconnaissez?

Tous les citoyens de Louiseville connaissaient le procureur général dont les hautes fonctions avaient fait la fierté de ses administrés. Les plus vieux l'avaient vu courir en culottes courtes sur les trottoirs. Mais personne ne broncha. Jean-Michel insista.

— Ça fait combien d'années qu'il vous ment dans la face? Puis vous autres, bande de caves, vous écoutez ça la bouche ouverte. Vous êtes pas tannés de vous faire écœurer?

Pas un mot, pas un geste. Ce n'était pas ce que Jean-Michel attendait. Il haussa le ton.

— Vous avez rien à lui dire?

Les clients et le personnel se regardaient. Une femme bougea. Lucie fit un pas en avant, le fusil braqué, pour lui intimer l'ordre de rester tranquille. La manœuvre produisit un effet immédiat sur toute l'assemblée. Un enfant se mit à pleurer.

— Fais-le taire! ordonna Jean-Michel.

La mère prit son enfant dans ses bras, une fillette de quatre ou cinq ans, et enfouit son visage dans l'encolure de son manteau. Pendant ce temps, Jean-Michel continuait de secouer René Guay. Il le brandissait comme un pantin devant son auditoire médusé.

— Qu'est-ce que vous attendez pour lui tomber dans la face à votre tour?

Mais les interlocuteurs de Jean-Michel n'eurent pas le temps de réfléchir plus avant sur l'attitude à adopter car, à travers les bandes de papier qui l'obstruaient, une silhouette venait de faire son apparition derrière la porte.

— Police! entendit-on.

— FLQ! répliqua Jean-Michel.

Et, pour bien faire sentir toute la portée de ces trois initiales, il tira un coup de fusil au plafond. La détonation assourdit tout le monde. La silhouette se retira promptement. Jean-Michel se tourna vers ses otages.

— Maintenant, on va s'expliquer. Vous aimez ça vous faire chier dans la face?

Pas un souffle, pas un son. Jean-Michel tourna la tête vers le visage hagard de René Guay.

— Toi, commença-t-il, t'as toujours aimé ça leur bourrer le crâne! Bien, c'est le temps!

René Guay ne bougea pas. Seuls ses yeux criaient sa détresse. Jean-Michel lui cracha au visage.

— Parle!

Ce mot, un coup de fusil dans l'épicerie. L'ancien procureur général essuya sa joue avec sa main. En même temps, il parvint à marmonner quelques mots.

— Qu'est-ce que vous voulez que je leur dise?

— T'as passé ta vie à leur faire croire n'importe quoi. Pour une fois, tu pourrais peut-être leur dire la vérité.

René Guay s'enfonça dans un mutisme peureux. Déposant son fusil sous le coude de son bras douloureux, Jean-

313

Michel attrapa l'ancien procureur général par les cheveux. Il tira. René Guay inclina la tête. Ses pieds bougeaient sur le plancher. Jean-Michel le secoua. Guay s'écroula à genoux. Jean-Michel n'avait pas lâché sa prise.

— Parle!

— J'ai toujours fait mon possible, murmura René Guay.

— Plus fort!

— J'ai toujours fait mon possible.

Jean-Michel crispa le visage.

— Tu retombes dans tes mauvaises habitudes. T'es encore en train de leur mentir en pleine face.

René Guay voulut agiter la tête en signe de dénégation mais la poigne de Jean-Michel sur sa chevelure l'en empêcha. Il parvint encore à balbutier.

— J'ai toujours servi mes concitoyens du mieux que j'ai pu.

Jean-Michel fronça les sourcils. Son expression traduisait son mécontentement.

— C'est pas ça que je t'ai demandé. Moi, je veux savoir, si t'as toujours servi tes concitoyens, comment ça se fait que t'as la plus grosse maison de Louiseville? Explique-nous ça un peu.

— Ce que j'ai, parvint à dire René Guay, je l'ai gagné.

Jean-Michel lui administra un coup de pied au ventre. L'ancien politicien se roula en boule sur le plancher. Un second coup l'atteignit à la tête.

— Veux-tu que je t'aide à t'éclaircir les idées?

Guay gémit, les mains sur la tête. Jean-Michel le frappa encore.

— Dis-leur franchement ce que tu pensais d'eux autres quand tu te promenais dans ta Cadillac de ministre puis que tu te bourrais les poches avec leur argent! Dis-leur que tu t'es toujours arrangé pour que personne n'ose relever la tête dans le pays! Dis-leur! Ce que t'as fait, c'est plus écœurant qu'un meurtre. Tu leur as lavé le cerveau. Regarde!

Il redressa la tête de son otage en lui tirant les cheveux.

— T'as tellement bien réussi qu'ils ne sont même plus capables de parler. Regarde tes zombis!

Et Jean-Michel s'adressa à ceux qu'il prenait à témoin et qui ne comprenaient rien à la virulence de cette dénonciation.

— Vous êtes tellement aliénés que vous ne le savez même pas. Mais je ne vous en veux pas. Avant, c'était la misère. Maintenant que vous avez chacun un petit compte à la Caisse populaire, vous pensez que vous avez atteint le paradis.

Nul ne bougea. Jean-Michel aurait tout aussi bien pu s'adresser aux statues de cire qu'on voyait dans les musées populaires. Il se rabattit encore une fois sur René Guay.

— C'est lui, le coupable. Parce que lui, il savait ce qu'il faisait.

Et Jean-Michel assena un autre coup de pied sur le crâne de l'ancien politicien. René Guay se recroquevilla. Ses membres s'agitaient comme ceux d'une araignée qu'on écrase. Il n'émit plus qu'un faible gémissement. À cet instant, la voix de Bruno se fit entendre.

— C'est pas comme ça que tu vas changer le monde.

Il fit un pas en direction de Jean-Michel et de René Guay. Le petit troupeau ne comprenait plus quel rôle jouait ce ravisseur différent des deux autres. Chacun s'attendait à ce que Lucie ou Jean-Michel tire dans sa direction. La détonation ne vint pas. Bruno s'avança vers Lucie.

— Essaie de trouver de la corde. On va l'attacher. Comme ça, il ne pourra pas se faire de mal.

Depuis que Bruno avait ligoté René Guay, avec l'aide de Lucie, un pli barrait le front de Jean-Michel. Il surveillait les faits et gestes de son oncle comme si ce dernier avait compté au nombre de ses otages. Bruno regardait dehors en écartant légèrement l'une des bandes de papier qui recouvraient les vitrines.

— Tu sais que tu as réussi à attirer pas mal de monde, commença-t-il. La moitié de la population de Louiseville est là, dehors. Il y a au moins une trentaine de policiers. L'épicerie doit être cernée. La partie vient de commencer. À toi de jouer.

Jean-Michel se dirigea subitement vers l'un des comptoirs. Il s'empara d'un sac d'emballage dont il déchira un large pan, au dos duquel il se mit à griffonner.

Depuis neuf heures ce matin, vendredi 30 octobre 1970, la cellule Papineau du FLQ détient René Guay, l'ancien procureur général du Québec. Si, à midi aujourd'hui, nous n'avons pas obtenu des sauf-conduits pour Cuba, l'otage sera exécuté. La liberté ou la mort!

Il s'avança et lut le communiqué à ses otages. La gravité de la menace pénétrait au plus profond de chacun. Marcel Bénard était appuyé du bout des fesses à l'un des comptoirs. Sa sœur tenait toujours une liasse de factures à la main. Le livreur de pain Weston avait fini par déposer ses casiers par terre à ses pieds. Les deux caissières et le commis se tenaient toujours à l'écart, échangeant des regards effrayés. Le boucher s'essuyait machinalement les mains dans son tablier. Le vieil homme qui avait aidé Marcel Bénard à obscurcir les vitrines sautillait d'un pied sur l'autre, les mains dans le dos, les pans de son imperméable bougeant à ce rythme. La femme à l'enfant avait fini par apaiser sa fillette. Celle-ci ne voulait cependant pas quitter les bras de sa mère. La femme en était réduite à tenir son autre enfant, un garçon de quatre ans, par la main. Une autre femme, d'une cinquantaine d'années celle-là, au dos un peu rond, dodelinait de la tête et bougeait imperceptiblement les lèvres. Peut-être priait-elle. Près d'elle, une plus vieille faisait déjà semblant d'être morte. Un homme, un pharmacien, semblait observer la scène comme à la télévision. Ses gros yeux ronds bougeaient de gauche à droite.

C'est à ce moment que la sonnerie du téléphone se fit entendre. L'appareil était fixé au mur, derrière le dernier comptoir. Jean-Michel se précipita pour décrocher.

— Identifiez-vous, réclama une voix.

Chacun fixait Jean-Michel pour tenter de deviner le sens de la conversation. Au bout du fil, la voix insistait.

— Je vous demande de vous identifier.

— FLQ! redit Jean-Michel.

— Je vous demande de vous identifier, répéta la voix.

— Je vous envoie un communiqué, annonça-t-il.

Il sortit de sa poche le bout de sac froissé sur lequel il venait de formuler sa revendication. Bruno s'approcha et lui prit le document des mains.

— Il y a une trappe, en arrière, pour faire passer les caisses de bière quand ils déchargent les camions. Je vais aller le jeter là-dedans.

— Le communiqué va passer par la trappe des caisses de bière, annonça Jean-Michel au téléphone.

Et il raccrocha. Bruno avait déjà disparu dans l'une des allées. Jean-Michel constata que Lucie n'avait pas quitté Bruno des yeux. Elle en oubliait même de pointer son fusil sur ses otages.

L'épicerie Marcel Bénard ressemblait à un tombeau. L'électricité venait d'être coupée et les vitrines ne laissaient passer qu'un jour lugubre à travers les bandes de papier. Deux lampes d'urgence, accrochées au plafond à chaque extrémité de l'établissement, s'étaient allumées d'elles-mêmes, projetant un faisceau de lumière jaune sur les rayons.

Jean-Michel allait et venait, le fusil sous le bras. Ses pieds flacotaient dans ses bottes de caoutchouc. Lucie était assise sur l'un des comptoirs, près d'une caisse enregistreuse, le fusil à côté d'elle. Les otages s'étaient installés comme ils l'avaient pu. La femme s'était laissée choir sur les talons, puis elle s'était franchement assise par terre, ses deux enfants sur les genoux. Marcel Bénard avait repris sa place derrière l'un des comptoirs. Les autres s'appuyaient aux rayons.

Pour sa part, Bruno était accroupi devant le radiateur qui courait sous les vitrines. La tête dans les mains, il observait la scène entre ses doigts écartés. Au cœur de ce théâtre, le corps ligoté de René Guay. Jean-Michel s'immobilisa devant Bruno.

— Ça fait une grosse demi-heure, dit-il. Qu'est-ce qu'ils attendent pour me répondre?

— Laisse-leur le temps de se faire à l'idée, répondit Bruno. Le FLQ, c'est comme un feu de forêt. Ils pensaient l'avoir éteint. Ça vient de se rallumer sous leurs pieds.

— À ton avis, qu'est-ce qu'ils vont faire?

— Discuter. Ils n'ont pas le choix.

Lucie les rejoignit. Maintenant que la tension était retombée, un reste de faiblesse enveloppait ses gestes. Elle tendit sa longue main fine.

— Qui a une cigarette?

— Sers-toi, lui répondit Jean-Michel en désignant d'un geste de la tête les présentoirs bourrés de paquets de cigarettes, au-dessus des caisses.

Lucie choisit des Player's, qu'elle distribua à Jean-Michel et à Bruno. Ils se penchèrent vers le briquet de Bruno dans un envol de mains. Les doigts de la main gauche de Jean-Michel étaient bleus et enflés. Bruno désigna cette blessure d'un signe de tête.

— C'est vilain, ça, fit-il observer. Faut que tu te fasses soigner rapidement.

Jean-Michel s'éloigna en haussant les épaules. Presque au même moment, la sonnerie du téléphone se fit entendre de nouveau. Marcel Bénard s'écarta pour laisser la place à Jean-Michel. C'était la même voix que précédemment.

— Ici le commandant Baril. Je veux parler à René Guay.

Jean-Michel hésitait. La voix du commandant se fit insistante.

— Il faut que je lui parle.

Assis sur le comptoir, le dos arrondi pour s'appuyer au mur derrière lui, Jean-Michel regardait le téléphone d'un air de défi.

— Pas question, répliqua-t-il.

Le commandant Baril se fit conciliant.

— Je ne peux rien faire tant que je ne suis pas sûr que René Guay est en vie.

— Il est en vie. Je te donne ma parole. Mais tu ne lui parleras pas.

— Pourquoi?

— Parce que ça te ferait trop plaisir, trancha Jean-Michel.

Le commandant Baril se tut. Bruno et Lucie entouraient Jean-Michel. C'est Bruno qui dénoua l'impasse.

— On pourrait lui demander de rédiger un mot, suggéra-t-il.

— Faudrait leur envoyer une preuve d'identité, ajouta Lucie.

— C'est un menteur, affirma Jean-Michel. Ils vont reconnaître son style.

René Guay les regardait avec des yeux suppliants. Lucie quêta l'approbation de Bruno avant de défaire les liens qui entravaient les mains de leur otage. On l'aida à s'asseoir. Privé de ses lunettes, l'ancien procureur général inclina la tête sur le bout de sac d'emballage qu'on lui tendit. Il réfléchit un long moment avant de commencer à écrire.

Mon cher Robert.

D'emblée, l'otage adoptait le ton du ministre Laporte.

Nous n'avons jamais partagé les mêmes idées politiques. Aujourd'hui, cela n'a plus d'importance parce que nous vivons les temps les plus troublés de notre histoire. J'ai toujours pensé qu'il fallait agir avec plus de sévérité à l'endroit de ceux qui veulent renverser la société. Les événements me donnent raison. Les gens qui m'ont enlevé semblent prêts à tout. Le sacrifice du ministre du Travail n'a servi à rien. Je te supplie de ne pas me réserver le même sort que lui. Le Québec ne te le pardonnerait pas. Il faut les laisser partir. Quand tout sera fini, nous prendrons les moyens pour que cela ne se reproduise plus.

Jean-Michel relut la missive en grimaçant pendant que Lucie renouait les liens de l'otage. En même temps, elle retira du doigt de l'ancien ministre l'alliance à l'intérieur de laquelle les initiales de René Guay s'entremêlaient à celles de sa femme. Jean-Michel fourra le tout dans un sac. C'est Bruno qui se chargea d'expédier l'envoi par la trappe aux caisses de bière. Quelques minutes plus tard, le commandant Baril reprenait le dialogue au téléphone.

— Bon. Ça avance. Maintenant, j'ai besoin de savoir qui vous êtes.

— FLQ! cria de nouveau Jean-Michel.

— Ça, ironisa le commandant Baril, je le sais déjà. Mais le gouvernement ne peut émettre des sauf-conduits s'il ne sait pas à qui il a affaire. Faut que vous me disiez vos noms.

Jean-Michel fit non de la tête.

— Tu le sauras quand tu nous annonceras que l'avion est prêt à partir. Il est d'accord ou non, le gouvernement?

— Je ne peux pas te le dire, admit le commandant Baril. Ce n'est pas de mes affaires.

Jean-Michel s'enflamma.

— Si ce n'est pas de tes affaires, qu'est-ce que tu fais là?

— Je suis là pour préparer le terrain.

— Préparer quoi? insista Jean-Michel.

— Il y a un gars qui doit venir de Québec pour discuter avec vous autres.

Jean-Michel était ébranlé. Il gueula.

— Veux-tu me dire que le gouvernement n'a pas encore pris de décision?

— Exact. Tout va dépendre de ce que tu vas discuter avec le gars qui s'en vient.

Jean-Michel se tourna vers Bruno.

— Il est quelle heure?

— Un peu passé dix heures.

Jean-Michel se pencha de nouveau sur le téléphone.

— Il est passé dix heures, insista-t-il. Il est mieux de ne pas crever un pneu en s'en venant, ton gars de Québec, parce qu'à midi, on descend René Guay.

— C'est justement pour ne pas perdre de temps que je vous demande de vous identifier, renchérit le commandant Baril. C'est la première question que le gars de Québec va te poser. Si tu me le dis tout de suite, on va faire les vérifications d'usage. Ce sera autant de gagné.

Jean-Michel regarda tour à tour Bruno et Lucie. Pour la première fois depuis son arrivée à Louiseville, il prenait conscience que la situation pourrait tourner à leur avantage. La perspective de monter dans l'avion à destination de Cuba l'embrasa. Dans quelques heures, peut-être, il refermerait la porte sur son passé.

— Je peux bien te le dire, dit-il d'un ton posé, mon nom c'est Jean-Michel Bellerose. La fille qui est avec moi se nomme Lucie Courchesne. Mais trompe-toi pas. Des laissez-passer, j'en veux pour tous les membres de la cellule Papineau.

— Combien? demanda le commandant Baril. Il me faut leurs noms aussi.

— Ça, rugit Jean-Michel, tu le sauras quand ce sera le temps.

Le commandant Baril se tut. Le téléphone ne reprit vie qu'après un long silence.

— Il y a une autre chose, déclara le commandant Baril. Il faut que je sache combien il y a de monde dans l'épicerie.

— Qu'est-ce que ça change? protesta Jean-Michel.

— Écoute, argumenta le commandant, mets-toi à ma place. Tu t'enfermes dans une épicerie avec un otage. Il y a du monde dans l'épicerie, c'est certain.

Jean-Michel promena son regard sur la petite assemblée

blottie entre les caisses enregistreuses et les vitrines.

— Une quinzaine de personnes, annonça enfin Jean-Michel.

— Combien d'hommes? Combien de femmes?

Jean-Michel refit son inventaire.

— Il y a le propriétaire et son assistante. Ça fait deux. Deux caissières puis un commis. Cinq. Un livreur de pain. Le boucher. Un vieux, lui, c'est un client. Une bonne femme. Une autre petite vieille. Une femme avec ses deux enfants. C'est tout. Si je ne me trompe pas, ça fait treize, en comptant les enfants.

Jean-Michel avait omis de tenir compte de Bruno. Ainsi, ce dernier se trouvait-il dans l'épicerie à l'insu de tous.

— Bellerose?

Jean-Michel écarta le combiné pour s'étonner de cette voix qu'il ne reconnaissait pas.

— Qui c'est? demanda-t-il.

— Maître François Laplante. Le premier ministre m'a chargé de discuter avec toi.

— C'est pas Robert Demers qui doit négocier avec le FLQ? s'enquit Jean-Michel.

— Il a d'autres chats à fouetter, répondit maître Laplante.

Cette remarque offusqua Jean-Michel. Maître Laplante, que Jean-Michel ne pouvait évidemment pas voir, semblait sourire. Le timbre de sa voix en portait la trace. Il parlait comme un curé. Du miel dans la gorge. Il ne fallait pas se méprendre. Cette apparente aménité cachait une détermination farouche fondée sur des directives strictes. Céder le moins possible. Il était près de onze heures quand il était entré en communication avec Jean-Michel.

— Je vais t'en faire, moi, des chats à fouetter! protesta Jean-Michel. Le gouvernement n'a pas d'autres chats à fouetter que ce qui se passe à Louiseville. Mets-toi bien ça dans la tête. On s'est parlé entre nous autres, au FLQ. Si ça ne se règle pas bien vite ici, vous pouvez lui dire adieu, à votre Anglais. La cellule Libération est avec nous autres. Même la cellule Chénier.

Maître Laplante demeura muet. Il savait que les trois cellules actives du FLQ n'avaient pratiquement pas de contacts entre elles. Les auteurs du meurtre de Pierre Laporte étaient en fuite et ne se manifestaient plus. Par ailleurs, les autorités policières faisaient des progrès sensibles dans la recherche des ravisseurs du diplomate britannique. Tout indiquait qu'on identifierait leur repaire d'ici quelques jours. En conséquence, maître Laplante ne croyait nullement à une collusion des forces du FLQ. Les événements de Louiseville étaient le fait de la seule cellule Papineau. Qui plus est, seulement deux de ses membres se trouvaient à l'intérieur de l'épicerie. Officiellement du moins, car des témoins avaient rapporté que trois personnes s'étaient engouffrées dans l'établissement, poussant René Guay devant elles. On pouvait en déduire qu'on se trouvait devant une tentative désespérée menée par des individus isolés. L'avocat n'en maintint pas moins son ton conciliant.

— Le premier ministre m'a donné les pleins pouvoirs pour discuter avec toi.

— Qui décide? demanda Jean-Michel.

— Monsieur Bourassa lui-même, répondit maître Laplante.

Cette fois, il sourit pour de bon. Peu avant son départ de Québec, l'avocat du ministère de la Justice avait eu un entretien avec le premier ministre, dans le bureau de ce dernier. Son conseiller spécial, Denis Leclerc, assistait à la rencontre. Ce dernier savait qu'on décidait le sort des individus qui avaient tenté de l'enlever quelques semaines plus tôt. Leclerc s'était montré intransigeant.

— Prends les moyens que tu voudras mais je te demande

une chose. Remmène-moi-les à genoux. Je veux avoir le plaisir de leur couper les couilles personnellement.

Le premier ministre avait protesté.

— Tout ce que je veux, c'est que ça s'arrête. S'il faut les laisser partir, je suis prêt. J'aurai l'air de quoi, moi, s'ils tuent René Guay? Tout le monde va dire que je l'ai laissé tomber parce qu'il était dans l'opposition.

Maître Laplante ne se faisait pas d'illusions sur son mandat. Il en précisa les termes à l'intention de Jean-Michel.

— Pour commencer, il y a un préalable. Si on ne s'entend pas là-dessus, inutile d'aller plus loin.

— Moi aussi j'ai un préalable, répliqua Jean-Michel. Il n'y a pas de préalable.

— Vois-tu, poursuivit maître Laplante comme si Jean-Michel ne l'avait pas interrompu, il y a un principe qui vaut pour tous les gouvernements du monde. On ne négocie pas avec les terroristes.

— Alors, qu'est-ce que tu fais ici? objecta Jean-Michel.

— Je ne négocie pas. Je me renseigne sur tes intentions. J'en ferai part au premier ministre. S'il décide qu'il n'y a rien de mieux à faire que de vous exiler à Cuba, tant mieux pour toi. Mais avant toute chose, je te le répète, il y a un préalable.

— Aboutis!

— Si un seul acte de violence est commis, j'ai l'ordre de suspendre immédiatement les discussions et de rentrer à Québec. C'est clair?

— Me semblait que c'était moi qui posais les conditions, objecta Jean-Michel.

— Autre chose, enchaîna maître Laplante. On ne discute que de ce qui se passe à Louiseville. Rien d'autre. Les autres cellules, c'est maître Demers qui s'en occupe. Donc, pas question de s'étendre sur le sort de tes camarades du FLQ. C'est bien compris?

Au tour de Jean-Michel de demeurer muet. Il ne croyait pas vraiment à la possibilité d'entraîner ses camarades des autres cellules dans sa propre libération. Cela demanderait trop de temps. Mais il ne voulait pas montrer sa hâte à son interlocuteur. Il devait laisser croire à ce dernier qu'il était prêt à tout. Il contesta donc cette dernière exigence.

— Je laisserai sortir René Guay quand j'aurai l'assurance que tous les membres du FLQ ont une place dans l'avion.

Maître Laplante sifflota dans le téléphone.

— Va falloir un 747! Écoute, on va prendre les points un par un. On s'entend sur la violence?

— Ça dépend de toi, répondit Jean-Michel. Puis de l'autre singe, Baril. Si vous tentez quoi que ce soit contre nous autres, ça va aller mal ici-dedans.

— Si tu me promets qu'il n'y aura pas de violence, je t'assure que nous ne tenterons rien. On s'entend là-dessus?

— O.K., conclut Jean-Michel. Mais dépêche-toi. Il est déjà onze heures.

Maître Laplante consulta sa montre. Il était onze heures dix. Il déposa le combiné sur le pupitre derrière lequel il avait pris place et sortit, cédant la direction des opérations au commandant Baril. Ce dernier n'avait pas manqué un mot de l'échange précédent.

— On les laisse mijoter un peu, laissa tomber maître Laplante avant de refermer la porte derrière lui.

Le commandant répondit par un clin d'œil. L'avocat ne le vit pas. Il était déjà dehors. Une atmosphère de foire y régnait. La Police provinciale avait installé un quartier général dans un bureau mobile de chantier apporté d'urgence devant l'épicerie. Des dizaines de voitures de police et quelques camions militaires encombraient la rue. Une ambulance. Deux camions de pompiers se frayaient un passage dans la cohue. Le jour gris et froid n'empêchait pas les curieux de continuer d'affluer.

Pendant ce temps, dans l'épicerie, Jean-Michel tenait un conciliabule avec Lucie et Bruno.

— Ils vont nous laisser partir, décréta-t-il.

— Pas trop vite, tempéra Bruno.

— Moi, intervint Lucie, je le croirai quand on sera sortis.

Ils se réfugièrent dans leur mutisme. Jean-Michel se remit à marcher de long en large dans l'espace libre entre les caisses enregistreuses et les vitrines. Lucie regagna sa position sur l'un des comptoirs. Bruno l'y rejoignit.

— J'aurais tellement voulu que ça ne commence pas comme ça entre nous deux, dit-elle.

— On a toujours dit que les Québécois étaient des moutons, répondit Bruno. Nous autres, on est les bergers de leur colère.

— Je n'en demandais pas tant, protesta Lucie.

— C'était ça ou rien, conclut Bruno.

Il se tut. Jean-Michel venait de s'immobiliser devant eux.

La sonnerie du téléphone résonna de nouveau à onze heures cinquante-cinq. Bruno et Lucie se précipitèrent vers Jean-Michel. La conversation s'était déjà engagée entre ce dernier et l'interlocuteur gouvernemental.

— J'ai une bonne et une mauvaise nouvelle, annonça maître Laplante.

— Commence par la bonne, ordonna Jean-Michel.

— Le cabinet s'est réuni pour entériner la position du premier ministre et de ses conseillers. C'est O.K. pour Cuba.

— Alors qu'est-ce qui ne va pas?

— Ton délai est trop court.

— Sacrement!

— Tu ne peux pas t'imaginer tout ce que ça représente de complications juridiques, une affaire comme celle-là. Diplomatiques aussi. Tu le sais aussi bien que moi, les relations extérieures, ça relève d'Ottawa. Faut passer par eux pour discuter avec les Cubains. Ça prend du temps. Il y a des accords à signer entre les deux pays. Le protocole détaillé à faire approuver.

— Arrête de te lamenter puis dis-moi ce que tu veux.

— Je n'ai pas le choix. Il faut que tu prolonges ton délai jusqu'à six heures ce soir.

Jean-Michel laissa tomber le bras, le téléphone muet dans sa main. Le négociateur gouvernemental s'inquiétait mais n'en laissa rien paraître.

— Bellerose?

Maître Laplante ne parvenait plus à entrer en communication avec son interlocuteur. Jean-Michel se leva, entraînant le combiné au bout du fil. Tous, dans l'épicerie, avaient les yeux rivés sur lui.

— T'es un beau sale! commença sourdement Jean-Michel en approchant l'appareil de sa bouche. Tu me prépares un coup dans le dos, puis t'as besoin de gagner du temps, c'est ça? Qu'est-ce que tu dirais si je t'envoyais un de mes otages mort toutes les heures, d'ici six heures ce soir?

— Moi, répondit maître Laplante, si j'étais à ta place, je ne ferais pas ça. Tout ce qu'on a discuté, depuis ce matin, ça vaut uniquement s'il n'y a pas mort d'homme. C'est une condition *sine qua non* imposée par le premier ministre et le cabinet. Une seule goutte de sang et tout est remis en question. Fais pas l'imbécile. J'ai hâte d'en finir autant que toi. Au lieu de me mettre des bâtons dans les roues, tu vas coopérer. D'accord?

Mais Jean-Michel ne répondit pas. Il déposa même le téléphone sur le comptoir pour reprendre le fusil qu'il avait glissé sous son coude gauche. Attiré par le poids du fil, le combiné tomba par terre. Jean-Michel épaula son fusil, visa une fois de plus le plafond et tira. Le verre d'un fluorescent tinta et retomba en pluie. Le fracas inonda les lieux. Jean-Michel s'enivrait de sa colère. Il visa un autre fluorescent. Entre chaque coup, on entendait la voix de maître Laplante qui, cette fois, s'énervait pour de bon au bout du fil.

— Arrête, Bellerose, arrête!

Jean-Michel tira encore. Cependant, Bruno attrapa le

bras douloureux de Jean-Michel. Saisissant le canon du fusil à deux mains, il s'efforça de l'arracher à son neveu. Ce dernier pointa enfin l'arme vers le sol.

— Arrête, insista Bruno. Si tu continues, ils vont croire que tu descends les otages.

Jean-Michel l'entendit-il? Il ne réagissait pas, en tout cas, aux appels de plus en plus pressants de maître Laplante.

— Bellerose? Qu'est-ce qui se passe? Bellerose? Tu m'entends?

Alors, Bruno ramassa le combiné et le remit dans la main de Jean-Michel. D'un geste de la tête, il lui ordonna de renouer le contact avec celui qui s'énervait, dehors.

— Bellerose? Si tu ne réponds pas, la police va être obligée de donner l'assaut. Tu m'entends?

— Oui, je t'entends, hostie de chien sale! gronda Jean-Michel.

— Qu'est-ce qui se passe?

— Arrête de t'en faire avec ça, ironisa Jean-Michel, je faisais juste pratiquer pour ce soir. Au cas où tu changerais d'idée.

— Il n'y a personne de blessé?

Jean-Michel se retint de répondre immédiatement pour mieux torturer l'autre.

— Non, déclara-t-il enfin, j'ai juste cassé de la vitre.

— Ne recommence plus, lui recommanda maître Laplante. Je te l'ai dit, je ne peux pas garantir ta sécurité si tu commets un seul acte de violence. Pour le délai, c'est d'accord?

— J'ai pas le choix, convint Jean-Michel. Mais laisse-moi te dire juste une chose. Si tu me joues dans les pattes, t'es mieux de dire à tes zouaves de pas me manquer parce que moi, je te retrouverai. Même s'il faut que j'attende vingt ans en prison, je te retrouverai puis tu regretteras le jour où tu m'as menti.

Maître Laplante adopta son ton d'avoué désolé.

— Je n'aime pas que tu me parles comme ça. Moi, je ne suis pas de la police. Je suis mandaté par le gouvernement pour trouver une solution avec toi. Si tu veux jouer *fair-play*, il n'y a aucune raison pour que ça ne finisse pas comme je t'ai dit. D'ici là, arrange-toi pour qu'il ne se passe rien de regrettable. Alors, je peux leur dire que t'es d'accord pour le délai? Ce soir, six heures?

— O.K., laissa tomber Jean-Michel, mais tu leur diras aussi que je leur chie dessus.

— Si tu permets, conclut le négociateur, je préfère garder tes grossièretés pour moi.

Et il mit un terme à l'échange. Jean-Michel se retrouva face à Bruno, comme s'il s'éveillait. Il regarda Lucie. Les otages n'avaient pas bronché. Le livreur de pain Weston essuyait son visage avec son mouchoir. Le corps recroquevillé de René Guay comme une larve. Ce mauvais théâtre durait depuis près de trois heures. Jean-Michel ne savait pas comment il tiendrait jusqu'au soir.

Ils s'installèrent dans l'après-midi. Après l'annonce du report du délai, une détresse amère s'était infiltrée comme une fumée dans l'épicerie. En automne, les après-midi grises sont porteuses de sourdes mélancolies. Même Jean-Michel semblait abattu. Il vint s'asseoir sur le comptoir près de Bruno et de Lucie.

— Ne t'en fais pas, commença Bruno, ils sont bien plus mal pris que nous.

— Qu'est-ce que tu veux dire?

— Nous autres, on n'a rien à perdre. Eux autres, ils ont tout le Québec sur le dos. Quoi qu'ils fassent, ils seront blâmés.

Lucie ne quittait pas Bruno des yeux, pour lui dire tout ce qu'elle ne pouvait exprimer.

— Moi, murmura-t-elle, je suis certaine qu'on va se réveiller à La Havane demain matin.

— Comment tu penses qu'il va prendre ça, Fidel? demanda Jean-Michel.

— À votre place, répondit Bruno, je ne me ferais pas d'illusions. Il va vous laisser entrer à Cuba parce que ça arrange son image politique, mais ne vous attendez pas à être traités en héros.

— Tu parles comme si tu n'étais pas du voyage, fit observer Jean-Michel.

Bruno secoua la tête.

— Je n'irai pas à Cuba, dit-il.

Jean-Michel s'offusqua.

— T'aimes mieux aller en prison?

— J'ai jusqu'à six heures, ce soir, pour trouver une autre solution.

Et Bruno s'enferma dans le mutisme. Lucie ne comprenait plus rien. Elle avait cru que Bruno s'était engagé dans l'aventure pour ne plus la quitter. Elle n'eut pas le loisir d'interroger Bruno sur son obscure déclaration. Des préoccupations matérielles les assaillirent. Depuis que les policiers avaient coupé l'électricité, il faisait froid dans l'épicerie. Chacun s'était blotti dans son manteau. À tour de rôle, les otages exprimèrent le besoin d'aller aux toilettes. Lucie les accompagna à la salle du personnel. Seul René Guay dut se résoudre à se souiller pour se soulager. À mesure que le temps passait, la faim se fit également sentir. On ne manquait pas de provisions. Jean-Michel autorisa les otages à se servir dans les étagères, sous la surveillance de Lucie. Chacun prit ce qui lui convenait, tranche de jambon, légumes crus, pain et pâté ou quelques bananes. Les enfants se gavaient de chips et de Coca-Cola. Pour peu, on se serait cru à un pique-nique. Jean-Michel avait réquisitionné une caisse de bière qu'il avait posée sur le comptoir, près de Lucie. Il n'autorisa cependant que cette dernière et Bruno à se servir.

Bruno avait commencé de manger une tranche de jambon quand il regarda René Guay. Depuis huit heures trente du matin, l'ancien procureur général ne tenait à la vie que par son souffle. Humilié, battu, ligoté, il avait souillé ses vêtements. Il puait. La peur le rongeait. Il se recroquevillait chaque fois qu'une ombre l'effleurait. Bruno poussa Jean-Michel du coude en désignant René Guay du menton.

— Qu'est-ce que tu as l'intention d'en faire?

— J'ai dit que je le tuerais s'ils ne nous laissent pas partir.

— Je veux dire maintenant.

— Il peut rester où il est.

Mais Bruno hocha la tête.

— C'est pas correct.

— Il a fait chier assez de monde. C'est à son tour de payer.

— Que tu le gardes en otage, d'accord, mais il n'y a aucune raison pour qu'on le fasse souffrir inutilement. Tu vas m'aider. On va l'asseoir.

Jean-Michel ne broncha pas. Alors, Bruno se leva et s'approcha lentement de René Guay. Il défit un à un les liens qui le ligotaient. Les yeux de Jean-Michel noircirent mais il ne broncha pas.

Guay n'avait même plus la force de se relever seul. Bruno dut le prendre dans ses bras pour l'appuyer au comptoir. Maintenant qu'on voyait son visage, toute sa personne exprimait la déchéance ultime. Sa chemise était brune de sang séché. Sali et froissé, son complet rayé ne le protégeait plus. Ayant perdu ses lunettes, l'ancien procureur général exhibait des yeux de grenouille. Ses cheveux, sur son front, le drapeau de la reddition. Ses bras ne semblaient plus lui appartenir.

Bruno alla ensuite lui chercher à manger. L'ancien politicien croqua une pomme et avala une tranche de jambon. Il but avidement une canette de Coca-Cola que Bruno lui tendit. Pendant que son protégé avalait son repas, Bruno veilla sur lui sans le quitter des yeux. Aussitôt que l'autre eut terminé, Bruno lui attacha de nouveau et les mains et les pieds après l'avoir allongé par terre. Les otages détournaient le regard. Ils n'osaient affronter la vue de leur célèbre concitoyen. René Guay leva la tête vers Bruno. Ses lèvres bougèrent. Il articulait avec tant de peine que Bruno fut forcé de s'approcher tout contre lui pour comprendre ce que l'autre marmonnait.

— Cent mille dollars.

— Qu'est-ce que tu dis?

— Je te donne cent mille piastres si tu me laisses sortir d'ici.

Bruno s'écarta brusquement. Sa mâchoire tremblait. Son regard déversa sur René Guay tout le dégoût que sa proposition lui inspirait. Puis, sans un mot, Bruno rejoignit sa position, sur le comptoir. Jean-Michel l'y attendait.

— Qu'est-ce qu'il t'a dit? demanda Jean-Michel.

— Il voulait me remercier de lui avoir donné à manger, grogna Bruno.

— T'as trop bon cœur, fit observer Jean-Michel.

Lucie présenta à Bruno le yaourt qu'elle mangeait à l'aide d'une cuillère de plastique.

— T'en veux? demanda-t-elle.

Bruno avala une bouchée de yaourt pour le seul plaisir de mettre ses lèvres sur l'ustensile que Lucie avait porté à sa bouche. La signification du geste n'échappa pas à Jean-Michel. Pour se venger, il attaqua Bruno sur son point le plus faible.

— Pourquoi t'es parti de Nicolet? demanda-t-il.

Bruno le regarda, le pot de yaourt à la main. Le moment était-il bien choisi d'évoquer le passé? Mais que faire d'autre dans cette épicerie où l'après-midi s'engluait dans l'attente?

— Parce que je me suis aperçu que je me battais tout seul. Pire que ça. Quand je me suis retrouvé à terre, ils faisaient un détour pour ne pas me ramasser.

En 1953 et 1954, une succession de petits incendies se produisirent à Nicolet. Le premier éclata dans un entrepôt de bois appartenant à Herménégilde Baron. Ce n'était pas un fait inusité. Des enfants s'étaient sans doute réfugiés au cœur des piles de planches pour fumer en cachette. Ils avaient commis une maladresse. Les pompiers maîtrisèrent les flammes rapidement. Une journée ou deux plus tard, la plupart des Nicolétains cherchaient un autre centre d'intérêt pour animer leurs conversations.

Jean-Noël Mélançon ne rata cependant pas l'occasion. On s'attendait à ce qu'il incrimine Herménégilde Baron. C'est plutôt en direction de Bruno Bellerose que Mélançon pointa son doigt vengeur.

— Vous trouvez pas ça drôle, vous autres, demanda-t-il à ses auditeurs du *Petit Esprit saint,* que Bruno Bellerose se soit trouvé sur les lieux de l'incendie avant tout le monde? À dix heures du matin? Pourquoi est-ce qu'il n'était pas en train de prendre son café comme d'habitude?

Et Mélançon tapota la clé de son fameux coffre-fort, au fond de sa poche, tout en poursuivant ses insinuations.

— Pensez-y deux minutes, enchaîna Mélançon. Supposons que Baron ait besoin d'argent. Non, je ne veux pas dire qu'il manque d'argent. Il pourrait faire paver la rue Notre-Dame avec son argent. Mais quand on a de l'argent comme lui, on le place. Des bons, des obligations, des actions, des certificats. On n'aime pas le sortir parce que ça rapporte. Mais supposons qu'il ait eu besoin d'une quinzaine de mille piastres pour changer une machine dans sa manufacture. Ces gens-là ont toujours des plans dans la tête. Il se dit: j'ai du bois dans mon hangar. Du bois de seconde qualité. Je ne l'ai pas payé cher mais ça ne vaut pas cher non plus. Si le feu prenait là-dedans? Je pourrais présenter à mon assureur la facture du mois passé, pour du bois de première qualité.

L'assureur me rembourse le prix du bon bois. Je rachète du bois de seconde qualité. Avec la différence, je paie ma machine. Reste à mettre ça à exécution. Le bonhomme Baron ne va pas aller mettre le feu lui-même, non! Il faut qu'il se trouve un homme de main. Il y a un nom qui lui vient tout de suite à l'esprit. Bruno Bellerose. Pourquoi Bellerose? Pour deux raisons. Il n'y a personne à Nicolet à qui il peut faire confiance autant qu'à Bruno Bellerose. Il lui doit tout, Bellerose. L'autre raison, c'est que Bellerose est l'ami d'Émile Gendron. Et qu'est-ce qu'il fait dans la vie, Émile Gendron? Il est courtier d'assurances. Reste à savoir qui assure Herménégilde Baron. Ce n'est pas moi comme de raison. C'est Émile Gendron.

Les partisans de Mélançon en laissaient refroidir leur café. À quelque temps de là, leur passion fut exacerbée par un second incendie, survenu à la manufacture de chaussettes de Bruno Bellerose.

— Il y prend goût! fit observer Mélançon.

Les flammes avaient surgi d'une machine. Les pompiers volontaires, sous la direction du chef Leclerc, les avaient circonscrites assez rapidement, mais l'eau et la fumée avaient fait des dégâts considérables. Les compères de Mélançon ne décelèrent pas tout de suite en quoi Bruno Bellerose avait pu tirer profit de cet incendie désastreux. Leur maître à penser ne tarda pas à leur révéler les dessous de l'affaire.

— Voyez-vous, Les Tricots Nicolet, ça ne marche pas aussi fort qu'on le pense. Si ça continue, il va être obligé de fermer la boutique pendant deux semaines. Mais il se souvient des leçons qu'il a reçues de son maître Herménégilde Baron. Ça s'allume dans son esprit, comme on pourrait dire. En s'arrangeant pour que le feu prenne à une machine, il règle son problème. La manufacture va être fermée au moins pendant deux semaines. En même temps, il en profite pour faire payer par l'assurance le grand ménage de sa bâtisse. D'une pierre deux coups. Toujours avec la complicité d'Émile Gendron.

Survint ensuite un incendie aux cuisines de l'évêché. Ici, la négligence était évidente. Impossible d'imputer l'origine des flammes à une main criminelle. Mélançon rabroua ses disciples en leur reprochant leur manque de perspicacité. Il ne s'agissait plus, cette fois, d'incendie volontaire, mais d'une évaluation anormalement élevée des dommages. Les compagnies d'assurances avaient versé quinze mille dollars en trop au pasteur des âmes nicolétaines.

— Ça, expliqua Mélançon, c'est comme une police d'assurance pour Bellerose et Gendron. Maintenant qu'ils ont l'évêque dans leurs poches, ils sont intouchables.

Les disciples de Mélançon avaient compris la leçon. Ils tinrent à ce que cela se sût. Pourtant, les autres incendies de cet été-là apparurent bien difficilement assimilables au type de crimes que Mélançon attribuait à Bruno Bellerose. Des feux d'herbe et des départs d'incendie dans des dépôts d'ordures ne rapportaient rien à personne. Mélançon se tut et rumina. Sa patience fut récompensée en octobre 1955. Vers huit heures du soir, la grange-étable du couvent flamba. Il s'agissait, cette fois, d'un incendie spectaculaire qui embrasa tous les esprits. Vingt bêtes à cornes périrent dans l'hécatombe. La paille et le foin pressés se consumèrent pendant toute une semaine. Commentaire passionné de Mélançon:

— Les sœurs avaient besoin de ce terrain-là pour agrandir le couvent. Faire démolir la grange leur aurait coûté cinq, peut-être dix mille piastres.

On ne s'embarrassa plus de nuances. Bruno Bellerose avait mis le feu pour le compte des religieuses. Émile Gendron avait réglé l'affaire avec les compagnies d'assurances. Et Bruno Bellerose avait sans doute empoché quelques milliers de dollars.

Dans l'épicerie, Lucie avait mis la main sur le genou de Bruno. Malgré la pénombre, elle le regardait dans les yeux.

— En fin de compte, demanda-t-elle, tout le monde devait se rendre compte que ça ne tenait pas debout, ces histoires-là.

— C'est bien évident, ronchonna Bruno.

— Il devait passer pour un fou, Mélançon, renchérit Jean-Michel.

— Non, grogna Bruno. Les gens aiment beaucoup mieux entendre des mensonges croustillants que la vérité.

Un peu après minuit, le 21 mars 1955, un homme rentrait chez lui, rue Panet, le col de son manteau relevé. Comme toutes les honnêtes petites villes de province, Nicolet se couchait tôt le dimanche. L'attention de l'attardé fut attirée par un filet de fumée qui s'échappait par l'embrasure d'une fenêtre étroite et inaccessible, sur la façade du *Petit Esprit saint*. L'établissement étant fermé, l'homme résolut de casser une vitre pour y pénétrer.

Les flammes dévoraient le plafond de la salle des toilettes. L'homme tenta de les maîtriser en y jetant de l'eau mais ne réussit qu'à se mouiller. Il sortit alors en courant. Un deuxième témoin venait de s'arrêter devant le *Petit Esprit saint*. Constatant à son tour qu'une lueur orange embrasait la fenêtre des toilettes, il partit en courant dans la rue. Le premier homme s'élança derrière lui. Ils parvinrent en même temps à la porte de l'appartement qu'occupait le chef Ernest Leclerc, dans l'édifice de l'hôtel de ville.

Quand le chef arriva sur les lieux de l'incendie, les flammes avaient crevé la fenêtre et rongeaient le mur de façade. Un fort vent de nord-est soufflait. Levant les yeux, le chef Leclerc constata que les flammes et la fumée pointaient en direction du cœur de la ville. Il ordonna à son assistant de sillonner les rues en actionnant la sirène d'un des camions.

En dix minutes, le feu avait gagné le toit du *Petit Esprit saint*. L'élément arrachait des tisons au bois goudronné de la toiture et le vent les jetait à pleines poignées sur les toits voisins. Ce que le chef Leclerc craignait se produisit.

L'établissement contigu au *Petit Esprit saint* s'embrasa.

En 1955, le centre-ville de Nicolet présentait l'aspect d'une grosse bourgade de bois serrée sur elle-même. Les poteaux électriques y tenaient lieu d'arbres. Quand les flammes commencèrent à ravager la mercerie voisine du *Petit Esprit saint*, le chef comprit qu'il affrontait le plus important incendie de sa carrière. Confiant son poste à l'un de ses adjoints, il courut à son bureau de l'hôtel de ville pour réclamer de l'aide. Incapable de joindre le secrétaire municipal de Trois-Rivières, il se tourna vers les villes plus éloignées de Sorel et de Drummondville, lesquelles consentirent à dépêcher un important effectif à Nicolet.

À son retour sur les lieux du sinistre, le chef constata que l'incendie avait déjà pris les proportions d'une conflagration. Les flammes ravageaient déjà une dizaine de maisons. On ne pouvait plus douter que tout le centre-ville serait anéanti. Restait à lutter, avec l'énergie du désespoir, pour sauver ce qui pouvait encore l'être.

Dans l'encombrement des camions d'incendie et le surprenant déploiement de boyaux, s'agitait une petite armée de pompiers volontaires et de citoyens bien intentionnés. Au milieu de cette cohue, les mères pressaient contre elles des grappes d'enfants hallucinés. On courait autour des maisons qui n'avaient pas encore été touchées, dans l'espoir d'en arracher quelques pièces de mobilier. Bientôt, une panne d'électricité généralisée confirma la gravité de la situation. Dorénavant, la ville s'éclairait à la lueur de son incendie.

Bientôt, la chaleur du brasier repoussa tout à la fois les pompiers, les citoyens qui leur prêtaient main-forte et les malheureux chassés de leurs foyers. Des piles de couvertures, posées sur des amas de meubles au milieu de la rue, s'enflammaient d'elles-mêmes. À cinq heures du matin, on parvint à circonscrire l'incendie au secteur du centre-ville. L'intervention de Richard Baron allait être déterminante à ce chapitre. C'est lui qui ordonna aux employés de son père de fixer de grandes plaques de tôle aux fenêtres de la manufacture. L'édifice de briques se trouvait de ce fait invulnérable, à l'exception de sa toiture de goudron. Les pompiers l'arrosèrent copieusement et sans relâche. On fit de même d'une grande demeure de pierres où l'incendie s'arrêta au sud. À l'ouest, les berges de la rivière délimitèrent le quartier sinistré. À l'est, on circonscrivit la progression des flammes à la rue qui bordait l'hôtel de ville.

Comme toujours depuis de nombreuses années, Bruno Bellerose avait passé la nuit à son chalet du Port-Saint-François. Aussi n'entendit-il pas les nombreux appels de la sirène. Il ne vit pas non plus la lueur de l'incendie. En arrivant aux abords de la ville, vers huit heures du matin, une forte odeur de fumée l'alerta. Il ne put cependant approcher du *Grand Esprit saint* où il se rendait prendre son petit déjeuner. Des chevalets de bois barraient la rue. Il parvint difficilement à garer sa voiture. On eût dit les grands rassemblements des fêtes de la Saint-Jean. Passant devant le *Grand Esprit saint* sans s'arrêter, il dirigea ses pas vers le centre-ville.

En tournant à l'angle des rues Brassard et Notre-Dame, Bruno put mesurer d'un coup l'ampleur du drame qui s'était joué pendant la nuit. L'intensité de la lumière le frappa. Débarrassé de toute construction, le centre-ville ouvrait une perspective laiteuse sur la rivière. Toutes les habitations de la rue principale et des rues environnantes avaient été rasées. Une forêt de cheminées avait poussé pendant la nuit dans le quartier sinistré.

La population de la ville tout entière, aurait-on dit, errait parmi les kilomètres de boyaux qui serpentaient dans les rues. Une armée de pompiers s'activait autour de dizaines de camions à incendie. Bruno demanda ce qui s'était passé. On le regarda comme s'il débarquait de la planète Mars. Il finit par recueillir quelques renseignements et des chiffres approximatifs qui devaient lui permettre de mesurer l'ampleur de la catastrophe. Ces données lui furent confirmées quand il se présenta au parloir du séminaire où les victimes du sinistre avaient cherché refuge. Vingt-deux commerces et trente-six habitations avaient été la proie des flammes. Quarante-six familles se retrouvaient sans abri, ce qui représentait environ trois cents personnes.

Bruno s'enquit de leur sort. On lui dit qu'un comité avait été constitué, aux premières heures de la nuit, pour organiser les secours. Il proposa ses services, qu'un grand escogriffe mal rasé refusa d'emblée. Tout était en place et l'apport d'éléments nouveaux perturberait une organisation qui fonctionnait rondement.

Bruno traîna tout le jour sur les lieux du sinistre, comme la plupart des citoyens de Nicolet d'ailleurs. Des milliers de curieux étaient accourus des villes et villages avoisinants. À la tombée de la nuit, les pompiers arrosaient encore les ruines, d'où se dégageait une odeur de plus en plus âcre.

Il va sans dire que le *Grand Esprit saint* ne désemplit pas de tout le jour. Les habitués n'y retrouvèrent pas leurs places attitrées. Malgré leur infortune, ceux du *Petit Esprit saint* ne poussèrent toutefois pas l'outrecuidance jusqu'à s'y réfugier. Privés de leur havre, ils s'établirent au restaurant de la Gare, un humble comptoir-lunch assez éloigné du centre-ville. C'est là qu'on fit écho aux premières rumeurs.

L'un des hommes qui avaient donné l'alerte jurait qu'il avait aperçu une silhouette se défiler au coin de la rue. De là à accréditer la thèse d'un incendie criminel... Les complices de Mélançon s'en firent les propagandistes. Le courtier lui-même allait allumer une autre conflagration, cette fois dans l'esprit de ses concitoyens, en incriminant directement Bruno Bellerose.

— Bellerose savait que le feu devait éclater cette nuit, affirma-t-il. J'en ai la preuve.

On savoura la révélation comme du sirop d'érable.

— Souvenez-vous. La veille, c'était dimanche. Bruno

Bellerose se promenait en voiture, tout seul, comme un homme qui n'a rien à faire. Qu'est-ce qu'il voit? Deux employés municipaux qui réparent une borne-fontaine, devant la Caisse populaire. Il s'arrête. Il descend de voiture. Il s'approche. «Qu'est-ce que vous faites là?» «On répare une borne-fontaine qui est cassée.» «En plein dimanche?» «Il n'y a pas de dimanche pour ces choses-là. Pensez donc à ce qui pourrait arriver si le feu prenait, avec cette borne-fontaine cassée.» Mais Bellerose se fâche. Les autres ne comprennent pas. «Vous allez rentrer chez vous tout de suite. On ne travaille pas le dimanche. Et puis, comme contribuable, je trouve que vous coûtez assez cher à la municipalité. Sans compter que vous devez être payés à temps double.» «Bien entendu, répondent les deux employés municipaux. C'est dimanche pour tout le monde.» Et Bellerose insiste: «Rentrez chez vous.» Les deux hommes hésitent. «Qu'est-ce qu'ils vont dire à l'hôtel de ville?» «Je m'occupe d'eux autres», répond Bellerose. À Nicolet, tout le monde se mêle des affaires de tout le monde. Tout est possible. Les employés municipaux ne se sont pas fait prier. Ils sont repartis avec leurs outils.

Et Jean-Noël Mélançon enfonça le clou.

— Il ne voulait pas qu'on répare cette borne-fontaine. Ça faisait son affaire qu'elle soit défectueuse. Car lui seul savait que le feu prendrait cette nuit au *Petit Esprit saint*.

Pour la plupart des Nicolétains, même ceux qui affichaient de la hauteur à l'endroit de Mélançon, la cause était entendue. On en parlait trop pour que ce ne fût pas vrai. La culpabilité de Bruno Bellerose et sa complicité avec Émile Gendron ne faisaient plus de doute. Le vide se fit autour de Bruno comme s'il était atteint d'une maladie contagieuse. Chaque jour, il expédiait rapidement ses tâches administratives avant de se réfugier à son chalet où seul Émile Gendron lui rendait encore visite. On disait que les deux complices préparaient activement leur défense, étant donné que leur arrestation était imminente. La confirmation s'en trouva d'ailleurs dans le journal peu de temps après.

En entrant au *Grand Esprit saint*, Bruno Bellerose fut confronté à des visages consternés. La première page du quotidien parlait d'elle-même. Et d'abord le titre, qui constituait tout un coup de poing.

NICOLET - ENQUÊTES OUVERTES SUR DE MYSTÉRIEUX INCENDIES: DES ARRESTATIONS IMMINENTES

Bruno parcourut l'article sans prendre le temps de s'asseoir.

Se fondant sur des informations d'une exceptionnelle gravité, le Commissariat aux incendies de la province de Québec vient d'instituer à Nicolet une enquête judiciaire au sujet d'une série d'incendies de nature apparemment douteuse. On s'attend donc à des mises en accusation prochaines, et il est fort possible que Nicolet, petite ville semi-industrielle de 5 000 habitants située à douze milles de la rive sud du Saint-Laurent, presque vis-à-vis de Trois-Rivières, assiste sous peu à l'arrestation de quelques personnalités locales.

Sous ce titre et les cinq colonnes de l'article, figurait une grande photo des Tricots Nicolet Enrg., assortie de la légende suivante: *Le propriétaire de cette petite entreprise de bonneterie aurait délibérément mis le feu à son établissement.*

Ayant terminé sa lecture, Bruno leva les yeux du journal. Une trentaine de regards s'enfonçaient en lui. Il plia le journal et le glissa sous son bras. Il sortit dans un silence de tragédie.

Peu habitués à retrouver le nom de leur ville dans un grand quotidien national, Mélançon et ses acolytes s'ancrèrent dans l'idée que le destin les avait investis d'une mission. Ils n'allaient pas s'arrêter en chemin. Les palabres reprirent de plus belle au restaurant de la Gare. Le passé ayant été dévoilé, on spécula sur l'avenir. L'ancien restaurateur Jean-Paul Lefebvre donnait le ton.

— Vous ne craignez pas de vous réveiller avec une balle dans la tête?

Euphémisme certes, car avec une balle dans la tête, on ne s'éveille habituellement pas. Mais l'image faisait choc. On se délectait à l'idée de risquer sa vie pour assurer le triomphe de la vérité.

La ville n'était pas si grande qu'on ne puisse reconnaître l'automobile de chacun. On loua des véhicules anonymes à Trois-Rivières. Sous le large feutre qui leur cachait le visage, les passagers de voitures garées sous des arbres exercèrent une surveillance constante, de nuit comme de jour, aux abords du chalet de Bruno. Le courtier Émile Gendron y séjournait presque en permanence. Les guetteurs rapportèrent bientôt que Bellerose et Gendron avaient reçu la visite d'un vieil avocat de la ville, maître Ludovic Boisclair. En demi-retraite, maître Boisclair présentait l'aspect d'un bon papa pondéré. On ne s'inquiéta pas de son intervention. On en déduisit que les incendiaires se préparaient activement à affronter la justice, laquelle ne tarderait pas à leur mettre le grappin dessus.

Bruno réunit au salon de l'évêché tous ceux que Mélançon éclaboussait en cherchant à l'atteindre. L'évêque bien entendu, la supérieure du couvent, Herménégilde Baron et Émile Gendron. L'élite de la société. Une discussion animée s'éleva dans la fumée des cigares et des cigarettes. Chacun s'indigna des propos de Mélançon. Ils se défilèrent tour à tour quand Bruno proposa de prendre des mesures pour faire taire l'enragé une fois pour toutes. Le vieil Herménégilde Baron donna le ton aux compromis.

— Pardonnez-moi, ma sœur, mais il faut appeler les choses par leur nom. Quand on brasse du fumier, on finit par se salir. Je le sais par expérience.

— Si on le traîne en cour, fit observer l'évêque, on donne du crédit à ses calomnies.

— Pour notre part, déclara la supérieure du couvent, notre communauté évite le plus possible de se mêler aux choses laïques.

En quittant l'évêché ce soir-là, Bruno invita son ami Gendron à monter dans sa voiture. Ils se garèrent entre deux lampadaires, dans une rue transversale. Bruno alluma une cigarette.

— Tant qu'à être don Quichotte, dit-il, aussi bien aller jusqu'au bout. Tu me suis?

Gendron promit certes de suivre Bruno jusqu'au bout, mais le cœur n'y était pas. Ni Mélançon et ses pourfendeurs d'incendiaires, ni ceux qui avaient refusé d'appuyer la croisade de Bruno ne s'attendaient au coup de tonnerre qui éclata quelques jours avant Noël. Bruno Bellerose et Émile Gendron avaient intenté une action en dommages et intérêts en Cour supérieure, à l'encontre de leur détracteur. Bruno Bellerose avait entrepris de laver son honneur.

— Mais qu'est-ce qu'il avait donc tant, Mélançon, à s'acharner sur toi? s'indigna Lucie. Il avait déjà tué Arlette! Ce n'était pas assez?

— Parvenu à un certain degré de méchanceté, expliqua Bruno, il n'y a plus besoin de raisons. Sa rage l'étouffait.

Jean-Michel ne savait naturellement pas de quelle Arlette il s'agissait. Pour se dépêtrer de l'impasse, il ramena la conversation sur le terrain connu.

— C'est un genre comme Trudeau, ton Mélançon, jeta Jean-Michel.

L'épicerie Marcel Bénard sombrait dans l'après-midi. L'un des enfants s'était endormi sur les genoux de sa mère. Il pouvait être quatre heures. Maître Laplante transmit à Jean-Michel les dernières précisions relatives à leur transport vers Cuba. Le gouvernement de ce pays avait fait savoir qu'il acceptait de considérer la possibilité d'accueillir les deux membres du FLQ. À trois heures trente fut connue la disposition en vertu de laquelle le pavillon du Canada, sur l'emplacement de l'Exposition universelle de 1967, servirait de lieu de transit à l'otage et à ses ravisseurs. À cette fin, le pavillon serait décrété partie du territoire national de Cuba. Ainsi, le consul de Cuba à Montréal y jouerait-il son rôle d'arbitre en toute sécurité.

— Pourquoi attendre six heures? avait protesté Jean-Michel. Si tout est prêt, on peut y aller!

Maître Laplante tempéra l'ardeur de son interlocuteur.

— Minute, ce n'est pas si simple que ça. Il faut préparer les protocoles. Les faire approuver. Tu ne t'imagines pas combien tu déranges de monde en ce moment!

— Tu ne penses pas que ça les dérangerait encore plus si je descendais René Guay?

— Franchement, fit observer maître Laplante, c'est toi que ça dérangerait le plus.

Et maître Laplante mit un terme à la conversation. Des éclats de voix lui parvenaient de dehors. Une escarmouche venait en effet de se produire devant le bureau temporaire où maître Laplante et le commandant Baril dirigeaient les opérations. Deux policiers maintenaient fermement un petit homme qui gesticulait et criait en même temps.

— Il faut que je parle à votre *boss*.

Quelques heures plus tôt, Ti-bé était allé trouver l'oncle Harry à l'hôtel Saurel.

— T'as vu ce qui se passe à Louiseville?

— Ouais, avait répondu l'oncle en soulevant sa casquette. Je pensais que c'était fini, ces folies-là.

— Tu sais qui est là-dedans? avait insisté le petit homme.

— Comment veux-tu que je le sache?

— Bruno Bellerose, son neveu puis sa nièce.

— Qui te l'a dit?

— L'autre jour à la taverne, personne n'a voulu me croire. C'était pourtant la vérité. Bruno cache son neveu puis sa blonde dans son bateau depuis deux semaines. Je suis sûr que c'est eux autres qui sont dans l'épicerie à Louiseville.

L'oncle Harry avait carrément ôté sa casquette pour se gratter le crâne.

— Qu'est-ce tu veux que j'y fasse?

— Faut qu'on le sorte de là! avait déclaré Ti-bé.

L'oncle Harry ne voyait pas en quoi l'intervention de Ti-bé pouvait être salutaire à Bruno, mais il avait accepté de le conduire à Louiseville. Une heure et demie plus tard, une Chevrolet cabossée avait trouvé à se garer dans un champ aux abords de la ville. Les deux hommes en étaient descendus pour cheminer à pas pressés vers le centre. Une vingtaine de minutes après, Ti-bé et son chauffeur, l'oncle Harry, se trouvaient aux premières lignes du barrage de policiers.

— Faut que je parle au *boss* de la police, avait réclamé Ti-bé.

On finit par admettre le petit homme dans le bureau du commandant Baril. Ti-bé attaqua d'emblée.

— Je les connais, ceux qui sont en dedans.

— Moi aussi, répliqua le commandant.

— Les deux jeunes, insista Ti-bé, c'est des vrais FLQ, mais pas l'autre.

Le commandant Baril se mordit les lèvres. Maître Laplante suspendit sa conversation téléphonique pour entendre la suite. Le commandant Baril enchaîna le plus naturellement du monde.

— D'après toi, il fait quoi, le troisième?

— C'est les deux autres qui l'ont forcé.

— Qu'est-ce que tu en sais?

— Saint-Sicroche! Je le connais, Bruno Bellerose! C'est mon voisin depuis cinq ans! Et puis, à part ça, il est pris du cœur. Il ne veut pas qu'on le dise, mais moi je le sais. Si vous ne le sortez pas de là bien vite, il est capable de vous claquer dans les mains.

Ti-bé quitta le bureau provisoire en arborant un air de triomphe. Il ne pouvait savoir qu'au même instant, maître Laplante et le commandant Baril retournaient déjà contre Bruno la révélation que son naïf voisin venait de leur offrir sur un plateau d'argent.

— On fait quoi avec le troisième homme? demanda le commandant.

— On le garde en réserve, suggéra le procureur. À mon avis, ils vont essayer de le faire passer pour un des otages. On n'aura qu'à le ramasser.

À peine sorti du bureau, Ti-bé fut assailli par une meute de journalistes. Ils voulaient tous connaître en primeur la révélation qu'il venait de faire aux autorités policières. Ils bousculaient Ti-bé et le pressaient de questions.

— Qu'est-ce que vous leur avez dit?

— Vous connaissez ceux qui sont en dedans?

— Selon vous, quand est-ce qu'ils vont libérer leur otage?

Ti-bé jubilait. Il amorçait des bribes de réponses que de nouvelles questions submergeaient aussitôt. Un homme d'une trentaine d'années, avec une mèche de cheveux sur le front, s'approcha du héros de l'heure.

— Mon nom est Marc Bouvier. Je suis de Radio-Canada. Je voudrais vous interviewer pour le bulletin de six heures. Voulez-vous venir avec moi?

Ti-bé rayonnait. Il avait promis à ses compagnons de *La fosse aux lions* qu'il passerait un jour à la télévision. Il tiendrait sa promesse.

— Je les connais, insista-t-il. C'est mon voisin avec son neveu puis sa blonde.

— Je sais, fit négligemment Bouvier. Voulez-vous me suivre?

Quatre heures trente. Bruno ressassait à l'intention de Lucie et de Jean-Michel les péripéties du drame qui avait ravagé sa vie. Et voici qu'une lassitude extrême s'emparait de lui. Il avait chaud et froid à la fois. La sueur mouillait sa chemise dans son dos. Les mots avaient mauvais goût dans sa bouche. Un léger tremblement s'était emparé de lui. Assis sur le comptoir, le dos rond et les mains aux genoux, il ferma les yeux un moment avant de poursuivre son récit.

Une session extraordinaire de la Cour supérieure du Québec s'instruisit au palais de justice de Nicolet sept ans plus tard, en mai 1962. La justice a l'éternité devant elle. Bruno Bellerose et Émile Gendron accusaient Jean-Noël Mélançon de diffamation et réclamaient chacun la somme de soixante-quinze mille dollars de dédommagement. Au cours du procès, trois hommes allaient changer de camp. Chacun à sa façon.

Bien avant l'ouverture des portes, la foule des grandes occasions se pressait devant le palais de justice. Tous les Julien, les Nestor, les Philippe et les Lucien s'adonnaient à un jeu palpitant, celui d'anticiper le jugement du tribunal. Si on eût procédé à un sondage sur l'issue du procès, la culpabilité des présumés incendiaires eût été établie à cinq contre un. L'évidence de cette présomption s'afficha dans la position que prirent les curieux, de part et d'autre du trottoir menant au grand escalier. Il y avait tout au plus une quinzaine de personnes du côté où se tenaient Bellerose, Gendron et leur procureur, maître Boisclair. En entrant dans l'enceinte du tribunal, ce dernier se pencha vers Bruno.

— On n'a pas de chance, dit-il. On est tombés sur l'honorable Marcel Hébert.

— Pourquoi donc?

— Il a déjà envoyé à l'échafaud un homme sur qui ne pesaient que des preuves circonstancielles.

La grande salle du palais de justice ressemblait à une chapelle avec ses bois vernis et tournés. Le juge officiait du haut d'une tribune, derrière un pupitre massif sur lequel il avait posé son bicorne. Les procureurs se tenaient derrière de grandes tables, dans leurs toges noires. Leurs clients se pressaient en deux grappes homogènes, dans les premiers bancs. Une table destinée aux journalistes fermait l'enceinte à droite, cependant que la barre des témoins se dressait à gauche. La tendre lumière de mai pénétrait par les hautes fenêtres. Il appartenait à la poursuite de faire entendre les premiers témoins. Maître Boisclair appela le chef Leclerc à la barre. Les conclusions du policier débonnaire furent teintées du parti pris qu'il n'avait pas cessé d'entretenir à l'endroit des gibiers de potence qui grouillaient dans les basses couches de la société.

— Nicolet est une bien petite ville. Tout le monde se connaît. Le feu aurait aussi bien pu être mis par la bande à Mélançon que par la bande à Bellerose. Mais moi, je ne le crois pas. Ça se serait su. Non, c'est la rapace de la société qui a fait ça.

Maître Boisclair se réjouit de ce témoignage en adressant un clin d'œil à ses clients. Bruno semblait contrarié. Les propos du chef Leclerc le disculpaient. Ils ne contribuaient pas à faire éclater la vérité. Le procureur interrogea ensuite l'enquêteur Charles Duhamel du Commissariat aux incendies.

— La plupart des incendies survenus à Nicolet entre 1953 et 1960 étaient d'origine criminelle, déclara d'emblée ce dernier.

— En cent cinquante jours d'enquête, vous n'avez pas réussi à mettre la main sur les coupables?

— J'y serais peut-être parvenu si j'avais reçu plus de coopération...

Et l'enquêteur se tourna vers le chef Leclerc. Les bras croisés sur son impressionnante poitrine, celui-ci occupait la place de deux personnes dans l'un des premiers bancs du tribunal. Le chef Leclerc dessina un sourire malicieux sur ses lèvres. Maître Boisclair relança son témoin.

— N'est-il pas exact que vous avez mené principalement votre enquête en vous fondant sur les déclarations de Jean-Noël Mélançon?

— Je n'ai pas pris beaucoup de temps à m'apercevoir que Jean-Noël Mélançon était nul comme informateur.

Une bombe n'aurait pas fait plus d'effet. Le juge dut menacer de faire évacuer la salle pour rétablir un semblant d'ordre. Il était quatre heures. Le tribunal fut ajourné au lendemain. Ainsi pendant plusieurs jours.

Bruno et Émile Gendron ne se quittaient plus. Le procès semblait tourner à leur avantage. Ils consacraient leurs soirées à compulser leurs notes de la journée. Ils établissaient des scénarios. Ils échafaudaient des stratégies. Maître Boisclair se joignait parfois à eux. Il se plaignait de la fatigue que lui occasionnait le procès. Il évoquait son grand âge. Il réclamait de l'argent, jurant ses grands dieux qu'une issue favorable ne faisait pas de doute. Un soir qu'ils se trouvaient seuls, Émile Gendron aborda Bruno avec une brusquerie inaccoutumée.

— Je commence à en avoir plein le dos!

— Moi aussi, admit Bruno. Mais je me battrai jusqu'au bout. Je n'ai plus l'âge de passer pour ce que je ne suis pas.

— Ça me coûte les yeux de la tête, se plaignit Gendron. Je n'ai plus le temps de m'occuper de mon bureau. Si ça continue, je vais faire faillite.

— Ce n'est pas beaucoup plus rose de mon côté, admit Bruno, mais il faut crever l'abcès une fois pour toutes. À n'importe quel prix.

— Mon idée est faite, lâcha enfin Gendron. Je retire ma poursuite. Je sais que tu ne me comprendras pas mais je ne peux pas faire autrement.

Bruno protesta mais Gendron se montra inflexible. Au nom même de leur amitié, il supplia Bruno de le libérer du poids du procès. Bruno rassura son compagnon et promit de se battre pour deux.

Resté seul, Bruno songea que Gendron manquait de courage. Bruno lui pardonna sa défection. Il en souffrit. Le premier retournement du procès venait de se produire. Bruno ne voulait pas encore voir qu'il se retrouvait définitivement seul au front.

Richard Baron avait passé sa vie à contrarier les attentes de ses concitoyens. Promis à un brillant avenir au sein de l'entreprise familiale, il avait tourné le dos à une carrière prestigieuse et rémunératrice pour suivre ses penchants les plus anticonformistes. Le vieil Herménégilde Baron était mort, laissant son entreprise en pâture à ses neuf enfants. La participation de Richard aux bénéfices lui assura les moyens de sa fantaisie. Observateur à temps plein de la société nicolétaine, iconoclaste de service, il fumait son cigare au nez des personnes les plus respectables tout en émettant des doutes sur la limpidité de leurs intentions. Et voici que, contre toute attente, il témoignait en faveur de Bruno Bellerose. Maître Boisclair contenait à peine sa jubilation.

— Ces gens que vous rencontriez au *Petit Esprit saint* et plus tard, après l'incendie du centre-ville, au restaurant de la Gare, nommément Jean-Noël Mélançon et Jean-Paul Lefebvre, vous ont-ils parlé des doutes qu'ils pouvaient entretenir quant à la conduite de monsieur Bellerose?

— Ils ne parlaient que de ça.

— Et que leur répondiez-vous?

— Rien. J'avais trop de plaisir à les écouter.

Richard Baron sortit lentement la main de la poche droite de sa veste. Il présenta un petit objet noir au procureur Boisclair. C'était une machine à enregistrer. Elle n'était pas plus grosse qu'un livre. Prodige de miniaturisation en ces années-là.

— J'ai tout enregistré là-dessus.

Une commotion se fit dans la salle. La révélation était digne du meilleur cinéma. On chuchota. Le juge rappela tout le monde à l'ordre. Maître Boisclair enchaîna. Richard Baron poursuivit son surprenant témoignage.

— Chaque soir, je dactylographiais ce que j'avais enregistré le jour. Il y en a des centaines de pages.

Maître Boisclair se tourna lentement vers la table où il avait déposé ses dossiers en entrant. Tous les regards se portèrent sur deux grands cahiers à anneaux, chacun plus épais que la main. L'avocat les chargea dans ses bras et fit un pas vers le président du tribunal.

— Votre Honneur, je dépose comme exhibit la transcription des enregistrements effectuée par le témoin.

Une discussion s'éleva entre les procureurs. Rien ne prouvait que cette transcription fût identique aux propos qui avaient été tenus. Le juge Hébert admit l'objection et ne permit pas que les volumineux cahiers fussent déposés. Il accorda toutefois au témoin le privilège de les consulter pour se rafraîchir la mémoire. Richard Baron ne s'en priva pas. Mais le public nicolétain n'était pas au bout de ses surprises.

— Quelle était votre position personnelle relativement aux insinuations de crimes d'incendie que proféraient Mélançon et Lefebvre à l'endroit de monsieur Bellerose?

— Je me disais que si c'était vrai, ça pourrait donner lieu à un beau procès. Je suis allé trouver Mélançon et je lui ai offert mes services pour l'aider à étoffer ses dossiers. J'avais préparé des formules. Une page par incendie. Le lieu, la date, l'heure, le nom du bénéficiaire de l'assurance, le nom de l'assureur, les montants, et tout ça...

— Qu'est-il advenu de ces formulaires que vous aviez préparés?

— Ils sont restés en blanc. Mélançon ne semblait pas intéressé à monter des dossiers. Il parlait des documents qu'il conservait dans son coffre-fort mais il ne m'a jamais rien montré. C'est là que j'ai commencé à avoir des doutes.

Richard Baron n'allait pas tarder à révéler comment il avait transformé ces doutes en certitudes.

— J'ai téléphoné à Bruno Bellerose et je lui ai donné rendez-vous dans le chemin des Canards.

— Monsieur Bellerose s'est bien présenté à votre rendez-vous?

— C'était vers dix heures du soir. Je pensais qu'il ne viendrait pas.

— Pour quelle raison?

Richard Baron esquissa un sourire.

— On ne se parlait plus depuis vingt-cinq ans.

— Et que lui avez-vous dit?

— Que des articles allaient paraître dans les journaux. Je lui ai même fait entendre des bouts d'enregistrements.

Cette fois, la consternation atteignit son comble dans l'auditoire. Ainsi donc, Bruno Bellerose connaissait à l'avance le sort qui lui était réservé. Quand le calme fut rétabli, maître Boisclair retroussa les manches de sa toge et présenta au témoin la coupure de journal où il était fait état de l'incident au cours duquel Bruno Bellerose avait interdit aux employés municipaux de réparer une borne-fontaine, la veille même de la conflagration du centre-ville.

— Reconnaissez-vous cette photo?

— C'est le centre-ville après le grand feu.

Maître Boisclair se tourna vers le président du tribunal.

— Votre Honneur, je rappelle à votre connaissance que cet article incrimine directement mon client, monsieur Bellerose. Le journaliste y insinue, en effet, que monsieur Bellerose serait responsable de la conflagration parce qu'il aurait empêché qu'une borne-fontaine soit réparée à l'angle des rues Notre-Dame et Panet.

Maître Boisclair reprit ensuite l'interrogatoire du témoin Baron.

— Vous avez examiné cette photo?

— Très attentivement. Et j'ai constaté qu'il n'y avait pas de borne-fontaine au coin des rues Notre-Dame et Panet.

— Vous en êtes sûr?

— Parfaitement. J'ai un laboratoire d'amateur à la maison. J'ai agrandi la photo. Là où on affirme, dans le journal, qu'il y avait une borne-fontaine défectueuse, on voit bien qu'il s'agit d'un homme, un curieux, debout, les mains dans les poches, qui regarde les ruines.

Une fois de plus, maître Boisclair se tourna vers le président du tribunal.

— Votre Honneur, je dépose en exhibit cet agrandissement photographique établissant, hors de tout doute, l'absence de borne-fontaine à l'angle des rues Notre-Dame et Panet.

Et le témoin Baron fut libéré. Deuxième revirement spectaculaire du procès. Du coup, Richard Baron n'était plus ni dans un camp ni dans l'autre. Bruno essaya bien de rencontrer Baron pour lui exprimer sa reconnaissance. L'autre s'y refusa et s'enferma dans sa solitude. Sans doute Richard Baron n'avait-il pris le parti de Bruno que pour contrarier les idées reçues à son sujet. Il devait finir ses jours en compagnie du chien de berger qui le protégerait des éventuelles agressions de ses concitoyens.

En mai, les Québécois brûlent l'herbe morte de leurs pelouses. Les jours engendrent de longues soirées fraîches mais lumineuses. Les enfants foncent dans les flaques avec leurs bicyclettes. La fin de la saison régulière de hockey attise les passions en vue de la finale.

Mais à Nicolet, toute l'attention se concentrait sur le procès des incendies qui allait connaître un dénouement spectaculaire. L'on savait que Jean-Noël Mélançon serait le prochain témoin appelé à la barre.

La veille, en soirée, les imaginations enfiévrées évoquaient les affidavits, les pièces à conviction, la transcription d'aveux inattendus que livrerait enfin le fameux coffre-fort de Mélançon. On se pourléchait les babines. La vie, qui construit parfois des scénarios défiant les imaginations les plus fertiles, réservait cependant aux Nicolétains un coup au cœur comme ils n'auraient jamais osé en espérer un. La nouvelle se répandit comme une traînée de poudre vers neuf heures. Jean-Noël Mélançon était mort.

On se pressa en foule devant la résidence du courtier d'assurances. Le gyrophare d'une ambulance éclaboussait la nuit. Fous d'énervement, les enfants fonçaient sur les curieux avec leurs bicyclettes. Des petits groupes se formaient autour du feu d'un briquet. On allumait des cigarettes qu'on oubliait de fumer. On spéculait sur ce qui avait pu emporter Mélançon. L'anticipation des heures à venir avait sans doute eu raison de son cœur tourmenté.

Peu après neuf heures, le chef Leclerc ouvrit toute grande la porte du garage de la résidence de Mélançon. L'ambulancier, le petit Lupien, y pénétra avec sa civière. Il en ressortit, quelques minutes plus tard, poussant son appareil sur lequel se voyait la forme d'un corps humain sous une couverture à carreaux rouges et noirs. Les curieux refusèrent de s'écarter. Le chef Leclerc dut les bousculer pour frayer un passage à l'ambulancier. On vit ensuite surgir du garage la silhouette familière du médecin, le docteur Gérard Bienvenue, voûté sous son imperméable. Tandis qu'on prêtait main-forte au petit Lupien pour glisser la civière dans l'ambulance, les plus excités des Nicolétains foncèrent vers les voitures qu'ils avaient garées sommairement dans la rue, afin de suivre le véhicule vers le salon funéraire.

Là, dans les grappes humaines rassemblées sous les lampadaires, les premières bribes de renseignements commencèrent à circuler. Il est toujours difficile de déterminer quel chemin empruntent les nouvelles pour parvenir au grand jour. Peut-être filent-elles sur l'air ou rasent-elles le béton des trottoirs. Quoi qu'il en soit, la rumeur fit source, innocemment d'abord, puis avec le fracas d'un torrent.

— Il est pas mort de sa belle mort, annonça un Louis-Philippe.

Dix pas plus loin, une seconde révélation rameuta la vingtaine de limiers amateurs.

— Il s'est électrocuté.

— Comment?

— Ah! ça, je ne sais pas. Il paraît qu'il avait les doigts et la face tout noirs.

Puis les premières bribes de précisions enfoncèrent les mains dans les poches de tout le monde.

— Sa femme l'a trouvé dans son garage, étendu devant son établi. Il a pris un choc en réparant son chargeur de batteries.

— C'est en hiver qu'on se sert d'un chargeur de batteries! Pas au mois de mai!

Un autre enfonça le clou.

— Tu penses, toi, qu'il n'avait rien d'autre à faire, Mélançon, que de réparer son chargeur à batteries, la veille du procès ?

La suite fut affaire de spéculations qui s'amplifièrent toute la nuit. C'est un grand maigre à dents de cheval, *le chien à Marcil,* qui proféra le premier les mots fatidiques.

— Il s'est peut-être suicidé?

Puis la rumeur atteignit son apogée avec ces quelques mots, d'abord prononcés à voix basse par un Jean-Luc débonnaire, à l'intention de son voisin:

— À moins que quelqu'un l'ait tué pour l'empêcher de parler?

Vers dix heures, une procession ininterrompue de voitures ralentissait devant le chalet de Bruno Bellerose, au Port-Saint-François. Il y avait de la lumière à la cuisine et au salon. Où Bruno Bellerose avait-il passé le début de la soirée?

Ces tournées d'observation n'ayant rien révélé, on s'attabla chez les uns et les autres pour rassembler les morceaux épars du puzzle.

— S'il a déjà été capable de jeter une fille dans un puits, Bruno Bellerose, il est aussi bien capable de l'avoir fait taire pour de bon, Mélançon.

Toute la nuit, Nicolet vibra d'allées et venues, de conciliabules et de coups de fil. Au matin, on apprit avec déception l'inévitable nouvelle. Le procès était suspendu. On ignorait encore que c'était à jamais. Un troisième acteur du drame venait de se défiler. Celui-là par la porte étroite.

Il était plus de cinq heures. Les ténèbres achevaient d'envahir l'épicerie Marcel Bénard. Le corps recroquevillé de René Guay rappelait à Bruno celui de son rival effondré sur le plancher de son garage.

— Bien fait pour lui, l'écœurant! s'exclama Jean-Michel. S'il ne s'était pas suicidé, moi je l'aurais descendu!

— C'est évident qu'il s'est suicidé, trancha Lucie. Une façon comme une autre d'admettre qu'il avait menti.

Bruno tourna tour à tour son visage vers ceux de Lucie et de Jean-Michel. Ses yeux disaient le malaise qui avait envahi sa poitrine depuis un moment. Il parvint cependant à formuler des phrases qui n'en laissaient rien paraître.

— La mort de Mélançon, c'est le plus sale coup qu'il m'ait jamais fait. Je n'avais plus de raisons de me battre mais je n'étais pas apaisé pour autant. Je ne pouvais plus lui faire ravaler ses paroles.

— Il venait d'admettre lui-même qu'il n'avait plus rien à dire! s'écria Jean-Michel.

— À quoi bon m'acharner sur sa veuve? poursuivit Bruno. Elle a dû penser la même chose. Trois mois plus tard, mon avocat a reçu une proposition pour régler l'affaire hors cour. J'ai signé.

— Quelle sorte d'arrangement? demanda Jean-Michel.

— Le document commençait par un mensonge. Paraît-il qu'on ne pouvait tirer aucune conclusion des témoignages entendus jusque-là. Je n'ai pas voulu m'entêter. Les parties s'engageaient à n'exercer aucunes représailles à l'endroit l'une de l'autre. En contrepartie, la succession de Jean-Noël Mélançon m'offrait de me rembourser mes frais.

— Ça réglait juste une partie de l'affaire, commenta Lucie. Il te restait à regagner le respect de tes concitoyens.

— Je n'en avais plus envie. Je les avais trop vus s'amuser avec la misère des autres comme des enfants avec la queue du chat. Je m'installais devant le coucher de soleil sur le fleuve, dans mon chalet du Port-Saint-François, et je n'éprouvais rien. Mélançon avait emporté un gros morceau de mon cœur en mourant. J'ai mis le chalet en vente.

— T'avais pas le goût de retourner vivre avec ta femme? demanda Jean-Michel.

— Certains l'ont cru. Peut-être moi aussi. Je ne sais pas.

— Comment elle a pris ça? interrogea Lucie.

— Elle avait l'air de ne pas savoir où je voulais en venir. On se regardait sans se voir, devant nos tasses de café. J'ai vendu ma manufacture.

— T'avais quel âge?

— Quarante-cinq ans.

— Et qu'est-ce que tu avais l'intention de faire? insista Jean-Michel.

— Rien. J'avais les moyens d'attendre.

— Attendre quoi?

— Attendre de comprendre pourquoi j'étais encore en vie. Mais la réponse tardait à venir...

Bruno grelottait nu sur le carrelage de sa salle de bains. La petite ville de Nicolet frémissait sous son feuillage roux. Il s'assit sur le rebord de la baignoire. Le froid lui mordit les fesses. Bruno chercha le souffle au fond de sa poitrine. Son haleine l'empoisonnait.

L'aube d'un samedi. Autour de lui, la maison emportait ses dormeurs. Jeanne, sa femme, couvait une tristesse infinie. La plus jeune de ses filles, Françoise, cherchait des causes à sa révolte. Les deux autres, Luc, l'aîné, et Colette, la préférée, étudiaient respectivement le génie et la médecine vétérinaire à Sherbrooke et à Saint-Hyacinthe. Un monde où chacun jouait son rôle. Mais Bruno était assis sur le rebord de la baignoire, son fusil de chasse à la main.

Jamais il n'avait éprouvé une telle douleur. Ses os craquaient comme sous l'effet d'un froid de janvier. En même temps, un feu lui dévorait le ventre. Écartelé entre toutes ses saisons. Du ciment dans la tête. Les pensées à jamais figées. Du sang dans le cœur pour s'y noyer. Un corps pour sentir sa peine.

Tous ceux qu'il avait été, à divers âges de sa vie, s'emboîtaient en lui, de l'enfant de cinq ans qui jette du pain aux canards au chef d'entreprise à l'étroit dans son costume. Mais aucun d'eux ne restait à sa place. L'adulte commandait aux canards et l'enfant donnait du pain à ses employés.

— Non, non, répétait Bruno à mi-voix.

Dans sa main, le fusil chantonnait cruellement.

Trois fois, passera,
La dernière, la dernière,
Trois fois, passera...

Un cri muet le fendit de haut en bas. Je suis né pour mourir, certes, mais pas vingt fois par jour!

Il sentit l'oiseau s'agiter en lui. Cet oiseau devait être entré quand Bruno avait quatre ou cinq ans, peut-être une après-midi qu'il sommeillait sur la couverture étalée par sa mère sous le pommier, à l'heure de la sieste. Le petit Bruno vécut en intelligence avec lui jusqu'à l'adolescence. À quinze ans, il se fouillait le cœur pour attraper cet oiseau qui lui donnait des frissons. À vingt ans, il accepta de l'ignorer. Et maintenant que Bruno avait le corps engourdi d'années, cet oiseau recommençait à s'agiter mais, cette fois, il lui lacérait tout le tendre avec son bec. Bruno se demandait s'il ne devrait pas le tuer pour leur éviter, à tous deux, de souffrir davantage.

À moins qu'il ne vaille encore la peine de lutter pour la beauté du monde. Quand il partait à la chasse, bardé de ses bottes comme un chevalier, et qu'il tirait sur la pipe d'écume que lui avait léguée son père, dans les petits matins brumeux du lac Saint-Pierre, une lampée de gin fou dans la gorge, les mains rougies de plaisir sur la commande de son hors-bord, quand il marchait sous la pluie en rentrant de ses promenades solitaires dans le Monteux, le cœur content de savoir des choses qu'il savait ne jamais savoir dire, quand il enfouissait sa face entre deux seins généreux qui lui murmuraient tendresse, quand il entrait, le matin, dans son bureau, assuré d'avoir tout le jour en banque, quand il cherchait un sens à sa vie, allongé sur le dos, les mains derrière la tête, sa femme endormie à ses côtés, quand il prenait dans ses bras les petits-enfants qu'il n'avait pas encore, quand...

Mais Bruno se préparait à mourir sans réponses. Le fusil, dans sa main, en savait bien davantage que lui. Bruno allait l'interroger quand des grattements se firent entendre à la porte.

C'était le chien Pilou. Bruno le fit entrer pour ne pas mourir seul. La bête agita la queue et dressa les oreilles. De sa main libre, Bruno lui caressa l'encolure. L'instant d'après, il pleurait comme l'enfant qu'il n'avait jamais cessé d'être. C'est à ce moment que Bruno prit la décision de quitter Nicolet pour toujours. La langue rude du chien Pilou avait momentanément effacé ses interrogations insolubles. Les jours qui suivirent, Bruno fit l'acquisition du chalet de l'île aux Fantômes. Il ne remit jamais les pieds à Nicolet. Il ne revit plus sa femme. Ses enfants parfois. Rarement.

Lucie avait pris Bruno dans ses bras. La présence de Jean-Michel à ses côtés ne la retenait plus. Elle berçait le corps de Bruno d'en avant en arrière et celui-ci la laissait faire comme s'il avait été un enfant. Jean-Michel regardait la scène sans comprendre. Peut-être comprenait-il trop. Lucie suspendait parfois son geste, repoussant Bruno au bout de ses bras pour mieux le regarder. Il avait les traits tirés. Le teint verdâtre. Des larmes embrouillaient les yeux de la jeune femme.

À ses côtés, Jean-Michel serrait sans s'en rendre compte le poing de sa main meurtrie. Bruno ne bougeait pas. Il s'accrochait à Lucie avec ses yeux. Celle-ci le pressa de nouveau contre elle.

L'incident ne passa pas inaperçu. D'abord une des deux vieilles femmes avait tourné la tête. Lèvres pincées et coup de coude à sa voisine. Deux têtes dans le dos. Un chuchotement gagna les rangs des otages. Un regard de Jean-Michel les figea sur place.

Bruno respirait comme un petit chien. Les yeux vides. Les mains moites. Il porta la main à sa poitrine. S'affaissa. Lucie le retint du mieux qu'elle put. Jean-Michel le releva. Il posa la tête de Bruno sur les genoux de Lucie.

Une fin du monde broyait le thorax de Bruno. Un étau lui fracassait la mâchoire. Les deux bras arrachés de douleur. Le dos et la nuque en feu. Il hurla. Jamais, depuis l'instant de sa naissance, il n'avait crié sa douleur avec tant de force. Lucie passa la main dans ses cheveux. Bruno ne réagit pas. Chacune de ses respirations le clouait au comptoir. Ses yeux s'ouvraient sur du noir. Jean-Michel s'était accroupi devant Bruno.

— Ça va aller.

Les otages avaient quitté leur prostration et s'approchèrent à petits pas prudents. Le pharmacien, dont le teint rose respirait la santé, les précédait. Seul René Guay, toujours couché sur le plancher, ignorait ce qui se passait. Les cris de Bruno le renvoyaient à sa propre détresse. Il se recroquevilla un peu plus. La panique le submergea. Il répondit en écho aux lamentations de Bruno.

— Qu'est-ce que tu as? répétait Jean-Michel à son oncle. Où t'as mal?

Bruno ne l'entendait pas.

— Il faut le transporter à l'hôpital tout de suite, déclara Lucie.

Jean-Michel regarda autour de lui. L'épicerie lui parut soudain réconfortante.

— Ça va peut-être passer, suggéra-t-il.

— Tu veux qu'il nous meure dans les bras?

Jean-Michel se redressa. Il observa l'assemblée. Il devait être cinq heures trente. Le pharmacien prit Jean-Michel par le bras et l'entraîna à l'écart. Il lui parlait à voix basse, tout près du visage.

— Il est en train de nous faire une crise cardiaque, dit-il.

Jean-Michel repoussa l'homme qui se pressait contre lui.

— Qu'est-ce que tu en sais? Tu n'es pas médecin.

— Non, mais je suis pharmacien.

Jean-Michel éclata.

— Il est capable de se débrouiller tout seul. Il est plus fort que tous nous autres ensemble. D'ailleurs, c'est juste une crise. Il ne va pas mourir.

À ce moment, le téléphone sonna. Jean-Michel se précipita pour décrocher.

— Bellerose?

— Qu'est-ce que tu veux?

— Ça va être l'heure. La voiture est à la veille d'arriver. Quand je te donnerai le signal, vous sortirez avec René Guay. Les autres otages, vous les laisserez dans l'épicerie. La voiture sera garée au pied des marches. Vous monterez tranquillement dedans.

— Qui va conduire?

— Moi, déclara maître Laplante. On sera escortés de deux voitures de police. On va se rendre directement au pavillon du Canada à Terre des Hommes. Tu remettras ton otage à l'ambassadeur de Cuba. Ensuite, on partira pour l'aéroport de Saint-Hubert.

— Puis vous nous arrêterez dès qu'on aura tourné le

premier coin de rue, ironisa Jean-Michel.

— Je te rappelle que le pavillon du Canada a été décrété terre cubaine. L'ambassadeur de Cuba ne relâchera pas René Guay tant qu'il n'aura pas reçu la nouvelle de votre arrivée à Cuba.

— Fais ça vite! insista Jean-Michel.

— Je t'ai donné ma parole. Il est cinq heures et demie. Tout va être réglé avant six heures.

— Fais ça vite! répéta Jean-Michel. Ça presse.

Il neigeait dans la tête de Jean-Michel. Louiseville filait au vent. Les lambeaux des maisons s'accrochaient aux clôtures muettes. L'église et le presbytère coulaient sous la glace. Seul le marché Métro résistait à la tourmente. Le cœur de Bruno réchauffait encore une mince espérance.

— Ne meurs pas, gronda Jean-Michel, tu es le seul père que j'aie jamais eu.

Lucie tenait toujours la tête de Bruno dans ses mains. Les cheveux de la jeune femme effleuraient son visage. Elle pleurait de grosses larmes silencieuses et salées. Jean-Michel lui mit la main sur l'épaule.

Lucie leva sur Jean-Michel ses yeux mouillés. Le jeune homme allongea son geste pour lui étreindre l'épaule. Il se défit ensuite de cette posture pour s'éloigner à petits pas, presque à reculons, vers le comptoir du fond et le téléphone.

— Laplante? Tu m'entends?

— Oui, je t'entends. Qu'est-ce qu'il y a?

— Un de mes otages est malade.

L'autre hésita avant de répondre.

— Ça, c'est pas de ma compétence. Je te passe le commandant.

Quelques instants plus tard, le commandant Laurent Baril intervint.

— T'as un de tes otages qui fait une crise de nerfs?

Sans réfléchir, Jean-Michel rectifia l'énoncé.

— C'est un homme qui est en train de faire une crise cardiaque.

Le commandant se mordit les lèvres pour éviter de répondre trop vite. Les révélations de Ti-bé, relativement à la présence dans l'épicerie d'un individu nommé Bruno Bellerose, et qui était atteint de troubles cardiaques, allaient enfin lui servir.

— Comment il s'appelle?

— Je sais pas, répondit Jean-Michel. Il ne peut pas parler.

— Laisse-moi ça, conclut le commandant, je vais voir ce que je peux faire. Je te reviens dans une minute.

Jean-Michel ne lâcha pas le téléphone. Il s'avança simplement vers Bruno, le plus près que le lui permettait le fil de l'appareil, tendu à se rompre.

— Bellerose?

— Oui.

— Je le connais, ton gars qui est en train de faire une crise cardiaque. Il se nomme Bruno Bellerose. C'est ton oncle. Je veux bien le faire hospitaliser, mais à une condition. Vous sortez avec lui. Toi et Lucie Courchesne.

D'un geste brusque, Jean-Michel arracha le fil du téléphone. Il regarda un moment le combiné dans sa main avant de le lancer en direction des otages que son geste avait détournés vers lui. Faces sans âme, autant les vieux que les enfants, ventres indifférents à la misère des autres. Sans quitter sa position éloignée, Jean-Michel les interpella:

— C'est vous autres qui êtes en train de le tuer!

Il chercha autour de lui à quoi s'accrocher. Sa douleur emplissait toute l'épicerie. Il gueula de nouveau:

— Vous êtes ratatinés comme des vieilles pommes. Quand

vous ouvrez la bouche, on voit votre cadavre. Vous mangez le cœur de ceux qui en ont encore.

Il fit trois pas en direction d'une étagère. Il tendit la main vers l'étalage de conserves de petits pois. Saisit une boîte et la lança en direction des otages.

— Dehors!

La boîte de petits pois atteignit l'une des femmes en pleine poitrine. Elle poussa un cri et s'esquiva derrière le groupe.

— Dehors! répéta Jean-Michel en lançant d'autres boîtes de conserve.

Les otages commencèrent à se replier vers la porte. L'un des projectiles de Jean-Michel atteignit le pharmacien à la tête. Marcel Bénard essayait d'insérer la clé dans la serrure mais ses mains tremblaient trop. Il n'y parvenait pas.

— Dehors! la charogne!

Une boîte de haricots heurta la vitrine, qui vibra sans se casser.

— Allez mourir ailleurs!

Marcel Bénard était parvenu à déverrouiller la porte. Ils s'y engouffrèrent tous en même temps. La panique les rendait semblables à des animaux aux portes des étables. Une autre boîte à la main, Jean-Michel atteignit la porte au moment où le dernier otage s'enfuyait. L'éclat des projecteurs le retint dans l'embrasure. Les otages couraient vers le cordon de policiers qui encerclait l'édifice. Jean-Michel lança sa boîte qui roula sur l'asphalte sans atteindre quiconque.

— C'est pas fini! hurla-t-il. Ils pourront me mettre en prison pendant vingt ans. Je reviendrai! Oui! je reviendrai! tant que vous n'aurez pas appris à marcher la tête haute. Parce que moi, les moutons, ça m'écœure.

— Déposez vos armes, ordonna le commandant Baril dans un mégaphone.

Des militaires accoururent. Ils devaient être une dizaine. Courbés en deux. L'arme au poing. Jean-Michel marcha à leur rencontre. Les soldats se ruèrent sur lui et le jetèrent au sol. Deux d'entre eux lui tordaient les bras dans le dos. Leurs mouvements brusques éraflaient le visage de Jean-Michel sur l'asphalte.

D'autres militaires étaient entrés dans l'épicerie. Le silence d'une église puis le martèlement de leurs bottes. Lucie tenait toujours Bruno dans ses bras, sur le comptoir de la caisse enregistreuse. Les soldats enjambèrent René Guay pour les rejoindre. Ils les arrachèrent à leur étreinte.

Les cloches de l'église sonnèrent six heures.

Longueuil, Québec, mars 1989 —
Morsang-sur-Orge, France, juin 1990

Table

MISE EN PAGES ET TYPOGRAPHIE :
LES ÉDITIONS DU BORÉAL

ACHEVÉ D'IMPRIMER EN JANVIER 1998
SUR LES PRESSES DE L'IMPRIMERIE L'ÉCLAIREUR,
À BEAUCEVILLE (QUÉBEC).